CULTURE AND TOURISM
INDUSTRY FRONTIER

文化和旅游产业前沿

第八辑

主编　郭万超

社会科学文献出版社
SOCIAL SCIENCES ACADEMIC PRESS (CHINA)

《文化和旅游产业前沿》

主　　编　　郭万超

副主编　　王　丽

编　　辑　　杨传张　赵玉宏　仇　博　周　偶

编辑单位　　北京市社会科学院传媒与舆情研究所

北京市文化创意产业研究中心

主编简介

郭万超　男，北京大学法学硕士，中国人民大学经济学博士，中国社会科学院经济研究所博士后，新加坡国立大学访问学者。北京市"高创计划"哲学社会科学和文化艺术领军人才，北京市宣传文化系统"四个一批"人才。现任北京市社会科学院传媒与舆情研究所所长，北京市文化创意产业研究中心主任，研究员，博士后导师。主要兼职：中国政策专家库（国务院研究室）、财政部、文化和旅游部、科技部、新华社国家高端智库、中国博士后科学基金、国家版权局（腾讯）网络产业研究基地等专家，国家重点研发计划、中央文化专项发展基金、国家文化产业示范园区、"东亚文化之都"评审专家。专著11部，包括《走向文化创意时代》《中国文化产业词典》《北京文化产业竞争力研究》等，诗集1部；主编著作10部，包括《创意城市蓝皮书：北京文化创意产业发展报告》《文化创意产业前沿》《中国互联网文化企业发展报告》等；在《求是》《经济学动态》《人民日报》等发表论文230多篇，其中C刊和核心期刊47篇。20多项成果获中央主要领导人等的重要批示或被内参采纳。主持国家社会科学基金及中央委托等国家级课题8项；主持省部级重大课题等40多项。获人事部、《人民日报》和中央统战部等颁发的10多项奖励。应邀参加"第四届世界互联网大会"，数百次在国际或全国论坛、大学、政府、企业演讲。《人民日报》、《光明日报》、中央电视台、中央人民广播电台、凤凰卫视等对其成果进行过报道或采访。

学术委员会

（按照姓氏首字母顺序排序）

陈少峰　范建华　范　周　傅才武　郭万超　胡　钰
金迈克　孔　蓉　李建臣　李向民　厉无畏　刘　康
刘士林　祁述裕　孙若风　伍义林　杨　奎　杨晓东
喻国明　张钦坤　张玉玲　张晓明　周茂非

目　录

数字文创

文旅融合

区域文产

数字文创

双循环新发展格局下首都数字文化产业链的构建

张　丽*

摘　要： 在"双循环"背景下，创新越来越成为实现经济高质量发展的重要战略支点，文化产业的创新动力日益清晰地显现在数字文化产业的发展中。通过数字文化的创新效应，文化产业推动首都文化功能集聚表现在辐射带动全国文化建设、驱动首都经济社会发展、提升国家文化国际影响力等方面。展望未来，若要使首都文化中心功能更好地释放能量和活力，需要积极探索数字文化产业链的构建问题。以文化创意内容为核心，依托数字技术进行创作、生产、传播和服务，在全球产业链条中培育新供给、促进新消费，是数字文化产业链构建的主线。

关键词： 首都文化功能　文化产业创新　数字文化　全球产业链

《北京市推进全国文化中心建设中长期规划（2019~2035 年）》提出，到 2025 年，北京市全国文化中心地位显著增强，市民文明素质和城市文明程度明显提高，对全国文化建设的示范引领作用更加凸显。到 2035 年，北京市全面建成中国特色社会主义先进文化之都，全国文化中心功能更加系统完善，文化建设对首都经济社会发展的驱动力更加强劲，大国之都文化

---

* 张丽，博士，北京市社会科学院外国问题研究所副研究员，主要从事国际政治经济学理论与实践问题研究。

国际影响力显著提升，成为彰显文化自信与多元包容魅力的世界历史文化名城。按照这一发展进程，若要使首都文化中心功能在辐射带动全国文化建设、驱动首都经济社会发展、提升国家文化国际影响力方面更好地释放能量和活力，需要进一步探索文化功能提升的动力、条件与可行路径。

一　双循环背景下首都文化功能进一步提升的需求

2020 年 5 月 14 日，中共中央政治局常务委员会会议首次提出"构建国内国际双循环相互促进的新发展格局"。习近平总书记在经济社会领域专家座谈会上强调，以畅通国民经济循环为主构建新发展格局。"双循环"是从"循环"的角度来看经济运行的。商品经济的一个本质属性在于"循环"，通过货币和生产资料与劳动力之间的交换，实现商品和货币之间的交换，商品最终变为货币，就完成了一个单个产业的循环。就整个社会而言，社会资本再生产过程是不断展开的循环过程，循环过程中各种资本相互渗透构成复杂的经济系统。因此，循环的本质在于交换的连接。"双循环"新发展格局强调以国内大循环为主体、国内国际双循环相互促进，这不仅有助于在当前形势下更好地创造和实现价值，而且对生产和生产体系本身提出了更高要求。"马克思的社会资本循环理论清晰地告诉我们，一个经济系统若要顺利运行，不同部门之间必须配合默契。"①

"双循环"的顺利进行需要在不同部门和地域之间实现协作和融通，这对作为首善之区的北京市提出了新的要求。特别是就北京市全国文化中心功能而言，首都必然要充分发挥在文化产业升级、经济结构完善、国际软实力提升方面的作用。

（一）辐射全国文化建设

以全国文化中心功能定位的首都肩负着引领全国文化建设、传承中华文化的历史使命，在国家文化事业与产业全面发展进程中发挥着重要作

---

① 王海杰、齐秀琳：《"双循环"新发展格局的政治经济学逻辑与实现路径》，《当代经济研究》2021 年第 5 期，第 28～38 页。

用，首都文化建设具有辐射全国文化建设的重大意义。

北京文化公共服务设施齐全，为全国各地提供公共文化服务供给。国家级文化生产部门在北京生产的文化产品领先全国，吸引着世界目光。电影电视、音像制品、图书期刊等不仅在内容上，更在理念上具有领先地位，使文化资源集聚在首都，能够为全国各地面提供文化资源。重大文化活动以及国际文化交流活动通过音乐节、艺术节、文化交流年等形式在北京大规模开展，集聚着全国以至全世界的文艺人才。

在国内国际双循环发展格局下，全国人民对于首都文化服务需求将明显增多，首都与各地联动发展的需求在不断增强，需要探寻拓展合作渠道，需要首都文化拓展辐射全国文化建设的渠道，满足全国人民精神文化需求。

（二）驱动首都经济发展

北京的文化产业是拉动首都经济发展的重要增长极。北京市文化产业占北京市地区生产总值逐年递增，从规模效益讲，文化产业在经济发展中的地位十分重要。文化产业驱动整个经济链条的高质量发展，但文化产业驱动经济发展也需要新的驱动力。

近年来我国高度重视 5G 技术和数字经济发展，提出"要加快释放新兴消费潜力，积极丰富 5G 技术应用场景，带动 5G 手机等终端消费，推动增加电子商务、电子政务、网络教育、网络娱乐等方面消费"[1]，"要抓住产业数字化、数字产业化赋予的机遇，加快 5G 网络、数据中心等新型基础设施建设，抓紧布局数字经济着力壮大新增长点，形成发展新动能"[2]，"推动产业数字化，利用互联网新技术新应用对传统产业进行全方位、全角度、全链条的改造，提高全要素生产率，释放数字对经济发展的放大、叠加、倍增作用"[3]。"双循环"背景下，扩大内需是实现国内大循环的核

---

[1] 习近平：《在中央政治局常委会会议研究应对新型冠状病毒肺炎疫情工作时的讲话》，《求是》2020 年第 4 期，第 4~12 页。

[2] 《统筹推进疫情防控和经济社会发展工作 奋力实现今年经济社会发展目标任务》，《人民日报》2020 年 4 月 2 日，第 1 版。

[3] 习近平：《习近平谈治国理政》（第 3 卷），外文出版社，2020，第 305~309 页。

心要义，应重视引导释放国内需求，实现居民消费传导渠道的畅通。从作用机制来看，数字技术发展对各创新主体均具有显著的促进作用。在互联网时代，适应数字化社会的需求，将优秀传统文化丰富的内涵与独特的创意形式巧妙融合，能够大幅提升产品文化价值，增添艺术欣赏价值，具有市场生命力。因此，重视数字文化对提升居民消费需求的促进作用，有助于充分发挥扩大内需所带来的多重经济增长效应。

（三）提升国际影响力

自 20 世纪 90 年代以来，在经济全球化和区域经济一体化迅速发展的态势下，信息通信技术变革日新月异，促使全球生产网络和全球价值链分工清晰地向纵深发展。而 2008 年美国金融危机以来，贸易保护主义抬头，逆全球化思潮兴风作浪，加上新冠肺炎疫情的大流行，全球生产网络遭遇前所未有的冲击，国际分工网络面临重构。我国构建"双循环"新发展格局是应对国内外环境发生显著变化的战略部署，其战略基点是扩大内需，而国际循环是必要的外部推动力量。

全球网络渠道的构建是统筹国家安全与发展，实现线上线下相结合的云端交易的必要条件。近年在北京举办的展览会、服贸会、文化嘉年华等国际性活动，增强了北京的国际影响力。北京形象的进一步提升还需要文化的国际传播能力，并通过国际影响力的增强提高北京对国际分工的参与度。

在全球价值链分工中不断发展和创新文化产业优势，塑造文化品牌，提高文化企业核心能力，从而促进国际循环要素力量的发展路径对我国双循环新发展格局的构建产生积极影响。当文化产业呈现数字化发展、数字化传播、数字化消费的新业态和新模式时，文化传播至全球消费者就变得快捷、便利，消费群体规模也将扩大。

二 数字文化产业链的核心要素

数字文化产业链是一系列数字技术在文化产业中的作用。"数字文化产业链是各个产业部门之间基于一定的技术经济联系而客观形成的链条式关联形态，其涵盖了数字文化产品创意、生产和服务全过程。"① 在以国内大循环为主体、国内国际双循环相互促进的新发展格局背景下，创新越来越成为实现经济高质量发展的重要战略支点。而信息科技的迅猛发展为产业创新提供了重要的支撑。文化和科技融合，延伸了文化产业链，催生了新的文化业态，顺应了数字产业化和产业数字化的发展，是满足人民美好生活需要的有效途径和文化产业创新发展、转型升级的重要引擎。

（一）数据资源

数据，作为一种生产要素，成为引领价值链分工的创新要素，数字化成为全球价值链分工转型与升级的一个重要途径。数字经济对于构建以国内大循环为主体、国内国际双循环相互促进的新发展格局，助力价值链循环具有重要作用。

在传统产业链分工中，从研发设计、制造加工到运输与营销的链条冗长，价值链上下游的利润空间被逐层压缩稀释。而数字化平台去除供给方与需求方中间环节，使供给方与需求方直接互动对接，缩短了价值链分工链条，能够降低成本，极大地提高效率。在通过市场反馈后，价值链的各个环节还能够优化协调，最终为消费者提供差异化服务，积累企业竞争优势。同时，数字化能够发挥信息平台的作用，打破市场垄断，为小微企业参与价值链的分工提供机会和便利条件，有利于培育自主品牌。

作为生产要素，各种数据的产生与获取、地域传输、集成分析、数据挖掘、数据资本化以及市场化配置将显著改变传统价值链分工的治理模式。与传统价值链分工相比，数字化改变了传统价值链分工的方式，数字价值链为市场各主体提供平等参与价值链分工的技术条件，给予合乎主体心理预期的分工地位，创造相对公平的利益分配，促使市场主体之间的链接更趋于扁平化。

（二）云平台

云计算平台基于硬件资源与软件资源提供计算服务、网络服务、存储

---

① 程大中、姜彬、魏如青：《全球价值链分工与自贸区发展：内在机制及对中国的启示》，《学术月刊》2017 年第 5 期，第 48~58 页。

服务。一般而言，云平台包括数据存储型平台和数据处理平台，前者以数据存储为主，后者以计算数据、处理计算结果为主。5G、物联网、互联网、大数据分析、人工智能技术、云计算等数字化基础设施建设，是其基础技术支撑。随着我国产业数字化发展程度不断提高，我国在5G技术领域已经处于世界领先地位。我国数字技术发展迅猛，线上教育、线上超市、数字金融、数字医疗、智能物流、智能城市、智慧社区等新产业模式兴起，公共文化服务在数字化技术应用中高质量发展。

（三）市场主体

科技企业是数字经济及价值链构建的载体。随着数据要素的资本化与价值充分开发利用，基于产业数字化引领的新一轮产业革命，将进一步推进高科技公司，特别是数字化程度较高的中小企业参与全球价值链分工重构。

产业内部各家企业形成纵向分工关系，地区间各家企业之间则可形成横向分工关系。促进数字技术与传统产业的融合发展，培育价值链分工的智能运营模式，推动数字经济对传统产业进行基础再造，升级原有的价值链，实现企业在关键领域的自主可控，是构建国内大循环的基础。

在价值链各环节中企业分工更为明晰，基于数字化的价值链分工使得信息更加对称。各参与主体的行为决策更透明，各司其职，互相之间的制约性更强。在以往模式中，上游企业在价值链条中协调各区域分工环节进行价值创造活动，同时在制定生产流程的各项规则制度与产品标准中起到引领作用。上游企业掌握核心资源，在价值链中具有决定性作用，引领价值链分工的价值分配，占据价值链高附加值环节。数字化加速了全球价值链分工重构，改变了上游企业之间的纵向分工关系，使其日益横向化，为市场主体参与价值链分工合作提供更多选择机会和更大平等。

借助产业数字化的不断开发利用，企业可以获得价值提升，成为产业链上的创新主体。在社会分工合作体系里，不同国家、不同区域的企业之间的合作如果以数字技术作为基础，那么合作前景颇为广阔，合作领域与主题项目内容更为丰富。

（四）文化资源

文化公共服务是国家和政府提供给人民的公共服务之一，包括图书馆、文化馆、博物馆、电影院、文化中心等公共设施建设，随着文化消费水平的提高，人们对于公共文化服务的需求越来越偏向于高品质，因此，从文化品质上提升服务水平是文化建设的重要内容。

以文化产业发展为动力，开展多样化活动，把优秀传统文化、先进文化科学地融入这些文化空间，通过文化场景和文化氛围的塑造提升人们的文化素养，逐渐形成良好的社会风尚，促进社会文明进步，越来越需要文化产业不断探寻创新发展之路。

人文环境的塑造需要文化产业的带动，但发展文化产业不是过分迎合文化消费市场娱乐的需求，而是要文以载道，有效运用文化资源，促进经济全面繁荣增长，通过文化产业的创新发展来促进文化事业的全面进步。

数字经济已经成为引领构建国内国际大循环相互促进新发展格局的活力和动能，数字文化产业在数据资源、文化资源、技术平台和企业集聚中成为一种新兴业态，呈现出技术变换快、产品数字化、传播网络化、服务便利化、消费个性化等特点，已经成为我国文化产业发展的重要组成部分。"随着全球经济一体化的不断加深，我国参与价值链分工的低成本竞争优势逐渐消失，使得我国企业必须突破传统的低成本优势，转向科技水平更高、劳动者质量更高以及生产理念创新的竞争优势，向全球价值链的高端环节靠拢，进而实现我国产业的转型升级。"[①]

三　数字文化产业链的构建

在探索数字产业链构建过程中，有效提升文化产品竞争力、全面推进相关产业整体升级、在国际分工中确立核心优势，是我们必须坚持的基本要求。

---

① 车平：《全球价值链分工背景下我国产业升级思考》，《合作经济与科技》2017 年第 16 期，第 42~43 页。

（一）着眼于文化产业与文化事业协同全面进步，以优质内容产品充实产业链

文旅部明确表示，我国要推动现有文化内容向沉浸式内容移植转化，丰富虚拟体验内容。支持各地运用文化资源开发沉浸式体验项目，开展数字展馆、虚拟景区等服务。推动沉浸式业态与城市公共空间、特色小镇等相结合。开发沉浸式旅游演艺、沉浸式娱乐体验产品，提升旅游演艺、线下娱乐的数字化水平。发展数字艺术展示产业，推动数字艺术在重点领域和场景的应用创新，更好地传承中华美学精神。我们要将数字文化产业发展和我国文化建设深度融合，大力实施品牌引领战略，扩大优质文化产品和文化服务供给，加快培育文化消费新增长点，积极构建文化消费新格局，充分发挥数字文化产业对我国文化建设的促进作用。

要坚持守正创新、内容为王，通过数字文化弘扬中华文化。加大开发优秀文化资源的力度，充分挖掘地域文化资源，利用各地独特文化资源优势，使文化资源朝着数字化方向加快转化，形成特色鲜明的地域文化品牌。在产业链中，构建多元化的 IP，同时重视重点 IP 的形塑与延伸，推动实现 IP 价值链的延伸，积极引领文化消费。

探索数字文化产业发展规律，运用其特有的模式、技术和方法积极创作优秀网络作品，传播优秀文化作品。通过文化线上平台建设数字文化产业基地。例如，北京市于 2020 年 6 月出台的《北京市加快新场景建设培育数字经济新生态行动方案》提出要围绕内容创作、设计制作、展示传播、信息服务、消费体验等文化领域关键环节，推动人工智能、大数据、超高清视频、5G、VR 等技术应用，促进传统文化产业数字化升级，培育新型文化业态和文化消费模式。这为发展数字文化产业链提供了政策指引。主题内容鲜明的文化作品不断涌现，为培育文化新业态充实内容。例如，在疫情期间，北京民俗博物馆、故宫博物院、中国国家博物馆等多家博物馆推出线上展览、线上直播等丰富多彩的"云端"活动；中文在线和东城区第一图书馆联合举办了系列网络直播活动，请文化名家推广阅读，参与人次远超疫情前的线下活动。这些作品与活动通过线上方式进入消费领域，满足了不同区域不同消费群体的需求。

要完善对于数字文化产品的监管。在鼓励多出作品、多办活动的同时，要加强和完善网络监督机制，培育积极健康向上的网络氛围，营造风清气正的文化消费网络空间。将发展数字文化产业和保障人民文化权益相结合，培养积极向上的价值观。

要运用数字化技术对经营性文化产业与公益性文化事业进行优化整合，完善现代公共文化服务体系，为人们提供优质文化服务平台。在场馆建设、惠民工程项目建设、剧目展演等工作中，将现代文化艺术与优秀传统文化相融，创作文化艺术精品。同时通过共享资源达到惠民效果，实现经济效益与社会效益双增，推动文化产业与文化事业建设相互促进、有效协调。通过对文化内容生产环节的不断深入，提升数字平台的价值。

（二）着眼于文化产业引领经济结构转型，以新技术塑造实体共享平台

数字文化产业创新发展的核心驱动力是技术的进步。在互联网兴起与快速发展时期，数字文化领域产生了网络文学、网络视频、网络动漫、网络游戏等行业。当前，数字文化产业正在发生新的变化。一是新技术的运用，主要是以 5G 为代表的新一代技术被开发并广泛应用，VR、AR 等各种新技术应用于文化产业。二是数字文化的商业模式正在从消费互联网向产业互联网及更多经济领域全面拓展，颠覆性的应用场景不断涌现。

深度应用数字技术完善数字文化产业链各个环节，推动文化产品附加值提升。一是拓展高端研发、标准制定和创意设计等业务，向数字文化产业链上游延伸，推动产业转型升级；二是拓展高端外包和智能制造领域，向产业链中游发展，增强数字文化产品制作的创意性；三是进一步挖掘高端产业与新型服务，向数字文化产业链的下游延伸，推动产业由传统产品和服务供给向 IP 授权与品牌运作等高端消费转型升级。

打造完整的数字文化产业链还需要进一步完善数字文化产业领域的服务和治理模式。近年来，微信、抖音、快手、优酷等商业性文化云平台迅速崛起。《2020 年中国网络表演（直播）行业发展报告》显示，截至 2020 年底，我国直播用户规模已达 6.17 亿人，全行业网络主播账号累计超过 1.3 亿个。要基于数字文化的特点及其产业发展特征，进一步完善现有促

进政策，提供战略举措。构建线上线下议题，创新全媒体传播体系，建立健全数字网络综合治理体系，明确并落实互联网管理主体责任，提高网络领域内治理能力，营造清朗的网络空间。既然要以国内大循环为主体，国内的生产体系必须具有相当的完备性和自主性，不能受制于人。要结合各地区实际需求，有针对性地发展数字文化业务，增强国内生产体系的系统性、协调性和配套性。在探索数字产业链构建过程中，紧密结合首都文化资源特点，加快新型文化企业转型，鼓励与支持企业进行高技术手段开发，打造系列化、品牌化、层次化、品质化的现代文化产品和文化服务。有效提升文化产品竞争力，全面推进相关产业整体升级。

（三）着眼于文化产业融入全球产业链，加强数字贸易领域制度创新

数字经济开启了新一轮全球化竞争与合作，正在深刻改变人们的生产生活方式。

数字文化产业作为全球竞争与合作的重要内容，为经济社会发展注入新动能。在数字化经济体系中，全球价值链正在形成一体化的功能分工网络，范围涉及国内许多地区的发展。我国各地已经如火如荼开展相关活动，如，2021数字文创产业成都峰会描绘成都数字文创产业未来发展前景；中国国际大数据产业博览会在贵阳开展国家级智能传播领域跨界融合的品牌活动；无锡以生命健康未来大会领袖峰会聚集业界精英，致力于打造千亿级国家数字文化产业高地，加强研发投入和基础平台建设创建国际领先的创新药发现、健康食品两大创新策源中心。这些活动致力于搭建国际交流平台，凝聚国际共识，共同推动文化产业融入全球进行高质量发展。由于内循环体系在双循环中占据主体地位，是我们首先要打造的内需体系，因此，我们要发挥首都文化产业发展成果的作用，与其他城市在国内循环体系中互动合作，加强国内在产业分工和创新等领域的协同，避免国内低水平的竞争和重复性的低效投入，加强文化产业整体竞争力，为创造数字文化产业发展的外部环境共同努力。

北京集聚了文化产业各细分领域的头部企业，特别是网络新视听、数字广告、数字出版、电竞游戏等数字文化产业形态的企业，推动了北京市

数字文化产业快速发展。目前，数字文化产业已成为北京市文化产业发展的重点领域和数字经济的重要组成部分，成为新的经济增长点。近年来，随着互联网信息技术的飞速发展，尤其是5G、大数据、人工智能等新兴技术的创新发展，北京市数字文化产业蓬勃发展，涌现出蓝色光标、掌阅科技、汉王科技、掌趣科技等一批数字文化上市企业、领军企业。截至2020年末，北京市共有上市数字文化企业47家，占全国上市数字文化企业总数量的29.75%，这些企业成为文化产业发展新引擎。应聚焦城市规划战略定位和国家战略性产业发展需求，在国家层面进行科学的、专业的布局，打造协同创新园区，为优质资源集中构建平台，带动国内文化产业及企业深度融入全球价值链网络。

在构建国际循环时，应该充分考虑利用国际国内两个市场，本着互联互通与互利共赢原则推动国内国际价值链分工双循环。一是提升数字文化产业在区域合作尤其是"一带一路"建设中的作用，制定一系列数字文化企业"一带一路"合作发展专项规划。二是建立国际性文化企业发展总平台，并通过数字文化企业之间的合作交流，构建国际性资源库，促进我国数字文化企业提升文化传播能力。当前，在北京"两区"建设、全球数字经济标杆城市建设、国际消费中心城市建设的规划基础上，把握机遇，主动出击，积极打造全球数字文化新高地。在打造和举办中国国际服务贸易交易会、中关村论坛、金融街论坛等积累的经验成果基础之上，发挥示范引领作用，在数字领域形成一批国际合作成果。

在国际循环与国内循环相互促进发展过程中，要积极培育国际性文化企业，尤其是在软件设计、数据信息服务等领域重点推出具有全球影响力的龙头企业，使其在国际数字贸易中发挥力量。鼓励加强数字内容开发，鼓励文化创意、传媒娱乐等领域数字化产品贸易。支持跨境电商、智慧物流发展。建好数字贸易港，规划建设国际贸易数字化示范区。

在企业、园区、产业累积经验提升实力与地位的过程中，不断探索加强数字贸易领域制度创新。积极参与国际规则制定，支持龙头企业确立数字技术规范、产业标准。同时，要坚决守住数据安全底线，加强关键信息基础设施安全保护，加强数据跨境流动监管，保障国家数据安全和文化安全。

北京市数字文化产业发展现状及未来趋势

刘德良[*]

摘　要: 近年来, 首都数字文化产业蓬勃发展, 已经成为新的经济增长点。2020 年, 受疫情影响, 北京市数字文化产业社会融资趋于谨慎, 但并购活跃度、新三板投资规模等仍领跑全国。从全国范围来看, 以北京为首的数字文化产业"一超多强"格局已经形成, 北京数字文化产业多项指标名列全国之首, 产业已经进入提质阶段。未来, 随着新基建提速及新兴技术不断更迭, 数字文化产业或迎来新一轮爆发式增长。

关键词: 数字文化产业　社会融资　数字文化产业发展指数

近年来, 为推动数字文化产业快速发展, 北京市出台了一系列政策举措, 持续优化营商环境, 推动产业高质量发展。目前, 北京市数字文化产业蓬勃发展, 龙头企业集聚优势越发突出, 新业态、新模式加速涌现, 数字文化产业已成为北京市文化产业发展的重点领域和数字经济的重要组成部分, 成为新的经济增长点。资本市场方面, 受疫情影响, 北京市数字文

---

* 刘德良, 新元智库和新元资本创办人, 兼任清华大学新经济与新产业研究中心特约研究员、中国人民大学文化产业研究院特约专家、中央财经大学文化经济研究院特约专家, 文化金融 50 人论坛创始成员等, 参与国家"十三五"文化体制改革规划等多项政策制定, 主编出版《中国文化投资报告》两部, 主要研究方向为文化产业、旅游业、数字经济等。

化产业社会融资趋于谨慎，资本偏好向上市企业集聚，上市企业投资活跃度有所增加，新三板挂牌企业投资规模领跑全国。

从全国范围来看，北京市数字文化产业领先优势明显，以北京为首的"一超多强"格局已经形成，作为全国文化中心、科技创新中心、金融中心，北京市科技支撑力、新业态融资力、龙头企业发展力等多项指标均名列全国之首，数字文化产业发展已经进入提质阶段。未来，随着互联网技术、数字技术、虚拟现实技术等技术不断迭代更新，数字基建进一步提速，数字文化产业或将迎来新一轮爆发式增长，云业态、沉浸式业态等新兴领域将迎来更为广阔的发展空间。

一 北京市数字文化产业发展现状

数字文化产业以文化创意内容为核心，依托数字技术进行创作、生产、传播和服务，涵盖动漫、游戏、网络文化、数字文化装备、数字艺术展示等多个重点领域，已成为新的经济增长点。北京集聚了文化产业各细分领域的头部企业，特别是网络新视听、数字广告、数字出版、电竞游戏等数字文化产业形态的企业，推动了北京市数字文化产业快速发展。

（一）政策环境持续优化，助力数字文化产业高质量发展

为实施文化产业数字化战略，推动数字文化产业高质量发展，2020年11月，文化和旅游部发布了《关于推动数字文化产业高质量发展的意见》（文旅产业发〔2020〕78号），指出要支持数字文化企业开展债券融资，推进设立数字文化产业投资基金等，旨在夯实数字文化产业发展基础，构建数字文化产业新生态。同时，文化和旅游部鼓励各省市人民政府制定符合自己省内或地区特性的数字文化产业发展规划。目前，北京市已发布了数字文化产业未来规划和发展路线。2020年4月，北京市推进全国文化中心建设领导小组出台《北京市推进全国文化中心建设中长期规划（2019~2035年）》，提出到2035年，实现数字图书馆、数字文化馆、数字博物馆各区全覆盖，充分发挥数字文化服务在公共文化服务体系建设中的重要作用。另外，2020年6月，北京市出台《北京市加快新场景建设培育数字经

济新生态行动方案》，指出要围绕内容创作、设计制作、展示传播、信息服务、消费体验等文化领域关键环节，推动人工智能、大数据、超高清视频、5G、VR 等技术应用，促进传统文化产业数字化升级，培育新型文化业态和文化消费模式。未来，为响应行业发展趋势，北京市数字文化产业发展的政策环境将持续优化，从宏观层面上为数字文化产业营造良好的发展空间。

（二）数字文化产业蓬勃发展，龙头企业引领带动效应凸显

目前，数字文化产业已成为北京市文化产业发展的重点领域和数字经济的重要组成部分，成为新的经济增长点。近年来，随着互联网信息技术的飞速发展，尤其是 5G、大数据、人工智能等新兴技术的创新发展，北京市涌现出蓝色光标、掌阅科技、汉王科技、掌趣科技等一批数字文化上市企业、领军企业。截至 2020 年末，北京市共有上市数字文化企业 47 家，占全国上市数字文化企业总数量的 29.75%，遥遥领先其他省市；共有新三板挂牌数字文化企业 100 家，占全国新三板挂牌数字文化企业总数量的 33.22%，是全国第二名上海（46 家）的两倍多。这些企业成为文化产业发展新引擎，例如，数字广告领军企业蓝色光标 2020 年前三季度营业收入同比增长 46.58%，达到 288.58 亿元；数字文化装备企业汉王科技 2020 年前三季度营业收入为 9.85 亿元，同比增长 58.27%；数字出版行业领军企业掌阅科技 2020 年前三季度实现营业收入 14.95 亿元，同比增长 7.83%。

（三）数字文化产品质量不断提升，新模式、新业态快速涌现

2020 年 6 月，北京市出台《北京市加快新场景建设培育数字经济新生态行动方案》。在政策的支撑引领带动下，北京市各类数字化技术不断应用于文化生产，数字文化产品供给质量不断提升，提供了新的消费模式和场景，包括数字图书馆、数字博物馆、数字非遗展示等项目和模式。大量文化活动搬上"云端"，云观展、云游览等新业态满足了消费者线上新兴文化消费需求。例如，在疫情期间，北京民俗博物馆、故宫博物院、中国国家博物馆等多家博物馆推出线上展览、线上直播等丰富多彩的"云端"活动；中文在线和东城区第一图书馆联合举办了系列网络直播活动，请文

化名家推广阅读，参与人次远超疫情前的线下活动。

二　北京市数字文化产业投融资情况

（一）社会融资市场趋于谨慎，资本偏好向上市企业集聚

1. 社会融资市场降温，北京融资活跃度稳居全国之首

北京市不断推动文化产业的数字化转型，数字文化产业与金融的融合发展走在全国前列。新元文智－文化产业投融资大数据系统（文融通）显示，2020 年，受新冠肺炎疫情影响，全国数字文化产业社会融资市场降温，共计发生 1779 起社会融资案例，募集资金规模为 2717.62 亿元（不含银行贷款，下同），分别同比下降 13.22%、4.70%。北京市也不例外，全年发生社会融资案例 93 起，数量同比下降 22.50%，但稳居全国之首；募集资金规模同比下降 27.12%，降到 375.87 亿元（见图 1），仅次于广东省，在全国数字文化产业社会融资总规模中的市场份额仍然达到 30.44%。

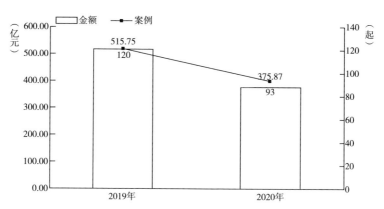

图 1　2019~2020 年北京市数字文化产业社会融资情况

注：因银行信贷数据未公开披露，故本报告计算社会融资总规模时未计入银行信贷数据，为避免重复计算，上市再融资、新三板融资中不计相应的债券、信托融资。因数据四舍五入的原因，本文中可能存在总计（或差值）与各项求和（或相减）不等的情况。

资料来源：新元文智－文化产业投融资大数据系统（文融通）。以下图表资料来源均如此，不再赘述。

2. 社会资本偏好向上市企业集聚，吸纳股权融资渠道近八成资金

北京市聚集了虎视传媒、祖龙娱乐等数字文化龙头企业，这些企业通过IPO吸纳大量社会资金，引领带动作用明显。数据显示，2020年，北京市数字文化产业募集的资金主要来自股权融资渠道，共计发生融资案例88起，涉及资金规模高达347.60亿元，在北京市数字文化产业社会融资总规模中的比重为92.48%；且资本更偏好向上市企业集聚，通过上市首次募资渠道募集资金268.33亿元，占北京市数字文化产业股权融资渠道融资总规模的77.20%，同比大幅增长，市场升温明显（见图2）。与上市首次募资渠道不同，受日益趋严的监管环境影响，北京市数字文化产业通过私募股权融资、新三板融资、债券三个渠道的募资规模均呈下滑走势，分别同比下滑81.90%、79.19%、7.29%，市场均呈现降温趋势。

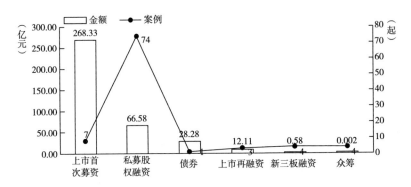

图2　2020年北京市数字文化产业各渠道社会融资情况

（二）并购活跃度全国居首，区域领先优势明显

1. 并购案例数量全国居首，并购规模仅次于广东

并购可以使企业迅速实现规模扩张，突破行业进入壁垒，有效实现资源整合，增强企业在市场上的竞争力，从而提高盈利水平。但由于我国经济持续不确定性和下行压力加大，2020年，北京市数字文化产业并购市场整体低迷，共发生20起并购事件，涉及资金规模为27.99亿元，分别同比减少16.67%、31.55%，市场趋于谨慎（见图3）。但与其他省市相比，并

购案例数量仍然居全国首位，并购规模仅次于广东省。

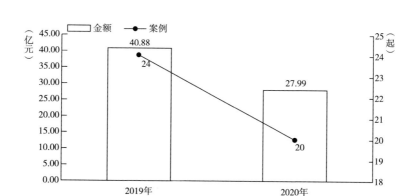

图 3　2019～2020 年北京市数字文化产业并购情况

2. 文化产业并购注重强化主业，整合行业上下游

在经济放缓的情况下，北京市数字文化产业并购以所在行业整合为主，并购活动主要围绕强化主业、完善产业链以及整合相关资源展开，并购标的的业务范围多与并购主体所处行业相关。数据显示，2020 年，北京市数字文化产业并购市场涉及 20 起事件，半数为行业内部整合并购，具有代表性的有上海姚记科技股份有限公司并购大鱼竞技（北京）网络科技有限公司，两者均属于游戏行业；国旅联合股份有限公司并购北京新线中视文化传播有限公司，两者均属于互联网广告服务行业。

（三）挂牌企业投资规模领跑全国，上市企业投资市场明显升温

1. 北京挂牌数字文化企业投资案例数量及投资规模均居全国之首

2020 年，北京市新三板挂牌数字文化企业对外投资步伐放缓，无论是投资案例数量还是投资规模均呈现下滑态势。其中，投资案例数量为 47 起，同比减少 17.54%，但仍位列全国之首；涉及资金规模为 2.47 亿元，同比下降 65.59%，但仍居全国第一名（见图 4）。从投资方式来看，股权投资涉及案例数量、资金规模双向领先，分别为 30 起、1.55 亿元，分别占新三板挂牌数字文化企业投资案例总数及总规模的 63.83%、62.78%。

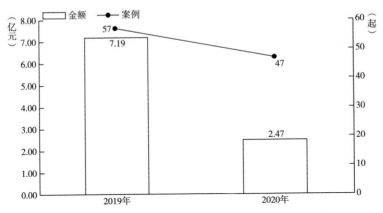

图 4　2019~2020 年北京市数字文化企业挂牌后投资情况

2. 上市投资市场明显升温，投资规模实现翻倍增长

截至 2020 年底，北京市共有上市数字文化企业 55 家（包含退市企业 6 家、转型非文化企业 2 家）。其中，2020 年有 7 家企业完成 IPO，较 2019 年增加 2 家，表明北京市数字文化企业上市步伐加快。55 家企业在 2020 年共计发生投资案例 75 起，同比增长 50.00%，涉及资金规模为 297.06 亿元，同比增长 177.83%（见图 5），投资市场明显升温，且与其他省市相比，无论是投资案例数量还是投资规模均居第二名，领先优势明显。从投

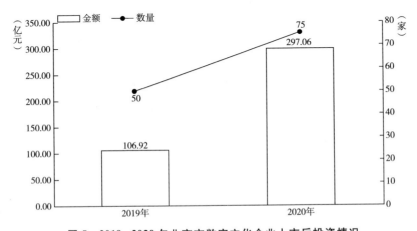

图 5　2019~2020 年北京市数字文化企业上市后投资情况

资方式来看，以并购为主，投资规模达 247.89 亿元，占上市数字文化企业投资总规模的 83.45%；股权投资、投资基金、新设子公司三种方式投资规模相对较小，分别为 25.30 亿元、23.06 亿元、0.81 亿元。

三　北京市数字文化产业发展指数评估

数字文化产业在与整个社会经济发展相适应的同时，也面临着数字化水平不高、供给结构质量有待优化、新型业态培育不够、线上消费仍需培养巩固、数字化治理能力不足等新问题。在此形势下，研究探讨可直接反映出北京市数字文化产业的发展潜力、创新吸引能力、规模集约化水平及投融资服务体系完善程度的城市数字文化产业发展指数，不仅具有必要性而且具有迫切性。

鉴于此，新元智库依托十年积累的文化产业数据监测和分析系统，基于可操作性、系统性、科学性等多项原则，综合运用理论分析、频度统计、实践借鉴等方法，从政策支撑力（分析城市在推进数字文化产业发展进程中各类政策的制定、创新情况）、科技支撑力（反映城市科技在文化产业数字化、数字文化产业发展过程中产生的支撑、提升作用）、创业集聚力（反映区域提升创新创业驱动力、承载力、吸引力方面的能力）、新业态融资力（主要体现为非上市数字文化企业发展、融资的潜力与能力）、龙头企业发展力（分析区域内数字文化产业的规模化、集约化发展程度）5 个总量指标出发，通过分解指标层分解出 13 个二级指标，由此构建了城市数字文化产业发展指数指标体系。

（一）"一超多强"格局已现，北京数字文化产业发展领跑全国

根据城市数字文化产业发展指数分析可以发现，目前，我国城市数字文化产业发展水平不均衡，北京、上海、杭州、深圳等城市数字文化产业相对发达，已经形成了以北京为首的"一超多强"格局。其中，北京市数字文化产业发展指数得分为 80.35 分，遥遥领先于其他城市。上海、杭州、深圳数字文化产业发展取得一定进展，发展指数得分分别为 62.21 分、51.80 分、45.03 分，虽然低于北京，但明显高于其他城市

（见表1）。近年来，北京积极发展数字经济及文化产业，根据国家统计口径，2019年，北京数字经济增加值超过1.3万亿元，占GDP比重约为38%；2020年1月至11月，规模以上软件和信息服务业营业收入为14906亿元，以电子信息传输服务、数字技术服务为主的数字经济保持快速发展。同时，随着5G、人工智能、大数据、虚拟现实等技术在文化领域应用的扩大，北京数字文化产业规模不断攀升，数字文化产业发展指数领跑全国。

表1 城市数字文化产业发展指数指标对比（top10）

排名	城市	政策支撑力	科技支撑力	创业集聚力	新业态融资力	龙头企业发展力	城市数字文化产业发展指数总分
1	北京	10.00	15.53	3.76	24.00	27.06	80.35
2	上海	10.00	7.82	9.59	18.49	16.31	62.21
3	杭州	10.00	9.57	14.04	8.85	9.35	51.80
4	深圳	10.00	6.84	6.27	8.31	13.61	45.03
5	南京	10.00	3.21	14.43	4.00	5.61	37.25
6	广州	10.00	4.37	7.57	5.18	8.71	35.83
7	厦门	6.00	1.92	13.36	5.27	9.27	35.82
8	成都	10.00	1.86	13.81	4.97	5.18	35.81
9	天津	10.00	1.43	12.09	4.07	7.86	35.45
10	苏州	10.00	1.15	14.12	4.60	5.21	35.08

（二）科技支撑力指标全国居首，北京市科技创新引领优势明显

北京市科学技术委员会数据显示，目前，北京打造国际科技创新中心已经具备诸多先发优势：北京市研发人员超过40万人，研发投入占GDP比重连续保持6%左右，在全球领先；拥有北大、清华、中科院等世界一流的大学和科研机构；连续三年蝉联全球科研城市首位，科学研究和科学发现的能力显著增强。在优势资源集聚的基础上，近年来，北京大力加强科技创新中心建设，不断优化营商环境，充分利用互联网技术更新升级契机，推动信息传输、软件和信息技术服务业快速发展，行业规模不断扩

大，从业人员大幅增加，新兴业态迅速成长，对第三产业的支撑作用显著增强。新元文智-文化产业投融资大数据系统（文融通）数据显示，北京市科技支撑力指标得分为 15.53 分，高居全国之首，是上海（7.82 分）、深圳（6.84 分）的两倍左右，科技创新引领优势明显。具体来看，北京市无论是"软件和信息技术服务从业人员占比"还是"软件和信息技术服务营业收入占比"指标得分均遥遥领先于国内其他城市，而软件和信息技术服务业作为研发投入最集中、创新最活跃、辐射带动作用最强的行业之一，具有技术更新快、产品附加值高、资源消耗低等突出特点，在推动经济高质量发展中发挥着重要作用。"互联网和相关服务从业人员占比""互联网和相关服务营业收入占比"两项二级指标得分虽不及杭州，但仍居全国第二，北京市互联网和相关服务业充满活力（见表2）。

表 2　重点城市数字文化产业发展指数（科技支撑力）具体指标对比

一级指标	二级指标	北京	上海	杭州	深圳
科技支撑力	互联网和相关服务从业人员占比	3.95	2.25	4.00	1.53
	互联网和相关服务营业收入占比	3.58	1.70	4.00	1.72
	软件和信息技术服务从业人员占比	4.00	1.95	0.47	2.18
	软件和信息技术服务营业收入占比	4.00	1.93	1.09	1.40

（三）龙头企业发展表现强劲，数字文化新业态融资优势突出

作为全国文化中心、金融中心，北京聚集了数量众多的数字文化龙头企业，上市及新三板数字文化企业数量均全国领先。同时，北京通过一系列文化金融政策，已经构建起覆盖"投、融、担、贷、孵、易"全链条的首都文化投融资服务体系，为数字文化新业态的融资需求提供了有力支撑。据统计，北京市数字文化产业龙头企业发展力及新业态融资力指标得分均遥遥领先于国内其他地区，分别为 27.06 分、24.00 分，与第二名上海的得分拉开了较大差距。具体来看，除"上市数字文化企业市值占比""上市数字文化企业投资市场占比"两项二级指标得分分别略低于上海、深圳以外，北京市其他各项二级指标得分均居全国首位（见表3）。无论是

非上市数字文化企业融资能力、新三板企业投资水平，还是上市及新三板企业的经营情况，均表现出了较大的领先优势。

表3 重点城市数字文化产业发展指数（新业态融资力、
龙头企业发展力）具体指标对比

一级指标	二级指标	北京	上海	杭州	深圳
新业态融资力	数字文化企业私募股权融资市场占比	12.00	9.59	4.71	3.24
	数字文化企业新三板市场占比	12.00	8.90	4.15	5.07
龙头企业发展力	新三板数字文化企业营收占比	6.00	3.85	1.18	1.61
	新三板数字文化企业投资市场占比	6.00	2.75	1.15	2.94
	上市数字文化企业营收占比	6.00	1.85	1.94	1.73
	上市数字文化企业市值占比	3.54	6.00	3.04	1.39
	上市数字文化企业投资市场占比	5.52	1.85	2.03	5.93

（四）数字文化企业增量不显著，产业发展进入提质阶段

在相关部门的推动下，北京依托政策优势、区位优势等，积极发展数字文化产业，产业整体发展程度全国领先，不仅龙头企业数量领跑全国，还聚集了巨量的中小型数字文化企业。在拥有较大数字文化企业存量的基础上，北京市数字文化企业新增速率较缓，企业增量并不显著，创业集聚力指标得分仅为3.76分（见表4），居全国第30位。未来，如何发挥存量优势，进一步由数量增长向质量增长转变或将是北京数字文化产业发展的重点。整体来看，北京市数字文化产业发展明显处于全国领先水平，未来可以通过进一步优化营商环境、完善要素市场化配置、激发发展活力、培育发展新动能等，放大政策支撑力、科技支撑力、新业态融资力、龙头企业发展力等指标优势作用，促进数字文化产业提质增效。

表4 重点城市数字文化产业发展指数（创业集聚力）具体指标对比

一级指标	二级指标	北京	上海	杭州	深圳
创业集聚力	数字文化企业新增数占比	3.76	9.59	14.04	6.27

四 北京市数字文化产业发展展望

"十四五"期间，"新基建"进一步提速，5G等技术不断迭代更新，北京市数字文化产业或将迎来新一轮爆发式增长，云演艺、云游戏等新业态将获得更大发展空间。随着并购重组政策进一步落地实施，加之互联网技术的发展创新正在颠覆传统领域，北京市数字文化企业质量有望进一步提高。另外，随着新三板转板制度的稳步推进，以信息披露为中心的注册制及其配套的严格退市制度逐步在科创板、创业板等板块深入实施，北京市数字文化龙头企业培育环境有望进一步改善，龙头企业数量有望进一步增长。

（一）新基建提速+技术颠覆，数字文化产业或将迎来新一轮爆发

《中国互联网络发展状况统计报告》显示，截至2020年6月，我国网民规模达9.4亿，互联网普及率为67%，超大规模市场优势为数字文化产业发展提供了广阔空间。同时，随着居民收入水平提升，新型基础设施建设提速，文化、旅游、通信等行业进一步深度融合，推动数字文化产业高速发展，呈现了供需两旺特点。对行业前景的看好吸引了大批资本布局数字文化产业，并投入大量资金，极大地推动了北京市数字文化产业创新发展。"十四五"期间，"新基建"将迎来发展机遇，数字基建的发展将为数字文化产业提供强大动能，必将推动北京市数字文化产业快速发展。并且，随着5G、人工智能、大数据、虚拟现实等技术在文化领域应用的扩大，数字文化产业或将迎来新一轮爆发式增长。

（二）政策利好不断释放，数字文化产业新业态发展空间广阔

2021年，文化和旅游部发布《"十四五"文化产业发展规划》，提出顺应数字产业化和产业数字化发展趋势，深度应用5G、大数据、云计算、人工智能、超高清、物联网、虚拟现实、增强现实等技术，推动数字文化产业高质量发展，培育壮大线上演播、数字创意、数字艺术、数字娱乐、沉浸式体验等新型文化业态。《中共北京市委关于制定北京市国民经济和社会发展第十四个五年规划和二〇三五年远景目标的建议》也提出，实施

文化产业数字化战略，推动文化与科技、旅游、金融等融合发展，培育发展新型文化企业、文化业态、文化消费模式。未来，随着政策利好不断释放，智慧旅游、影视制作数字化、云游戏、云演艺、云展览、沉浸式业态等数字文化产业新业态将迎来更为广阔的发展空间。

（三）并购重组改革，数字文化企业质量有望进一步提高

2019 年 10 月，证监会出台《关于修改〈上市公司重大资产重组管理办法〉的决定》（证监会令〔第 159 号〕），并提出简化重组上市认定标准，取消"净利润"指标，将"累计首次原则"计算期间进一步缩短至 36 个月，同时允许符合国家战略的高新技术产业和战略性新兴产业相关资产在创业板重组上市。该决定降低了重大重组事件触发条件，有利于鼓励北京市上市文化企业更高效地通过并购重组改善资产质量。目前，北京市拥有较大的数字文化企业存量，产业整体已经进入提质阶段。随着并购重组政策进一步落地实施，加之互联网技术的发展创新正在颠覆传统领域，越来越多的文化企业将通过并购从外部获取自己无法复制的先进数字技术能力以保持竞争力。从长期来看，北京市数字文化企业质量有望逐步提高。

（四）多重利好因素叠加，数字文化龙头企业基数或进一步扩张

近两年，数字文化企业 IPO 利好不断。2019 年 7 月，科创板首批公司挂牌上市交易，标志着设立科创板并试点注册制这一重大改革任务正式落地。2020 年 3 月 6 日，证监会发布《转板上市指导意见（征求意见稿）》，并提出试点期间，在新三板精选层挂牌满一年，且符合《证券法》上市条件和交易所相关规定的企业，可以申请转板至上交所科创板或深交所创业板上市。2020 年 4 月 27 日，中央全面深化改革委员会通过《创业板改革并试点注册制总体实施方案》，创业板试点注册制改革正式启动，极大地简化了 IPO 上市流程，提高了上市审核效率。未来，随着新三板转板制度的稳步推进，以信息披露为中心的注册制及其配套的严格退市制度逐步在科创板、创业板等板块深入实施，企业 IPO 上市成本将大幅降低、上市时间将大幅缩短，北京市数字文化龙头企业的培育环境有望进一步改善，有利于为北京市数字文化产业培育更多优质领军企业。

共享经济视阈下的出版产业思维变革

刘庆振*

摘　要： 数字媒体改变了出版产业的传统思维，共享经济与数字出版产业的融合发展催生出了全新的出版模式。社会化媒体、自媒体、粉丝经济、众筹等概念中都蕴含着共享经济的商业逻辑，并在不同层面上为数字出版产业提供了创新的思路。

关键词： 共享经济　数字出版　社会化媒体

当前快速发展的移动互联网和物联网浪潮正试图将每个个体和物体都时时刻刻连接起来，这场席卷全球的数字化和网络化浪潮正在悄然地改变着出版产业的各个环节。维基百科至今仍是互联网拥趸者们最为津津乐道的典型案例，它的成功在底层逻辑上颠覆了传统百科全书乃至所有图书的出版模式。与此同时，"共享经济是因应社会发展外在复合需求和传媒产业持续发展内在要求的一种新经济形态"①，在当前共享经济风靡全球的社会背景下，我们再来重新审视所有与维基百科相类似的数字出版内容，就会发现它们身上处处闪烁着"知识共享"的光芒。而进一步地，当我们把这种全新的信息共享模式扩展到更多的出版产品之上后，出版产业的生态

---

* 刘庆振，北京体育大学新闻与传播学院副教授，主要研究方向为媒体传播。

① 喻国明、樊拥军：《"互联网+"时代的传媒共享经济初探》，《新闻爱好者》2015年第11期，第4~8页。

也将发生彻底的改变。

一　数字技术改造传统出版

实际上，数字出版产业与传统出版产业最根本的区别并不在于原子和比特的区别，而在于两种出版模式所反映出来的不同思维之间的差异。在数字时代，大量内容产品都是通过众多用户相互协作而生产出来的，更重要的还有，任何个人都可以对这些内容进行更加便捷的创建、评论、增减以及修改。对于传统出版而言，这就涉及内容版权的问题。但在数字媒体世界里，"知识共享这种有利于共享的版权许可协议已被人们广泛接受，它鼓励人们准许他人合法地使用和改进自己的图像、文本或音乐，而无需额外许可"①。这在本质上就意味着内容的协同创作、即时共享、自由编辑和个性化修改将成为数字出版产业的一种全新默认模式。

现实也是如此，几乎所有的用户都是用其他用户创造出来的图文、音乐或者视频轻而易举地开启了自己的内容生产与创作，数以亿计的自媒体人可以在大量诸如糗事百科、百度图片、抖音短视频等多种多样的网站上查找并免费获得更优质的笑话段子、高清图片、新创意、新玩法和新事物，同时与其他使用相同素材的人一起对这些内容进行评价、转发、修改或重组。这意味着我们正在参与一场数字媒体时代所特有的、与传统出版模式截然不同的数字化、共享化、协同化出版运动。用户聚集在百度百科、微信公众号平台、今日头条、一点资讯这样的数字空间而非传统的报社和出版社，他们通过"屏幕印刷厂"而非原来的实体印刷厂与不同的内容消费群体产生连接。

数字出版的生产者与消费者通过平台的连接和协同能力而不断进行着大量的互动。在很多情况下，生产者同时也是消费者，营销专家科特勒称之为"产消者"。在这种互动过程中，数字出版变成了一场人人参与的社会化运动，变成了一场所有人为所有人生产内容、所有人消费所有人生产的内容的运动，而非传统出版那样的一场作者和读者相互隔离的个人活

---

① 〔美〕凯文·凯利著《必然》，周峰、董理、金阳译，电子工业出版社，2016，第154页。

动。在这种意义上，当平台的全部用户都朝着一个共同的方向去努力时，他们会更倾向于免费分享自己的内容产品，同时也免费获取其他人的内容产品。因此，与其说数字出版是一种全新的出版模式，不如说它更像是一种思维、一类技术和一种平台，借此将散落在各个角落的内容产消者们聚合在一起以协同和共享的方式来改造传统的出版逻辑。

二　数字出版的目的是社会化

数字媒体时代的用户有着非常强烈的分享欲望，这也是微博、微信、推特、脸书等社会化媒体会如此受欢迎的重要原因。很多用户个人在社会化媒体上每年更新的文字状态足够出版一本书籍，分享的图片和视频内容甚至连一个容量很大的硬盘都装不下，这些内容又被其他用户浏览、评论、转发和再加工、再传播。在一定意义上这就意味着，被分享到数字媒体上的大量内容在本质上是没有主权的，我的文字、图片和视频也是你的，任何其他人都可以利用我所分享的这些内容。正因如此，更多人对同一内容进行加工才有可能增加这一内容本身的附加价值，而不是降低。越多人使用和消费这些内容，也就意味着其越受欢迎，也正因为此其价值才会变得越高。

而事实上，最初的用户分享某一内容的出发点也是希望这一内容能够在社会化的数字媒体上获得更广泛的关注、评论、转发和影响。只有这样，他们才会被激励从而继续分享更多的内容、贡献更多的价值。对于内容本身而言，它的影响力不仅仅来自最初分享它的那一名用户，而是来自更多关注、评论和转发它的那些用户，与此内容产生交集的所有用户的整体影响力已经远远超出了最初的分享者个人。尽管这些人并没有在实际货币层面上获得任何回报，但他们通过对这一内容的参与获得了无形的体验：赞赏、满足、认可或享受等"社交货币"。在这个意义上，我们就会发现，传统出版和阅读更加注重的是个体对于内容的独立性创作和阅读，但数字出版的根本目的并不是把这种独立性出版体验从线下迁移到线上，而是要将这种传统模式改造成一种参与型的、分享型的和互动型的内容产消体验。也就是说，数字出版的目的不是出版的数字化，而是出版的社会化。

　　微信声称有超过 2000 万个公众号通过内容生产的方式与 9 亿活跃用户保持着密切的互动，每隔几天就有一篇上千万阅读量的"爆款"公众号内容产生。今日头条则有 200 万头条号用户贡献了大量的图文、短视频和问答内容以满足其 6 亿注册用户的碎片化阅读需求。如果我们把国内外排名前十的社交媒体平台看作一家个性化内容出版社的话，那么其将是这个世界上最大的数字内容出版社，而且拥有这个星球上最多的作者群体和读者群体，还不需要向作者的劳动力和读者的注意力支付任何酬劳。当然，随着平台的壮大和用户对优质内容的渴求，现在很多平台也已经开始尝试向生产方和需求方提供一定的货币激励以进一步提升他们的参与度和互动性。而实际上，相比平台自身获得的可观利益而言，为产消者们提供的这些激励简直微乎其微，但这已经足以刺激很多自媒体人孜孜不倦地参与内容的创作和传播了。他们中的很多人已经辞去了原来的固定工作，创办了以内容生产为核心业务的公司，甚至很多内容创业公司已经成长为估值上亿元的独角兽企业。但对于更广大的用户而言，他们并不真正看中自己所获得的些许货币激励，而是更加在意自己能够上传身边的新闻、分享个人的经历、发表内心的见解、了解别人的生活以及参与每个角落正在发生的各种新鲜事儿。尽管这种参与并不是亲自在场，但他们已经从获知、评论、转发和改造这些事件、图文和视频的过程中得到了某种满足或回报。这种回报的本质意义在于与整个网络中所有相互关联的、真实存在的其他用户所建立起来的某种关注、互动和交往机制，这种机制给予他们随时参与的权利。

　　在这个层面上，数字出版产业的基本逻辑完全不同于传统出版模式，与其说它是以经济目的作为核心驱动力的市场形态，不如说它是以用户自身的分享欲望作为核心驱动力的社会生态。诚然，它仍然有着追逐利益的市场动机，这也就是我们将很多新涌现出来的产品和服务称为"共享经济"的原因，共享是其目的，而市场只是其形式。无论对于出版产业，还是对于更多的内容领域和服务领域，共享思维和共享模式都意味着一种全新的可能性，它对这些领域能够产生的颠覆能力远远超出了我们所有的想象。在数字出版的共享思维下，传统出版的线性价值流程正在演化成一种价值互动网络，金字塔式的等级官僚结构也在逐渐消解为一种去中心化的扁平管理体制。这是进入 21 世纪后出版产业正在发生的最主要的一场革命——由报社和出版社对内容进行垄断式管理的时代一去不复返了。任何一位数字化社交媒体的用户都可以随时随地随心地把自己所创作的图文和视频等内容发表出来，并借助此内容的广泛分享和传播获得属于自己的读者群体，也就是粉丝。因此，人人都是自媒体，人人都被赋予了生产和传播的能力。全球所有用户每一秒钟所创作的内容如果印刷成图书都可以装满一座图书馆，任何一位用户每年所创作的内容如果印刷出来也都可以形成一本厚厚的图书。这是一个确凿无疑的内容丰裕的时代，内容生产者想通过一切办法确保自己的内容能够触达消费群体，但同时，对于组织这种数字出版的平台而言，它们还要借助于一切最先进的智能算法确保不让大量对用户而言无意义的内容涌向用户并淹没他们。这也恰恰是今日头条们正在努力想要做好的重中之重。

三 共享视野下的元内容及其生态

数字化时代的用户已经从对实体书籍的线性逻辑和对那些所谓专家的权威解读的崇拜中跳脱了出来，他们面对的不是一成不变的已经完成出版流程的某本经典图书，而是一个随时都在发生改变的数字化网络空间。层出不穷的新闻、即时更新的微博、随处散落的真相碎片以及随手拍完就上传的影像资料，大量的信息、知识、内容和娱乐快速地涌现后又浩浩荡荡地奔流而去，永远在线的神话导致用户随时随地都可以与当前正在发生的变化保持同步，但是传统图书的纸张不能为用户提供这种承诺。因此，数字出版已经改变了书籍和报纸的命运，它们赖以存在的纸张正在从大量用户的视线中消失，留下的只不过是书籍和报纸的概念，直到有一天，这些概念也会彻底蒸发。

当然，用户们还是会大量写作和阅读，只不过不是遵循经典模式，而是随时随地通过智能手机或其他设备进行数字化写作和阅读。这时候，图书和报纸将会变得呼之即来挥之即去，出版产品也不再是一种以纸张为主要介质的工业化产品，它更像是根据用户需求而呈现在屏幕映入眼帘的信息流；它不是固定的产品，而是不断变化的流程，它随时处于被阅读、评论、标记、编辑、改写、收藏、分享、链接、增删和营销的过程中。特别是数字媒体时代的用户，早已经不满足于简单的单向接收信息和知识，他们通过主动参与，改造了过去作者与读者之间的连接关系，把内容变成了创作者与用户之间的双向互动关系。通过这种互动，知识、思想、智慧、角色、故事、情节以及与之相关的所有链接共同把书籍或新闻编织成了一张大网，而阅读一本书或一则新闻就成了一个网络化事件。在其中，原创作者初始发布的内容可以被视为元内容，无论是一条段子、一张图片、一则新闻、一篇评论、一本书籍抑或是一段短视频、一期综艺节目、一集电视剧、一部电影，在被开放或共享给广大用户之前的初始状态，都可以被视为元内容阶段。对于传统出版而言，这是出版产品的成型状态，但对于共享时代的数字出版而言，这是出版产品的雏形状态。

用户会在元内容的基础之上，对它进行不断的开拓、新增、改变和重新诠释，如果愿意，他们还可以把自己标注、改写或质疑的地方通过社交化手段分享给其他用户，而这种社交化的阅读或参与则向所有用户承诺了另外一种全新的阅读方式，即共享逻辑下的社会化阅读。一个标注与另一条标注相关，一张图片与另一张图片相关，一段评论与另一段评论相关，一个链接与另一个链接相关，思想与思想相互交流，观点与观点相互碰撞，所有这些因为用户的参与而共享出来的内容，其规模或许要比元内容本身还要大，这些内容可以变成衍生内容，它们与元内容共同构成了基于某一篇新闻或某一本图书的内容生态。这恰恰是当前数字媒体内容生态的真实写照。原来的读者摇身一变成了用户，并进一步参与内容生产而成了自媒体人或自出版人，而他们在解构和重构了其他创作者贡献的元内容之后所创作和分享的内容，在一定意义上既是那些元内容的衍生内容，也成为其他用户开展创作的元内容。

四 粉丝经济与出版要素的共享

数字媒体时代的一个重要特征就是用户可以轻而易举获得的被分享出来的内容，其数量和类型都在快速增加，一张图片、一篇文章、一本书、一首音乐、一段视频或者一部影视剧，无论是搜索引擎技术还是个性化推荐技术都能够帮助用户找到他们所需的这些内容，哪怕是那些并不为大众市场所熟知的小众或长尾内容。除此之外，另外一种意义上的共享模式正在通过粉丝经济探索出一条全新的路径，那就是众筹。在众筹过程中，资助某一本图书或者某一位创作者的人正是他真正的粉丝，粉丝们通过先付费后消费的方式集体资助了他们所认可和喜爱的人物或内容，从而形成了一定的资金规模。比如无论是社会公众人物还是普通人都可以把自己想要出版的某部作品的基本思路通过策划方案或者短视频的形式来众筹一笔出版资金，根据出资额度或其他标准，粉丝可以获得不同的赞助回报，如较低回报可以获得这本书的 pdf 版本，较高回报可以获得作者签名的精美包装版，更高的回报甚至可以允许粉丝的姓名出现在这本书的重要位置等。

对于作品出版而言，众筹并不仅仅意味着获得一笔出版费用，更重要的在于它本身所特有的营销属性。一旦粉丝参与到这部作品的出版发行过程中来，也就意味着他们在很大程度上将成为这部作品的营销或传播节点，并有动力把他们社交网络中的其他人也号召参与进来，并把这部作品推广到它的精准读者那里。从这个角度讲，出版众筹的模式改造了传统的出版逻辑，它在作品正式出版之前已经确定了其精准受众，提前完成了它的营销发行工作。当然，众筹除了筹集资金之外，还可以筹集知识或思想。比如，自媒体人马凌在其微信公众号的推送中经常向她的粉丝"众筹"各种故事，优秀的故事可以直接通过该公众号发布。按照这种知识或思想共享的逻辑，一部作品的撰写、出版和发行，不只是几个创作者和出版社编辑的任务，而是所有粉丝或用户与创作者和出版平台共同的任务。维基百科这部世界上最大的百科全书就是所有用户知识共享的最典型成果。

本质上，不论是筹集资金还是共享知识，都是粉丝与他们的偶像为了达成一个共同认可的目标而共享资源、共享社群、共享收益的行为。借助用户或粉丝们的共享和参与行为，出版产业将会获得很多在过去无法想象的创新思路。在未来的产业竞争中，那些能够运用共享模式将出版领域的大量要素进行改造或重构的组织和个人，将会比故步自封的传统机构发展得更迅速，盈利也更多。一切可以被共享的用于出版的要素——创意、知识、刊号、故事、场地、编辑、印刷厂、书店等——都可以借助当前的移动互联网手段实现共享并获得相应的回报。例如全国首家共享模式的新华书店的 App "智慧书房"就借助共享思维拆掉了图书阅读的门槛，只需要交 99 元押金，就可以根据自己的兴趣爱好去书店借书还书而不用担心买了不读束之高阁，这种思维的转变改变了书店的传统定位，同时也增强了用户与书店之间的连接和互动。在这方面，亚马逊的 Kindle 比新华书店走得更远，它将自身所存的 100 万本电子书全部共享给用户，用户只需要拥有一部 Kindle 阅读器并支付一个较低的价格就可以订阅海量图书。这样，传统出版产业的读者必须购买并拥有一本图书的模式在数字媒体时代转变成了订阅并使用一种阅读服务。

"当传媒企业以一种共享经济的方式进行思考时，就会发现大量尚未得到高效利用的闲置资源"[①]，出版产业中的各类要素通过共享经济的方式都可以得到更好的、更充分的、更高效的利用，也正因为如此，这种全新的共享逻辑成为出版领域价值增长的一个全新驱动力。内容的原创者、分享者、使用者以及消费者都从这种共享模式中获取了相应的利益。比如，当前正在兴起的区块链技术允许一张图片的原创者将个人信息加密到图片中，任何以商业用途使用这张图片的个人或组织都会从自身账户中支付一笔非常小额的费用给创作者，创作者通过分享其作品获得了回报，而使用者也可以以近乎免费的微小成本获得它的使用权。同理，无数自媒体人创作的段子、文章、故事乃至视频，都可以以这种方式实现更大范围内的共享。从这种意义上看，这是一个没有任何人真正拥有任何内容，但同时也是所有人都真正拥有所有内容的共享时代，因为内容这种产品的最根本属性不同于物质产品的独占性，从它诞生的那一刻起，就注定这类产品想要以更快的速度、更高的效率触达更广泛的用户，而不是只供三五个人欣赏。所以，共享模式与数字出版产品的融合创新是一种市场的必然。

---

① 刘庆振：《共享经济时代媒介产业转型的模式创新》，《教育传媒研究》2017 年第 4 期，第 7~10 页。

五　结语

当前，所有新闻被聚合在同一张报纸上、与某一主题相关的大量内容被整合在同一本书籍中、不同作者创作出来的大量图书被同时存放在同一栋建筑里的时代结束了，不过这种现象尚未彻底消失。借助数字化的工具和社会化的思维，越来越多的信息、知识、思想和故事正在被分享给任何时空的任何用户。共享模式改变了出版产业的最终产品形态，改变了报纸，改变了图书，改变了报社，改变了书店，改变了图书馆，改变了更多的出版要素，而且它还将以我们想象不到的方式改变所有。用户已经全身心地投入与创作者和元内容的互动过程中来了，这将会是出版史上最神奇也最引人瞩目的重大转折。

动漫作品与文创美食的商业联动

平慧江　　陈少峰*

摘　要：中国的动漫产业整体上处于蓬勃发展状态，但在产业链延伸、衍生品开发方面的发展并不充分，尤其是动画电影的衍生品开发过于单薄，不足以形成充分的经济收入来源。动漫IP与餐饮美食的结合是拓展产业链、开发衍生品的一个重要方式。日本动漫产业在动漫美食的商业运作方面进行了多种尝试，国产动漫品牌可以借鉴其商业运作方法，开发属于自己的动漫美食衍生产品。

关键词：动漫作品　动漫IP　衍生品　美食

我国的动漫产业正处于蓬勃发展时期，虽然和日本、美国的成熟产业形态相比仍有一定差距，但在国家的支持及创作者的努力之下，我国动漫作品的整体面貌和制作水平都呈现出大幅提升、不断进步的态势。近些年涌现出的不少优秀动画片和动画电影，在作品数量、内容质量、消费人群方面都有明显的发展壮大：除了《喜羊羊与灰太狼》《熊出没》《大耳朵图图》等针对儿童的电视动画片外，还出现了很多针对青少年、年轻人群的动漫作品，比如《秦时明月》《斗罗大陆》《魁拔》《十万个冷笑话》等系列动画片，其中部分动画片还推出了电影作品；大制作的动画电影也佳

＊　平慧江，北京大学哲学系博士研究生，主要研究方向为文化产业及其伦理问题；陈少峰，北京大学哲学系教授、博士生导师，主要研究方向为文化产业。

作频出，《大圣归来》《大鱼海棠》《白蛇：缘起》《哪吒之魔童降世》等优秀动画电影赢得了不俗的口碑和票房成绩。

一　动漫产业的衍生品

　　动漫产业是典型的文化内容产业，创作出好的作品是动漫行业的生存之本，这无疑需要动漫行业从业者在故事打造、技术制作、文化艺术水平上不断精益求精。同时，动漫产业要实现经济效益，优化产业运营模式和盈利模式是重中之重，这就需要动漫行业从业者在产业链打造、衍生品开发等方面不断开发，以扩大动漫产业的收入来源，为动漫产业的持续稳健发展提供支撑。

　　动漫产业具有全产业链运作的独特属性，除了作品发行、放映、广告等传统盈利模式之外，还能通过开发与作品相关的衍生产品，形成一个以动漫 IP 为核心的价值产业链，实现从内容制作发行到游戏、音乐、舞台剧等改编，衍生品开发，主题公园建设的一系列产业环节。动漫产业还具有跨界融合的特质，在动漫作品的创作中，也在产业链延伸、衍生品开发的过程中，动漫产业和不同的文化内容、不同的行业类型发生融合、交汇，创造出内涵丰富的内容产品和种类多样的衍生品。

　　动漫产业的衍生品开发一般围绕着 IP 进行，包括品牌方自行开发 IP 衍生品和 IP 授权两种基本方式。IP 授权可以是版权买断的形式，即企业直接支付授权金，买断某 IP 形象一段时间内的某些使用权限；也可以是联合发行的方式，即企业与品牌形象授权方合作开发。在内容制作和衍生品开发方面，日本动漫都是行业翘楚。由于日本动画的播出周期较长，几十集乃至数百集的动画片都很常见，动画作品有充足的时间来积攒人气、设计各种衍生产品。品牌方可以在动画播出的过程中根据市场评价来自行开发或授权开发衍生品，而衍生品的大量开发、宣传、销售也对动漫作品本身形成了宣传推广作用，在动画播放和衍生品销售之间形成了互相推动宣传、扩大作品影响、积累品牌效应的良性循环。以《哆啦 A 梦》为例，该动漫自 1970 年开始长篇连载，1979 年在电视台播放动画片，1980 年推出第一部动画电影，1991 年动画片被引入中国。① 如今动画片已有近 700 集，剧场版、电影、外传多达 30 余部，衍生品遍布各行业，包括服装、玩具、文具、日用品等；形象授权的动画衍生品有 1300 多种，授权商品涵盖了生活、家具、教育、电子、时尚、文化用品、食品等领域，甚至涉及银行信用卡、游戏开发等业务。② 数十年的动漫作品创作、种类繁多的衍生品销售、各式各样的活动营销，共同塑造了哆啦 A 梦的品牌影响力。

与日本的成熟动漫产业相比，我国的动漫衍生品开发还不是很充分，动画电影的衍生品开发尤为不足。一部热门的动画电影上映，衍生品往往是 T 恤、抱枕、玩偶、手机壳、钥匙扣等物，以简单服饰、挂件、玩具类文创产品为主，产品范围比较狭小，营收能力有限。事实上，衍生品可以涉及的行业非常广泛，文具、玩具、服饰、日常用具、食品等都可以作为衍生品开发的选择。尤其是食品，它作为衍生品具有受众面广、欢迎度高的特点。而且食品是一次性消耗产品，不像文具、玩具等衍生品可以一次购买多次使用，食品类产品的再次消费需要客户进行重复购买，这更有利于形成长期的盈利来源。

二 动漫与美食的相遇

动漫产品是典型的文化娱乐产品，餐饮美食则是每个人的刚需，动漫与美食的结合给动漫作品和食物本身都赋予了新的内涵，孕育了新的发展契机。下文将以日本动漫为例，简要分析动漫作品与美食文化的结合。

日本的动漫内容产业非常成熟，从漫画作品发表到动画片、动画电影制作、宣传、放映都有一整套完整的产业流程，并且动漫内容和真人影视内容、线下活动相互贯通，美食作为一种文化资源在内容产业的各个环节都可以得到展现。在整个产业链条中，漫画出版是日本动漫产业的首发环节，各种漫画作品先以连载形式在杂志上发布，当人气指数达到一定程度时，作品才会安排专门的出版发行。在漫画市场上，吸引力弱的作品被不

---

① 哆啦 A 梦官网：http://www.dora-world.com.cn/infor_event.aspx。
② 赵航：《日韩动漫产业链运作模式与衍生品开发分析》，《出版广角》2020 年第 22 期。

断淘汰，受欢迎的作品则会被挑选出来，从漫画形态发展为动画形态或真人影视，在各大平台播放宣传。

在层出不穷的动漫作品中，美食动漫已经成为一种专门的动漫类型。在我国流行的日本动漫中，以美食为主题的动画番剧就有《中华小当家》《食戟之灵》《和歌子酒》《爱吃拉面的小泉同学》《卫宫家今天的饭》《美食的俘虏》《梦色糕点师》《日式面包王》《美味大挑战》等。这些作品有的夸张华丽，有的温馨细腻，也有的简单粗糙，但都围绕着制作美食、品尝美食、厨艺比拼等要素展开故事，集中展现了各种花式烹饪技巧、各式各样的诱人美食，以及食客们享受食物的投入状和满足感。这类美食动漫不仅在日本本土受到欢迎，在我国也受到了广大动漫迷的热情追捧，大家都恨不得能把剧中的食物挨个品尝一遍。另外还有一些广受好评的美食类电视剧，比如《深夜食堂》和《孤独美食家》，它们也是从美食漫画改编而来的。

除了以美食为题材的动漫作品外，其他类型的动漫作品中也会出现对美食的反复描绘和表达。比如《哆啦A梦》中哆啦A梦最爱的铜锣烧、大雄和小伙伴们吃的各种餐点，《樱桃小丸子》中小丸子眼馋的各种食物，《蜡笔小新》中小新大快朵颐的汉堡薯条，《名侦探柯南》中大量的餐厅进餐情节、各种反复出现的食品，《火影忍者》里鸣人最爱的一乐拉面……在不以美食为主题的动漫作品中，剧中人物对于食物仍然非常执着，往往每个人都有自己最喜欢的某一款食物，进餐时都是一脸幸福，用餐结束后都一脸满足。这种对于美食的表达，无疑会感染到屏幕前的观众。看着食物这么诱人、别人吃得这么香，人们很自然地也对这些食物产生兴趣，激发起品尝的欲望和想法。也正是从日本动漫作品中，无数的中国儿童、青少年认识了铜锣烧、寿司、和果子、鳗鱼饭、豚骨拉面等各式各样的日本美食，成为潜在的日式餐饮消费者。

不仅番剧如此，动画电影也同样热衷于对食物的描绘和赞美。在宫崎骏的动画电影中，烹饪食物的过程和享用美食的情节都被细致描绘，《千与千寻》中既有蔚为壮观的食物盛宴展示，也有普通的饭团和"金平糖"，《悬崖上的金鱼姬》中有为宗介和波妞特制的鸡蛋火腿拉面，《龙猫》中有精心准备的梅子便当，《哈尔的移动城堡》中魔法师哈尔也要准备培根煎蛋早餐……日本动画电影新星新海诚的作品中也有同样的特征:《你的名字》中有家庭烹饪镜头,也有对餐厅食物的描绘;《天气之子》中有关于汉堡、杯面的特写,也有女主制作薯片炒饭、和朋友一起吃饭的细节描写。总之,但凡描述居家生活、社交互动等日常生活化场景,动漫作品就少不了要对食物制作、呈现、品尝的细节进行描绘,而通过动漫的夸张和艺术处理,即便是普普通通的家常食物,也都变成了凝聚着巧思和情感、文化内涵丰富的人间美味。

对生活和美食的热爱最能唤醒人们的情感共鸣,动漫作品中呈现的美食不论是夸张炫目的、精致优雅的,还是日常温馨的,都对动漫观众产生了深深的吸引。往往一部动漫作品热播之后,剧中特别出现的食物都会成为热点话题,很多动漫迷不仅想要品尝该食品,还会试着自己"复刻""还原"动漫中的经典美食。在这种情况下,动漫美食不仅能成为某种意义上的美食指南、烹饪宝典,还能与现实世界的美食产品、企业、店铺进行商业合作,形成以美食为内容的各种衍生产品,这也是日本动漫如此重视美食的原因之一。并且,日本动漫不仅服务本土,更是其文化输出的排头兵。通过动漫这种文化产品,日本的自然风光、风土人情、餐饮文化等内容都得以传播至世界各地,为其旅游宣传和各种产品的推广提供了强大支撑。

三　动漫美食的商业运作模式

对于广大的动漫迷来说,能在现实中还原动漫场景、品尝动漫美食无疑是一种极具吸引力的美好体验,而成熟的动漫产业对这一受众心理特征非常了解,能运用各种商业手段来催生和满足这种心理消费需求。

1. 动漫 IP 授权

动漫美食的商业运作中,动漫 IP 授权食品、与餐饮品牌推出联名 IP产品,是最为常见的两种方式。比如《哆啦 A 梦》就授权了多种食品使用其动漫 IP 形象,还跟各种知名食品企业合作推出联名产品。例如跟肯德基合作,联名推出"哆啦 A 梦套餐";和百草味合作,推出"哆啦 A 梦月饼礼盒""哆啦 A 梦零食大礼包"等 IP 产品。国产动漫品牌《熊出没》的授权产品中也有大量的饮料、糖果等零食类产品，并且和蒙牛、伊利、康师傅等食品品牌合作，推出多种联名产品。

2. 动漫+实体餐饮

日本动漫中有相当一部分作品将故事背景设定在真实的日本城市，很多片中出现的餐厅和各种食物也真实存在。《和歌子酒》中的每一家居酒屋、女主细细品味过的每一种美食美酒搭配，《爱吃拉面的小泉同学》探访的每一家拉面馆、专注享用的每一种拉面，都是真实店铺的真实餐品。这类动漫的主要内容就是以某一动漫人物串联起不同的美食，对现实餐饮进行生动、夸张的动漫式表达，食品介绍所占比例大大超过植入式广告的要求，可以视之为纯粹的动漫化地方美食宣传片或者动漫餐饮广告。

3. 动漫主题餐厅和动漫衍生食品

动漫主题餐厅是将动漫内容、动漫 IP 与实体餐饮店铺融合的一种合作方式。动漫主题餐厅不仅会将动漫文化、IP 形象引入餐饮空间的布置、装饰之中，还会在产品设计、服务设计之中灌注动漫内容，让顾客有种置身动漫场景的沉浸式体验感。前文提到《名侦探柯南》《火影忍者》《你的名字》等动漫作品中反复出现进餐场景、展现各种食物，这和品牌方要开发动漫餐饮的主观动机是密不可分的。餐饮情节的出现让动漫主题餐厅不只是一种形象上的动漫风格餐厅，还成为动漫餐饮情境在现实生活中的复刻。这种追求"表里一致"的动漫餐厅不仅在日本大受欢迎，在我国也出现了动漫粉丝排队"朝圣"的现象。2019 年《名侦探柯南》在上海和重庆分别举办了主题咖啡厅快闪店（为期 3 个月），该咖啡厅的装修设计充满了柯南元素，布置了各种角色的立牌、海报、抱枕、手办等周边产品，并且咖啡厅的甜点、饮料等产品要么是剧中食品的忠实还原，要么是和剧中角色、情节相关的创意食品，吸引了大量粉丝排队打卡，人气极旺。类似的，《火影忍者》主题餐厅同样获得粉丝热捧，鸣人喜欢的一乐拉面更是粉丝必点单品。

动漫主题餐厅的市场支撑力在于丰富的内容和庞大的粉丝群体，因此不仅长期播放的热门动漫系列品牌可以开拓动漫主题餐厅业务，有充足粉丝积累的热门动画电影也可以。以宫崎骏动画电影为主打的吉卜力工作室，在其"三鹰之森吉卜力美术馆"内设置了名为"草帽"的主题餐厅，提供各种与电影情节、动漫形象相关的独创餐点。2018年，吉卜力在泰国曼谷开了第一家官方授权的龙猫主题餐厅，餐厅设计颇具龙猫风格，片中的动漫形象随处可见，餐厅的菜品和盛装方式也应用了日式风格和融入了龙猫元素。新海诚的动画电影《你的名字》在热映期间，在日本的不同地点举办过限定期限的主题咖啡厅（为期一个月），并同步推出约120种电影周边商品。主题咖啡厅用食物再现了影片中的经典画面，例如主人公泷和三叶的早餐、泷打工餐厅的披萨、主角们吃过的吉野屋拉面、炸肉饼面包、糸守湖面包炖菜、草莓松饼，以及根据片中情节、场景设计的创意咖啡、汽水等。2019年《天气之子》上映期间，主办方同样推出了大量电影周边产品和短期主题咖啡厅，其中的衍生食品包括"天气之子"同款冰淇淋、饮品、炸鸡块、薯片炒饭、甜点等。动漫主题餐厅和动漫衍生食品不仅能开拓衍生品市场、丰富营收渠道，还能极大地聚集人气、扩大影响，为动漫电影提供更多的新闻性、互动性话题，增强动漫电影的宣传效果。

四 结语

中国的动漫产业既需要在内容质量、制作技术方面不断进步，也需要在产业链延伸、衍生品开发方面加大力度。目前我们的动漫衍生品开发还非常有限，尤其是动画电影的衍生品过于单一，不足以形成充分的经济收入来源。

动漫IP与美食的结合是拓展产业链、开发衍生品的一个重要方式。日本动漫产业在动漫美食的商业运作方面做出了多种尝试，展现了动漫美食的强劲市场效应。我们国家本来就是餐饮大国，有着丰富的餐饮文化资源和强劲的市场需求，再加上目前国产动漫的数量质量、受众人群数、用户消费能力等不断提升，动漫和餐饮结合而产生的动漫美食衍生产品将会有广阔的发展空间。我们可以借鉴日本动漫美食的商业运作方法，开发属于自己的动漫美食衍生产品，这样既能为动漫产业增加营收、扩大影响，也能为传播中国餐饮文化发挥更大作用。

我国移动游戏出版监管的问题及优化思路

杨传张[*]

摘　要：2019 年，我国移动游戏市场收入规模达 2091.6 亿元，成为互联网文化产业发展的重要行业。但是，自 2016 年 7 月以来，我国移动游戏出版监管实行的是广电部门负责的事前审批制。移动游戏的监管仍然存在传统事前审批的"版号"思路，这种监管制度在实施过程中一定程度上有利于规范移动游戏市场，但是也存在与移动游戏产业发展特征不相适应、阻碍移动游戏企业创新创业的问题。我国移动游戏出版监管亟须适应移动游戏的产品特征，进一步优化监管方式。

关键词：移动游戏　政府监管　出版

近年来，我国网络游戏市场由于总量控制增速逐步放缓，但是规模仍然很大。2019 年，移动游戏市场收入规模达 2091.6 亿元，同比增长 27.1%；移动游戏用户规模约为 6.6 亿人，同比增长 6.1%，行业发展逐渐回暖。[①] 不断增长的市场规模为网络游戏的出版管理带来了巨大的挑战，如何在规范游戏市场秩序，特别是保障文化安全的基础上，最大限度地

---

[*]　杨传张，北京市社会科学院传媒与舆情研究所助理研究员，主要研究方向为民族文化产业、文化政策。

[①]　艾瑞咨询：《2020 年中国移动游戏行业研究报告》，https：//www.sohu.com/a/430588743_445326。

降低对游戏市场特点和规律的影响，是当前网络游戏出版政府监管面临的重要问题。

一 我国移动游戏政府监管的发展脉络及基本框架

2000 年发布的《互联网信息服务管理办法》，将"网络出版产业"归属于"互联网信息服务"范围内，也将网络游戏归属于出版物进行管理，并规定了原新闻出版总署对网络游戏的监管职能。原新闻出版总署对网络游戏进行前置审批，从 2002 年的《互联网出版管理暂行规定》① 发布开始，申请《互联网出版服务许可证》成为企业从事网络游戏运营准入门槛。

表 1 网络游戏行业监管主要政策文件

序号	文件名称	发布单位	发布时间
1	互联网信息服务管理办法	国务院	2000 年 9 月
2	互联网出版管理暂行规定	国家新闻出版总署 信息产业部	2002 年 6 月
3	互联网文化管理暂行规定	文化部	2003 年 5 月
4	关于加强网络游戏产品内容审查工作的通知	文化部	2004 年 5 月
5	中央编办对文化部、广电总局、新闻出版总署《"三定"规定》中有关动漫、网络游戏和文化市场综合执法的部分条文的解释	中央机构编制委员会办公室	2009 年 9 月
6	网络游戏管理暂行办法	文化部	2010 年 8 月
7	网络出版服务管理规定	国家新闻出版广电总局 工业和信息化部	2016 年 2 月
8	关于移动游戏出版服务管理的通知	国家新闻出版广电总局	2016 年 7 月

2004 年开始，网络游戏交叉管理的格局形成。在新闻出版总署的文件中，网络游戏企业被定义为"互联网出版机构"，网络游戏产品被定义为"电子出版物"。同时，文化部 2004 年发布的《关于加强网络游戏产品内

---

① 2016 年 2 月国家新闻出版广电总局、工业和信息化部发布《网络出版服务管理规定》，原《互联网出版管理暂行规定》废止。

容审查工作的通知》，则将网络游戏企业视为"经营性互联网文化单位"，网络游戏企业必须持有文化部下发的网络文化经营许可证（即"文网文证"），网络游戏产品要进入市场，必须在文化部进行备案。进口网络游戏则需要报送文化部进行内容审查，合格后才可上线运营。由此，网络游戏交叉管理的格局形成。

《国务院对确需保留的行政审批项目设定行政许可的决定》对网络游戏交叉管理的格局进行了划分，即经营性互联网文化单位审批和进口互联网文化产品内容审查由文化部负责，出版境外著作权人授权的电子出版物（含互联网络游戏产品）由新闻出版总署负责审批。① 但在具体的管理实践中，各部门之间也出现过管理矛盾。为了进一步明确部门之间网络游戏管理的职能，2009 年 9 月，中央编办出台《中央编办对文化部、广电总局、新闻出版总署〈"三定"规定〉中有关动漫、网络游戏和文化市场综合执法的部分条文的解释》，对部门职责做了进一步划分，即新闻出版总署负责网络游戏出版前置审批，一旦上网运营之后，则完全由文化部门管理。

移动游戏属于网络游戏的一种，但是与 PC 端的网络游戏相比，移动端的网络游戏发展相对较晚。移动游戏从 2012 年开始爆发式增长，在 2016 年 7 月以前②，移动游戏的出版管理实行的是"备案制"。虽然移动游戏应当属于网络游戏的范畴，应该和网络游戏一样实行事前审批制度，但只有少数大的上市企业出版的移动游戏履行了上线审批程序。新闻出版广电总局未对移动游戏进行严格前置审批。移动游戏的监管主要还是文化部的备案制管理，如图 1 所示。在备案环节，文化部规定国产网游在运营 30 天之内进行备案即可。备案制管理带来的较低的进入门槛，在很大程度上促进了我国移动游戏的发展。

我国移动游戏出版监管制度以 2016 年广电部门发布的《关于移动游戏出版服务管理的通知》（以下简称"44 号文"）为分水岭。在 44 号文

---

① 孙司芮：《我国网络游戏政府监管问题研究》，博士学位论文，东北师范大学，2016。
② 2016 年 7 月国家新闻出版广电总局发布的《关于移动游戏出版服务管理的通知》，规定移动游戏必须经过事前审批，获得互联网出版许可证方可上线。

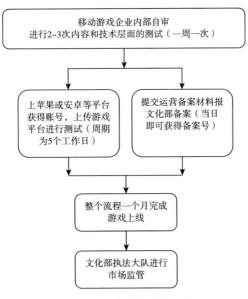

图 1 文化部移动游戏备案流程

发布之前，对移动游戏实行的是以文化部为主体的上线后备案制。在 44 号文发布之后，移动游戏的监管产生了很大变化。第一，移动游戏由文化部门的备案制变为广电部门的审批制。第二，只有具备互联网出版资质的企业（即具有网络出版服务许可证的企业）才能申请版号，没有互联网出版资质的移动游戏公司，需要委托具有互联网出版资质的企业或者出版社进行内容审查，并逐层提交属地省级出版行政主管部门和国家新闻出版广电总局审查。因此，移动游戏的上线不仅需要文化部的备案，还必须接受国家新闻出版广电总局的事前审批。且 44 号文把移动游戏分为休闲益智类、非休闲益智类和境外著作权人授权（进口）类三类，并做出了不同的审核规定，如图 2 所示。

至此，我国网络游戏，包括移动游戏监管的制度结构基本形成，如图 3 所示。但是，需要注意的是，2019 年 5 月文化和旅游部发布《关于调整〈网络文化经营许可证〉审批范围的通知》，规定不再承担网络游戏行业管理职责，已经核发的涉及网络游戏相关经营范围的网络文化经营许可证在有效期内的仍然有效，期满后将不再继续换发。

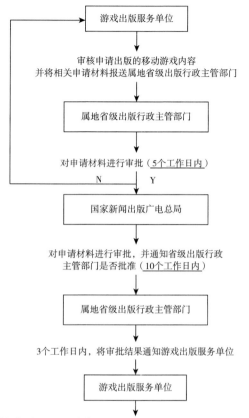

图2　44号文规定的非休闲益智类移动游戏审批流程

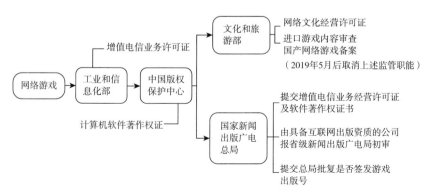

图3　移动游戏监管制度框架

二　我国移动游戏出版管理存在的问题

移动游戏是文化产品，具有意识形态属性。目前移动游戏主要消费者仍然为未成年人群体。对于这些还没有足够辨别能力的未成年人来说，如果在政治思想或社会伦理、风俗等方面有不好的内容，将会对他们产生较大影响，事前审批加事后监管的方式，在一定程度上有利于规范移动游戏内容和市场秩序。但是，根据笔者调研，市场上多家移动游戏企业反映，目前的管理方式仍然带有鲜明的传统出版物管理特征，与移动游戏这类互联网新兴业态的发展规律不相适应。

（一）准入门槛过高，不利于市场竞争

在移动游戏市场中，开发方多数为小微企业和个人。有统计显示，2016 年移动 CP（内容提供者）高达 3.5 万人，并以中小型企业和独立开发者为主。而且从国际市场来看，很多好的手机游戏企业都是从小到大逐步发展起来的。比如芬兰的 Supercell 成立时不过 6 个人，目前已经成长为日活用户人数突破一亿、市值近百亿美元的移动游戏巨头。44 号文规定必须是游戏出版服务单位负责移动游戏内容审核、出版申报及游戏出版物号申领工作，而游戏出版服务单位具有多种准入条件，包括须持有增值电信业务经营许可证（ICP 证）、网络文化经营许可证（文网文证）和网络出版服务许可证；在人员配备和注册资本上也有一系列限制，比如，规定需要有 8 名以上专业技术人员才能申请文网文证。除极少数大型企业具备以上资质外，多数从事游戏开发的中小企业和个人则没有相应资质，这些限制显然极可能将这些开发方排除在市场之外，进而加剧大企业对游戏市场的垄断，同时也可能滋生规模巨大的代理市场：通过出版单位代为申请版号，代办费在 1 万元乃至 10 万元以上。据估计，版号审批之后已形成上亿元代理费的市场。

（二）对出版物的概念界定不清

根据《出版管理条例》，出版物是指"图书、报纸、期刊、音像制品、

电子出版物等"。且《电子出版物出版管理规定》中，对于电子出版物又做出进一步界定，将电子出版物定义为"以数字代码方式，将有知识性、思想性内容的信息编辑加工后存储在固定物理形态的磁、光、电等介质上，通过电子阅读、显示、播放设备读取使用的大众传播媒体，包括只读光盘（CD-ROM、DVD-ROM 等）、一次写入光盘（CD-R、DVD-R 等）、可擦写光盘（CD-RW、DVD-RW 等）、软磁盘、硬磁盘、集成电路卡等，以及新闻出版总署认定的其他媒体形态"。总之，出版物的界定是以具有一定物质形态、介质和载体为标准的。客户端游戏和网页游戏最早是以光盘刻录的形式进行传播和售卖的，因此被界定为出版物，一直规定必须获得版号才能上线。但是，移动游戏是在网上运营的，通过网上下载安装使用，不批量使用光盘，能否按照传统出版物的管理方式进行监管是值得商榷的。

（三）审核过程烦琐，增加游戏企业负担

从出版（审核时间为 5~10 个工作日，但是出版社如果需要改动，在修改之后必须复审，复审时间为 5 个工作日），到省级新闻出版广电局（审核时间为 15~20 个工作日，如有修改，修改后由省级新闻出版广电局复审），再到原国家新闻出版广电总局（审核时间为 40~60 个工作日，如有修改，修改后由原国家新闻出版广电总局复审）。按照以上审批程序，正常的审核时间一般是 60~90 个工作日，但是加上复审的时间，至少需要4 个月。[①] 总体来看，版号的申请大大延长了移动游戏产品的上线周期，这对于互联网创业公司来说就是致命的。特别是中小微游戏企业难以承受等待审核过程中的团队工资成本。而且很多手机游戏根据当下文化热点（如热门电视剧、综艺节目、网络小说等）进行改编制作，具有很强的时效性，很难承受如此流程。相当部分的中小企业和独立游戏开发者因此从市场上消失。中小企业和独立开发者是产生移动游戏创意的主体，这部分主体的减少，直接导致移动游戏产品创意不足、质量不高，从而削弱了整个产业的创造力和生机，对移动游戏行业造成严重打击。根据零点数据相关

①　根据笔者对多家移动游戏企业负责人的访谈调研整理。

报告估算，国内移动游戏行业收入规模未来一年将因版号审批烦琐而下降约 15.31%。

三　优化移动游戏出版管理的建议

当前事前审批加事中事后监管的制度对于维护文化安全等具有一定作用，也是广电总局履行其审批职能，积极贯彻中央关于"线上线下一致原则"的重要举措。但是"线上线下一致原则"应该是对文化产品实行线上线下统一的内容审核标准，而不是在审核方式和手段上一致。不能忽略互联网自身发展的规律，尤其是移动游戏的市场特征，仍然按照传统的监管思路进行管理。而且，移动游戏中损害消费者权益以及侵权盗版的问题，采用版号审批无法解决。在当前法制完善的社会，让民事主体自己以维权、举报的形式来解决这类问题，往往成本最小，效果最好。前置审批的方式对于小微企业和整个移动游戏市场发展来说，短期内会产生阵痛效应，长期内将不利于游戏市场的健康发展。尤其是面对数万款已经上线和准备上线的移动游戏，审批的时间成本很大。因此，关于未来以移动游戏为代表的互联网新型文化行业监管方式存在什么问题、如何优化，值得思考。

关于移动游戏审批问题，本文提供以下几点优化的思路。

一是应以平台和渠道监管为主体，加上事中事后监管。与多数互联网文化产品类似，移动游戏具有很强的时效性，尤其是时下的热门 IP 能为移动游戏引入很多用户。传统的审批方式，可能会不适应移动游戏市场瞬息万变的特征，限制移动游戏的发展。因此，对于移动游戏的监管要借助各个移动游戏发布的平台、渠道的监管优势，如 360 手机助手、腾讯应用宝、苹果 App Store 等。围绕平台、渠道进一步构建监管体制，同时辅以企业自我管理和事中事后的举报、随机抽查等监管方式。

二是发挥好行业协会在移动游戏监管中的积极作用。在互联网经济时代，除了需要政府自上而下层级结构的管理方式之外，与行业协会等社会性组织建立起横向的联合治理，是提升政府监管效能的重要方式。我国游戏行业也具有各类行业协会，如中国软件行业协会游戏软件分会、中国青少年网络协会、游戏工委，这些行业协会也出台了相关的游戏标准和规范，如《游戏软件分级标准》《中国绿色游戏评测与推荐制度》《移动游戏内容规范》等，但多数没有被执行。这在很大程度上是由于我国行业协会自身缺乏较强权威性和组织作用。在政府监管过程中，应该加强对行业协会相关标准、制度的认可和运用。

三是创新政府监管的技术手段。目前，移动游戏的审批仍然是通过递交光盘、手机的方式，这使得审批效率大打折扣。首先，在审批方式上可以利用技术手段，进一步实现审批流程的网络化、数字化，提升审批效率。其次，在监管的方式上，需要加强大数据管理，加强对游戏身份、行为的数据化，提升监管的实时性，加强对风险和薄弱环节的及时预测。

四是我国监管部门在职权划分和设置上需要进一步厘清。传统行业领域的管理分工明确，特点是以传播介质为依据。广电系统管理依据的介质是胶片，管理的是影视等音像制品；新闻出版单位管理依据的介质是纸张，管理的是图书、报刊等；文化系统管理依据的介质是舞台，管理的是演艺等。互联网时代打破了各种介质的划分，导致部门之间管理职责划分不清，很难适应新的发展情况。近年来，为了解决职能交叉问题，副省级以下，文化、广电、新闻出版部门大多合并，但副省级以上文化领域实行大部制改革仍需推进。

值得关注的是，移动游戏监管存在的问题可以反映出当前互联网文化内容的监管总体上还存在传统文化产业的监管思路与互联网文化产业的发展特征不相适应问题，主要表现为：沿用传统监管手段，监管方式创新不足；监管法治化程度不高，法律和监督机制不健全；市场进入监管过严，限制行业发展空间；奉行管制，监管举措简单化等。互联网文化产业的政府监管必须适应产业横向分层、融合发展，以及去中心化等一系列新的特征。必须综合调整政府监管的思路、框架、机构及方式，对监管主体的权力重新配置，对监管制度进行重新构建。

互联网语境下传统手工艺的产业转化方略

张　奎*

摘　要： 互联网时代推动传统手工艺产业化发展的创新，势必建立在对传统手工艺保护以及对文化基因传承的基础之上，以新思路确立其生产经营的价值主张和发展方向，重构传统手工艺经营主体与相关从业者、支持者、竞争者等的竞合关系，并借助互联网新力量、新模式、新要素等把握好用户市场。此外，在整体上实现传统手工艺产业化的可持续发展也离不开政府机构、社会组织等的支持、管理、服务和监督。

关键词： 互联网　传统手工艺　产业化

随着文化创意产业转型升级和融合发展趋向加快，作为传统文化经济形态的传统手工艺行业既面临着产业化、市场化开发的压力，也日渐显出内在价值释放的潜在效益，尤其是在数字化、网络化等新媒体技术的不断融入与推动下。由于互联网不仅使传统手工艺传播突破了时间和空间限制，也推动着传统手工艺产业化的发展进程，探索"互联网+"传统手工艺产业的转型机制和路径体系就显得尤为重要。当前，针对互联网时代传统手工艺产业化的研究成果较少，研究主要集中在传统手工艺电子商务运营、传统手工艺的新媒体传播渠道开发等方面，如吕行佳、宋世桢探讨了如

---

* 张奎，北京交通大学语言与传播学院讲师，主要研究方向为文化产业、传统文化。

何利用网络新媒体来促进传统手工艺产业实践，分析了电子商务、互动直播、文化创意产品等传播形式，[①] 而对互联网与传统手工艺产业的本质联系、"互联网+"传统手工艺产业化路径等相关问题研究不足。着眼于此，本文主要基于"互联网+"的时代语境，从理论起点和实践呈现两大维度来探讨传统手工艺产业化的创新发展趋向和路径选择，从而更有效地解决传统手工艺产业化发展中面临的一些问题，促进传统手工艺产业的转型创新。

一 互联网促进传统手工艺产业转化的要求

（一）内在契合

传统手工艺产业的经营理念与互联网精神存在相通相连之处。传统手工艺品并非"形而下者谓之器"，其本身包含了丰富的文化思想价值和生态发展观念，不论是雕塑、刺绣还是漆器、金属制品都讲究师法自然、因材造物、精益求精，注重大众日常生活使用感受，这在互联网领域就表现为对用户体验的看重，推动消费者反过来成为生产者。同时，互联网促进了长尾型的企业、产品、内容兴起，而传统手工艺因地域、资源以及人的劳动技能的差异而存在明显的多样性，即使在同一行业中产品也因手作、天成、物利等影响而类型不一，其产业本身就表现为小微、分散、多元等特点，这也被视为互联网经济的一大优势。此外，传统手工艺产业具有很强的民间性、社会性，重视与购买者、使用者的社会关联，而互联网更是促进随时随地的人物连接，不断促进构建人与人之间"湿的"、黏性的社群关系。

（二）外在联通

互联网新势力促进的传统手工艺产业的优化提升、创新转型和跨界融合，有助于新时代生产、生活和娱乐方式影响下的传统手工艺产业走出困境。一方面，互联网对传统手工艺产业发展来说具有成本降低、效率提

---

① 吕行佳、宋世桢：《民间手工艺文化传播考察——兼论新媒体环境下民间手工艺的产业化实践》，《文化艺术研究》2017 年第 2 期，第 29~35 页。

升、对接精准等意义，推动了传统手工艺产业的产业升级和模式转换，如手工众筹、工艺定制、大数据营销等，并更快速、高效地实现了传统手工艺产业的价值增值和效益提升，如以云、网、端协同方式在线辅助用户或共同进行手工艺品生产，促使传统手工艺生产者与消费者建立联系。另一方面，互联网促进了传统手工艺产业向创意经济、数字经济的转型，如对柳编、陶瓷、木雕、刺绣、刀铁打制等行业的数字创意开发，这种由传统手工艺衍生出的数字内容生产与传播的边际成本几乎为零，却能带来很大的市场经济效益。并且，互联网促进了传统手工艺产业与第一、第二、第三产业之间的多层面融合，有利于增强其产业发展规模与竞争实力。

（三）价值调和

互联网新社会促进了传统手工艺文化传承和产业发展的协调统一。网络信息社会是继农耕社会、工业社会之后的新发展阶段，当前在我国更多地表现为信息化和新型工业化、农业现代化、新型城镇化的协同并进，在此背景下的传统文化也逐步探索可持续发展模式。互联网社会在很大程度上整合了时间、空间和物质，促使兴起于传统社会、危机于大生产社会的传统工艺保护更加有效，也能有效避免机械化、工业化对传统手工艺的破坏和取代。而且，这种对传统手工艺的保护建立在以人为本的可持续发展观之上，是面向人的生活、生产、生态发展的文化融入，既有对传统手艺手作生活方式的恰当回归和复兴，也有对文化遗产与新科技、新消费融合效益的合理放大。新时代带来了创新创意、协调融合、生态绿色、开放共享等新发展理念，由此借助互联网手段可进一步缓解传统手工艺原料短缺、人手不足、市场不利等问题，有力推动了传统手工艺产业化开发和保护传承的相互作用，实现文化产业和文化事业的更全面协同发展。同时，互联网延长了传统手工艺产业生命周期和文化演变周期，推动了传统手工艺产业的新产品、新业态和新模式出现，开辟了传统手工艺生存和发展的虚拟空间，以个性化为人们美好生活需要提供了丰富的精神食粮。

（四）赋能深远

文化与科技一体两翼，互联网行业的发展也有赖于传统手工艺及其所包含的传统文化内容、价值观念等的融入。互联网本身也处于更迭换代之中，快速发展的数字创意经济亟需文化资源、人文要素和传统内容支撑，这就表现为争夺传统文化 IP 的发展诉求。传统文化本身就是丰富多彩的资源宝库，兼具物质性和活态性的传统手工艺正依托着互联网渠道实现产业化大发展，这有助于增强我国的文化自信和文化软实力，更能在凸显中国特色、彰显中国精神中获得国际社会的情感和价值认同，且传统文化的当代发展和时代转化更有利于构建全球性的数字人文圈。不止于此，互联网反哺传统文化、民俗文化，更有望实现人的价值最大化，还借助不同时空、场景以及元素、介质的交织满足当下人、过去人、未来人的自由连接和共同想象，可以说将更大限度地释放人的文化创造力。

二 互联网语境中传统手工艺产业转化的方略

传统手工艺产业的"互联网+"有赖于全过程、多层面、各环节的系统性路径支持，这就要求我们要先正确认识互联网语境下传统手工艺产业化发展的优势和短处，并站在互联网和文化创意产业发展趋势上，处理好传统手工艺技艺及其产业本身与用户、市场竞争者、供应商、支撑者之间的关系，利用互联网不断实现传统手工艺产业化的优势强化、劣势弥补、资源嫁接、强强联合和科学持续。总体而言，这大致包括了传统手工艺产业的核心优势塑造、战略认知定位、竞合关系构建、经营策略选择、保障举措制定等内在关联的几方面，据此实现传统手工艺产业化与互联网的相互协作，全面推动传统手工艺产业化与"互联网+"的高效适配。

（一）核心优势：守旧

传统手工艺产业与现代日用品产业相比，其提供的不只是作为消费对象的传统工艺品，更是作为文化传统的历史文化价值和时间累积价值。对其产业化开发经营，理应以传统技艺与独特文化作为核心优势，这种优势在互联网时代和全球化背景下显得更为明显。这就需要围绕着手艺人将旧原料、老工具、传统技艺等保存与传承下去，而不是任其自生自灭或致其面目全非。正如柳宗悦所指出的：工艺以人为的精致去处理各种材料，是不同于机械制品的自然之美，而只有恪守了悠久的传统，才能把握工艺的发展方向，比如漆器、陶瓷带来令人惊奇的喜悦，靠的是传统的力量，且传统比之个性更能体现自由的奇迹。[①] 包括雕塑、编织等在内的民间工艺美术，传统生产技艺依靠世代传承，其客观化的物质产品可能很少再为日常生活所用，但其含有的艺术审美和精神内涵越来越为人们所认可。而且，作为文化内容的传统手工技艺在很大程度上反映出特定群体或个体的历史记忆，丰富的民俗民间文化、历史传说故事不断成为其产业化开发的重要资源基础。作为一种生活方式的传统手工艺再生，可以说是基于当地居民文化价值观的再生，在产业化中要发挥和保持其文化价值和故事价值。[②] 当然，所谓的"守旧"是相对的，这也涉及传统手工艺价值实现的可能性问题，需要在一定的自然和社会环境下认识到作为"传统"的价值所在，大致包括两个层面：其一，传统手工艺的稀缺性和不可替代性，表现为有用、好看、新奇、有意思的象征符号，这也契合互联网时代对注意力资源的挖掘和利用，甚至在互联网时代越是古老的越有存在价值；其二，传统工艺作为身体语言的时间性特征奠定其可体验性的基础，随着大众参与文化消费的时间和资金投入增多、参与体验式消费需求越来越强烈，传统手工技艺体验本身就能显现出很大的市场潜力。

（二）战略定位：立新

创新可以说是传统手工艺及其产业化经营的本质要求，这也是其经营战略定位的重中之重。传统手工艺及其产业新发展包括了原材料选择、技艺运用、产品设计、质量开发等多个方面，既是在其自身的价值、包装、品质、行业标准等基础上进行提升，也遵循着与当地环境、传统、文化和生活方式的平衡效益，理应为现代社会应用和生活方式发展需要而创新设计。[③] 针对

---

① 〔日〕柳宗悦：《工艺之道》，徐艺乙译，广西师范大学出版社，2011，第40~42页。
② 〔日〕玄番和惠，『生活文化用品としての伝統工芸の再生～地域住民力・川下戦略・物語価値～』，『創造都市研究 e（eJournal of Creative Cities）』卷7号1（2012）。
③ Kaewpradit, K., Keeratiburana, Y., Janta-po, A., "Krajood. Creative Economics Development in Communities through Indigenous Handicraft of Southern Thailand," *International Journal of Academic Research in Business and Social Sciences*（2013）：707.

消费市场新需求，互联网时代下的传统手工艺产业经营应以新用户价值创造为中心，通过精确的市场受众定位手段确立其独特价值主张，或培育凸显手作艺术、生活美学、新传统、新中式的消费理念，或满足消费用户的娱乐休闲和互动体验要求，比如传统泥塑产业既可以追求高大上的装饰功能，也可以将泥塑打造成娱乐游玩的产业。不过，这种创新往往是对市场驱动策略和身份驱动策略的混用，既考虑传统手工艺目标消费者的多种影响因素，也注重以高质量的工艺品揭示当地的真实性，力求创造性感知过程中内在的、直观的和外部的、分析的实践相平衡。[1]

立足于传统手工艺的数字化趋势和网络受众消费特点，传统手工艺产业化发展定位就是要以新方式实现传统手工艺与新人、新物、新现实环境的关联，这内在地需要创意设计与创新技术作为支撑，由此开辟产业化经营的蓝海。而在竞争上，互联网时代下的传统手工艺产业化开发可实行低成本、差异化、集中化等战略举措：一是可以互联网技术降低传统手工艺生产和营销的成本，并提高运营效率，从而获取更大的议价能力，如在网上做古琴电商、利用微信朋友圈进行传播；二是传统手工艺产业走差异化的经营道路，结合互联网市场、产品和用户确立自身的独特之处，减弱替代品威胁，如主要从事传统手工艺的动漫游戏开发业务，形成与手工艺衍生品行业的区分；三是依托互联网实现传统手工艺产业的专一化经营，专注传统手工艺的某项内容、产品或服务，或集中在产业链的某个环节，如专门定位在传统手工艺的新媒体营销领域，以专业壁垒减少潜在竞争者进入。

（三）竞合之道：破局

随着传统手工艺产业化开发的步伐加快，作为市场主体的个体经营者或企业往往面临着很大的竞争压力，就出现了相互攻击、恶意抢注商标、争夺老字号、价格战等问题，且由于缺乏有效的合作机制，"各自为政"

---

[1] Zulaikha, E., Brereton, M., Innovation Strategies for Developing the Traditional Souvenir Craft Industry (The First International Postgraduate Conference on Engineering, Designing and Developing the Built Environment for Sustainable Wellbeing, Brisbane, Queensland University of Technology, 2011).

"单打独斗""孤军奋战"等独立经营现象也很明显。互联网推动传统手工艺产业发展的资源要素整合，也构建着新型的竞争合作关系，竞争存在于满足传统工艺受众用户的能力和对传统手工行业发展趋势的把握上，而合作更多地在于双边或多边的价值共享和生态完善。由此，互联网背景下的传统手工艺产业不能只着眼于产业、产品层面的竞争或与不同类型手工产品、内容、市场之间的竞争，而要有与各类品牌、产品、个人、企业等建立关联的大合作意识，也要有以用户潜在、未知或未来需求创造为导向的自我革新式的大竞争观念。基于互联网平台和技术支撑，传统手工艺经营应将优质 IP 打造和产业链补全作为竞争合作选择的两大出发点。一方面，可在设计创作上采用"个人+公司"模式，该模式优势在于充分发挥个体独立性的创造力，既可实现手艺人、传承人及其作坊与媒体科技公司、营销推广公司等的合作，也可推动设计师、艺术家、创客及其工作室与传统手工艺公司开展合作，如日本传统手工艺人与迪士尼共同创立"Disney Japan Classics"品牌，在融合迪士尼卡通元素的基础上，推出了一系列富有趣味的手工创意产品。另一方面，传统手工艺公司、企业、商店等还可以与互联网科技企业、创意设计企业、文化旅游企业等形成强强联合，这种模式的优势主要在于以机构化协作促进产业链高效运作，如传统织锦刺绣公司与包括百度、腾讯、阿里巴巴等合作进行在线市场运作，还可与线下的娱乐旅游公司合作开发主题产品、文旅项目等，将线上与线下的竞合活动紧密联系起来。具体来看，可通过以下四个角度推动传统手工艺产业竞争与合作关系优化。其一，促进传统手艺产业生产资本和要素合作，比如缺少资金的手工艺企业与金融机构等建立合作关系；其二，完善传统手工艺产业链条，比如将制造传统笔墨纸砚的作坊与书画销售渠道公司兼并整合；其三，扩展传统手工艺产业链条，如风筝、灯笼制作经营者与旅游、商贸等企业形成互补关系；其四，增进众多手工艺行业之间的合作，推动不同手工艺企事业单位联合将传统工艺品市场做大做强，如剪纸手艺与瓷器行业合作，龙泉青瓷烧制企业与钧瓷烧制、唐三彩烧制企业合作等。

（四）策略选择：借力

传统手工艺商业困境在很大程度上是缺乏市场敏感性和新技术应用力

造成的，在互联网时代的产业化经营中可采取借势借力策略，以较低成本推动经营创新，这主要表现为借人力、借物力、借网力等。由此，传统手工艺在强化自身技艺独特性、文化丰富性和品牌美誉度的同时，也能更好地运用互联网新策略。借力的具体措施如下：其一，互联网消费、文化娱乐消费群体主要为年轻人，而传统手工艺行业由于观念限制、营销落后、产品缺少时代感等常得不到年轻人青睐，当前传统手工艺产品开发尤其要重视其产业边缘的青年人群，使他们能有效地获取技能培训机会、信息服务、市场渠道等，增强他们的方向感和自信心，促进他们自觉保护属于他们的文化遗产。① 这就要通过多种方式提高"00后""90后"参与学习、生产、传播和消费传统手工艺的积极性，依托年轻人的创造活力，为传统手工艺增添现代元素，如在皮影、陶艺、木作等工艺设计上给青少年一定的个性张扬空间，在产品上融合当下的时尚流行元素。其二，传统手工艺产业应尝试对新材料、新功能、新装备、新技术的利用，根据实际需要合理提高生产效率，真正实现"两物相利并其用"，如将现代环保材料、现代雕刻切割装备、三维可视化技术用于彩塑、木雕、竹编等工艺生产之中，还可通过传感器、二维码等开辟新功能。其三，传统手工艺可不断结合网络的众多可连接点和可触达点，包括对网络热门事件、用户社群、虚拟场景、社交平台等的利用。而传统手工艺产业可借此进行产品价值提升、营销推广，释放传统手工艺爱好者的生产力和传播力。同时，这背后的大数据资源对传统手工艺消费市场开发、用户需求趋势把握等也具有重要的意义。

（五）保障举措：造势

基于"互联网+"的传统手工艺产业化开发和经营不只是观念、模式上的变革，同时也需要组织、制度上的深入创新，通过政府部门及相关组织机构的政策推动和保障举措，实现传统手工艺产业化的规范性、科学性和有效性，具体做法如下。其一，作为非物质文化遗产保护对象的传统手

---

① Abisuga-Oyekunle, O. A, Fillis, I. R., "The role of handicraft micro-enterprises as a catalyst for youth employment," *Creative Industries Journal* （2017）：59-74.

工艺及其产业受制于多部门交叉管理，不同的政策导向阻碍着其创新发展的探索，而且传统手工经营市场化不够健全，过多的外部干预或介入很难使其发挥自身的能动性，这就需要顺应互联网时代的要求，加快传统手工艺产业管理体制创新与市场机制建设，以切实增强产业的发展活力和整体实力。同时，也要促进政府、企业、行业协会等主体之间良性合作关系建设，形成传统手工艺产业化开发与互联网转型的政府和民间合力，比如日本盛冈手工村就是由当地政府、作坊企业、社会团体等共同开发建设的手工艺产业集聚区，其整合了众多的手工艺生产经营主体，并营造出良好的发展环境。其二，要加快落实《中国传统工艺振兴计划》等政策举措，加大对传统手工艺领域创新、创意、创业的支持力度，结合实际出台包括财政税收、资金、市场发展等针对性扶持举措，促进与乡村振兴、全域旅游、精准扶贫、特色小镇、"一带一路"等领域建设协同，并加强传统手工艺文化生态环境整体保护和道路交通、网络通信等基础设施更新，不断增强传统手工艺产业向互联网转型的推动力。其三，要立足于互联网与传统手工艺产业融合发展，不断完善传统手工艺创作设计、制作生产、展示展销、交流合作、信息推广、国际商贸等产业服务体系，比如建设全国性的传统手工艺数字资源整合平台、举办传统手工艺创意设计展交会等，并加大传统手工艺人才与文化创意人才的培养、培训力度，加强对数字化、信息化和网络化技术的应用宣传与指导，加快建立多层次的传统手工艺产业投融资平台，不断增强传统手工艺产业互联网化的支撑力。其四，要着眼于互联网环境下文化遗产保护、传承、传播、发展与创新的有机协同，以正确的价值导向加强对传统手工艺产业的监督与管理，并加强对传统手工艺电子商务、娱乐产品、内容服务等消费市场的培育，完善传统手工艺老字号、商标、版权、专利等知识产权保护体系，不断规避互联网带来的技术、经济、文化、社会等潜在风险和安全问题，推动互联网时代下的传统手工艺产业呈现良好、有序和可持续的发展态势。

三　结语

由农耕社会发展起来的传统手工艺以手作劳动为最大特色，其产品形态则兼具生活实用和文化审美功能，其产业化经营往往有赖于手工艺人的创造力和社会化的口碑影响力。当前，以互联网、移动互联网等为主导的新技术加速推动着传统手工艺经营的数字化、信息化和互动化。互联网以其数字虚拟性不仅扩展了传统手工艺产业的经营空间和形态，将传统手工艺所涉及的人、物、技艺、文化、制度以新面貌呈现出来，还以其平台开放性极大地创新了传统手工艺产业的经营方式和模式，将工艺生产、资源配置、产品制造、媒体传播、市场营销、用户服务等以新结构整合起来。正如安德森在"长尾理论"分析中所指出的：互联网在生产工具的普及、传播工具的普及、连接供给与需求三个层面的变革，推动新兴长尾市场的发展，[①] 因此，在互联网时代下，传统手工艺产业的长尾效应也更加凸显。不过，互联网在传统手工艺生产性和生活性保护中的作用也引发了一些担忧，这主要表现为网络泛娱乐对传统手工艺价值和意义的消解，市场商业化逐利对传统手工艺内在文化保护与传承的漠视，技术优越论对传统手工艺主体性的淡化，现代化腔调对传统手工艺生产与商业机制的打破等。当然，这些也是推动传统手工艺产业"互联网+"过程中尤其需要重视与警惕之处。

---

① 〔美〕克里斯·安德森：《长尾理论》，乔江涛译，中信出版社，2006，第36~40页。

文旅融合

文化和旅游产业新型业态培育路径研究

刘　藩　刘　爽*

摘　要：传统文旅产业在发展过程中遇到了困境，而文旅新业态有助于增加旅游产品供给，调动文旅产业创新活力。"旅游+"民族演艺、商业景观/网红景点、农业、工业遗产、研学、宗教、运动、影视、康养等九种新业态开拓了文旅产业的新思路。新业态的培育，要考虑六个方面的因素：商业模式的完善、营销思路的科学化、政策和制度、高科技赋能文旅产品、智慧旅游系统的构建、制约因素和风险防控等。

关键词：文旅新业态　旅游+　科技　政策

一　文旅产业发展态势及文旅新业态

我国的文化和旅游产业发展虽然在疫情影响之下遭受重创，但是2021年第一季度已经逐步复苏。长期来看，文旅业发展态势良好，前景乐观。

从宏观数据上看，2019年，我国有各类文化和旅游单位35.05万个，（纳入国家统计的正规单位）从业人员516.14万人。艺术表演团体17795个，比上年末增加672个；全年演出观众12.30亿人次，增长4.6%。2019

---

* 刘藩，中国艺术研究院文化发展战略研究中心，副研究员，主要研究方向为电影创作、电影产业、文旅产业；刘爽，山西师范大学硕士，主要研究方向为戏剧影视。

年"国内旅游人数 60.06 亿人次，增长 8.4%；入出境旅游总人数 3.0 亿人次，同比增长 3.1%；全年实现旅游总收入 6.63 万亿元，同比增长 11%。旅游业对 GDP 的综合贡献为 10.94 万亿元，占 GDP 的 11.05%。旅游直接就业 2825 万人，旅游直接和间接就业 7987 万人，占全国就业总人口的 10.31%。"① 从以上的数据可以看出：文化和旅游产业的发展带动了我国就业岗位的增加与旅游收入的提升，文化和旅游行业的发展质量优于国民经济的整体水平。

我国 2020 年人均 GDP 约为 1.11 万美元，全社会的消费升级开始加速。文旅业有 14 亿小康水平的大规模客群，其中有 4 亿中等收入人群。消费者的文旅需求迅速增长，是文旅业发展的坚实基础。

产业的发展态势集中表现在上市公司的业绩情况。从公司数据看，"文化和旅游业务占比达到 10% 以上的上市公司，包括 A 股、港股和美股三大市场在内，共 64 家上市公司。2019 年 64 家文旅上市公司，总市值 14458.0 亿元，除去 2019 年上市的 2 家公司，总市值 14413.5 亿元，同比 2018 年大幅上涨 50.68%；共有 37 家公司实现市值增长，占比达到 59.7%。"② 文旅上市公司根据其主营业务内容可划分为七大类，分别是景区类、酒店类、旅行社类、主题公园类、在线旅游类、影视文化类和其他类。从优质文旅公司数据可以看出：虽然七大类文旅公司的业绩有好有坏，但 64 家文旅上市公司中大半公司的市值是增长的。

文旅产业体量庞大，其产值主要还是由传统业态贡献的，其中酒店类、景区类、影视文化类、主题公园类等传统业态贡献了绝大部分的产值。"文旅产业新型业态"这个概念的提出，是因为传统文旅业态遇到了人口红利瓶颈、文旅产品供给不足等问题和技术升级、多元化文旅需求爆发、文旅消费升级等机遇。

第一，人口红利优势带来的观光游热潮在衰退，休闲度假游成为趋势，景区需要在产品和服务等方面进行提升，注重融媒体技术的应用（如

---

① 数据源于文化和旅游部《中华人民共和国文化和旅部 2019 年文化和旅游发展统计公报》。
② 数据源于中国旅游协会与新旅界研究院联合发布的《2018～2019 年中国文旅上市公司成长性报告》。

智能导游、自助式讲解、航拍等），优化景区住宿、餐饮、停车等基础设施。

第二，受国内自由行发展迅速影响，旅行社整个行业进入衰退期，盈利区间明显萎缩。同时，旅行社的业务空间向外延展，主要向出境游以及三、四线城市等细分领域延伸拓展。旅行社可继续深耕发掘旅游环节中的亮点元素，从而带动产业模式的升级。

第三，酒店行业的高端品牌仍有提升空间，应注重个性化、度假化体验等发展方向；中端酒店连锁品牌在亲民性、舒适度等方面仍有待改善；低端酒店和家庭型民宿客栈，需要在立足连锁化的基础上，更好地打造品牌个性，避免同档位的恶性竞争。

第四，主题乐园行业的产品营销趋于同质化竞争。在市场规模保持增长的势头下，具备品牌和连锁优势的主题乐园企业仍有望持续增长。从市场前景来看，具备技术含量和故事吸引力的 IP 将成为赋能主题公园场景升级的重要元素。

第五，在线旅游业有极好发展前景，提高服务力将释放更大潜能。考虑到传统文旅业态发展受人口红利瓶颈、文旅产品供给失衡等问题制约，在技术升级、多元化文旅需求爆发、文旅消费升级等机遇面前，传统文旅业态发展的内在动力稍显不足，因此，我国有必要培育文旅产业的新型业态。

第六，对影视文化旅游行业而言，影视文化 IP 的实景化和与旅游场景的融合是发展方向，重点是打造或收购有吸引力的 IP。以北京环球影城为例，其打造的哈利波特主题公园、侏罗纪世界主题公园等均由经典电影 IP 所孵化。

我国的文化和旅游产业发展要顺应产业趋势，解决存在的问题。只有在文旅融合、文旅商融合等领域进行跨界合作，开发运营管理、智慧旅游等产业服务领域，才会形成有竞争力的文旅企业。在具体业态方面，"餐饮+门票+住宿+索道"的初级体验模式已明显同质化，旅游景点引入体验项目的模式已显老旧，需要在业态和产品上不断创新，打造更有特色的多元化业态。文化和旅游部在 2019 年发布的《关于提升假日及高峰期旅游供给品质的指导意见》中提出的 11 个旅游新业态（文化体验游、乡村民宿游、休闲度假游、生态和谐游、城市购物游、工业遗产游、研学知识游、红色教育游、康养体育游、邮轮游艇游、自驾车房车游）可作为产业未来发展的新方向。

综上，新业态是传统文旅产业业态的升级版和创新版，其培育路径一方面需要尊重经济规律，借鉴传统文旅产业发展经验；另一方面需要根据实际需求进行合理的路径创新。具体而言，首先，需要升级传统的"食、住、行、游、购"模式，依据景区的人文地理特色，注入更多文化内涵，提升个性化服务水平，要通过文化、故事、情感、服务赋能文旅新业态。其次，需要在"养、学、农、工、节、闲、奇、体、宗、娱"等方面创新思路，本着"旅游+"的思路，开发新文旅业态。由于旅游产业关联性强、融合度高，开发培育新业态可以从以下几方面进行考虑。

（一）旅游+民族演艺

开发少数民族独特的民俗文化，利用观众的求异求奇心理，打造少数民族风情的情景剧、民俗仪式、大型演艺产品等。如《魅力湘西》《香格里拉记忆》，以及天天上演"赛龙舟、放高升、赶摆、丢包传情"[1] 的西双版纳大型山水文化表演《泼水节·印象》等系列民俗风情节目。此类业态的关键在于以民俗活动为载体，创造奇异化的情绪体验、文化体验。

（二）旅游+农业

农业（乡村）旅游的模式初期以观赏乡村、花卉为主，随着生态农业政策的引入，逐渐转向具有更多互动获得感的体验式消费。游客通过高参与感"逃离"日常的苟且，住进能够承载充满诗意和远方情怀的民宿，远离城市的喧嚣。这种模式目前主要有两类。一类是具有本土特色的精品民宿，以民宿或农业景区带动周边景区联动发展，以点带线（精品旅游路线）辐射周边面，串珠成链。如北京市延庆区醉美花海之路，合宿·姚官岭是北方第一个民宿集群。另一类是精品扶贫的旅游路线，如青海省西纳

---

① 李靖：《印象"泼水节"：交织于国家、地方、民间仪式中的少数民族节庆旅游》，《民俗研究》2014 年第 1 期，第 45～57 页。

川的农业旅游线，其中有很多村落都是重点扶贫村，在这些村中开发了采摘果蔬、古寨文化、酿酒工艺、民宿餐饮、滑道越野、中草药种植等多种旅行项目，还销售农家自酿酒饮、农家土鸡等乡村美食，使扶贫和民俗文化融合传播。

农业旅游是激发受众参与农村生产、农村生态资源、农民生活习性的体验型旅游产品。以做农活、吃农饭、摘农菜、观农景、享田园乐的"一条龙"服务策略丰富了乡村旅游产品。[1] "旅游+农业模式"，形成了完整的乡村旅游产业链闭环，将农产品消费与休闲场所有机联系起来，丰富了游客的农业生活体验。

（三） 旅游+运动

文旅的灵魂是文化，可以将运动文化融入文旅产业之中，通过打造运动品牌，传递运动精神。当代社会，游客普遍精神压力较大，亚健康人群众多，身体素质、心理素质亟待增强，运动可以促进多巴胺分泌，提高幸福感。同时城市居民渴望冲出城市与自然对话，享受山野运动之美。从温饱需要到刺激追求，从结果追求到过程享受，运动旅游成为消费者重要的释压、社交、增强精神力量及提升幸福感的方式。在运动的过程中，参与者会与自然环境产生互动，激发并满足了"融入自然、回归自然、挑战自我"[2] 的天性。同时，参与者在此过程中不断锤炼坚定的意志，冲破自身的极限，超越自我，从而获得愉悦感、成就感。

马拉松将城市或山川变成大竞技场，沿途经过的湖泊、山川、城市都可以竞速穿越；山地自行车享受凹凸的坡度、陡峭的土地带来的挑战；滑雪、马术爱好者感受腾空而起跨越障碍物带来的惊险体验。人们通过感官去追溯自我，感受自由灵魂在运动中的无限延展。运动不仅有助于国民健康，也是新的经济增长点。大力打造运动项目，可以联动整个城市的经济圈，并促进住宿、餐饮等行业快速发展。"据中国户外联盟（COA）统计，

---

① 刁志波：《北京市民的乡村旅游行为特征分析与阐释》，《黑龙江对外经贸》2010 年第 3 期。

② 《体育与健康》编写组：《体育与健康》，人民教育出版社，2003，第 95 页。

目前（2018）我国每年有1.3亿人参与徒步旅行、休闲户外等泛户外运动旅游，有6000万人参与登山、攀岩、徒步等运动，但仍与美国50%的户外运动旅游参与率差距较大。"① 由此可见，运动旅游具有广阔的发展空间。以2010年以后井喷的马拉松赛为例，全国2021年共有300多场正式或非正式的马拉松赛事举办，参加者约为300万人，上海、三亚、无锡、广州、厦门、北京、杭州等地的马拉松赛是热门之选，跑者连报名都很困难。比如：2016年厦门马拉松为当地带来直接经济效益2.3亿元，带动经济效益3.25亿元，总计5.55亿元；"2019年无锡的马拉松赛吸引28万人次观赛，2020年在疫情防控的状态下，吸引了36.4万人次观赛，无锡全域客流量达50万人次，直接拉动消费1.98亿，较上年增长20%。"② 即使如此火热，比起美国一年万场比赛的规模，国内马拉松还是仅仅处于起步阶段，仍有很大发展空间。运动赛事会引起比赛时段城市消费结构的变化，通过赛事吸引专门旅游者和围观旅游者，可以带动整个城市餐饮业、景区门票业、娱乐业、住宿业等大力发展。③ 发展城市运动赛事，除了可带来直接收入外，还有着进一步提升城市旅游形象、打造城市知名品牌的巨大益处。

（四）旅游+康养

康养旅游是一种新型健康旅游方式。景区应充分利用气候温和、自然环境优美、森林覆盖率高、负氧指数高、滨海资源丰富等地理优势，配合森林浴、有机食品、垂钓、温泉等资源势能，开发长寿养生健康旅游项目。同时，为促进健康旅游新发展，还应加快完善医疗服务保障体系，探索健康产业发展之路。可结合当地草药的种植与规范化生产、生物医药产业的发展、医疗系统的配备完善，大力发展医疗服务业和康养服务业。通

---

① 陈瑞泽、王莉：《户外运动旅游者的动机及行为特征研究——以李白国际户外旅节为例》，《浙江旅游职业学院学报》2018年第3期，第48~56页。
② 数据来源中国日报网，《2019无锡马拉松本周日举行33000名选手感受"画中奔跑"》，https://baijiahao.baidu.com/s? id=1628323681269005100&wfr=spider&for=pc。
③ 桂拉旦：《中国区域工业化道路研究：从产业集群视角的分析》，兰州大学出版社，2007，第20页。

过养生资源与健康产业的互利驱动，综合发展养老客户群体、康复医疗客户群体，最大化满足不同受众的需求，提升健康养生资源的推广效率。[①]

比如，海南推出"旅游在三亚，养生在博鳌"的差异化旅游产品，依托博鳌超级医院、博鳌中医药国际发展论坛、海南康养医疗旅游发展研讨会等市场主体和营销平台，不断探索完善康养旅游发展新模式。云南龙韵养生谷生态旅游区创建了龙韵森里、龙韵温泉、龙韵木屋、龙韵山珍（国内最大的林下白灵芝种植基地）以及樱花溪谷、玫瑰园等旅游实体，配合炫酷的集装箱 KTV 以及户外 CS 体验区，通过开发林下生态构建了独具特色的生态旅游综合体。[②] 浙江省丽水市凭借着 79.1% 的森林覆盖率和 97.3% 山地森林覆盖率，开发了药食同源的美食茶饮文化、陶冶基地、日光养生、生态水疗和森林养生等生态项目。

现代城市居民越来越喜欢远离喧嚣，追求田野牧歌式的生活方式，在自然中澡雪精神、修养身心。康养旅游成了当代人的一种新时尚，也成为一种潜力巨大的文旅新业态。

（五）旅游+工业遗产

工业是人类十分重要的生产方式，承载着城市和行业的兴衰变迁。目前我国的文物大部分都是农业文明遗留下的，有必要合理化利用工业遗址再现历史，将其培育为新的旅游资源。工业遗产旅游最早出现在英国，其典型案例是黑乡生活博物馆。该项目位于伯明翰西部的提普顿镇。提普顿镇是 300 年前英国工业革命的重镇，曾经是丑陋的煤矿区，经文旅产业化开发后，于 1978 年首次开放。提普顿镇保留了维多利亚工业时代的整个面貌，包括整个小镇的建筑、工矿劳作场景、商店、家居和居民服饰，完美演绎了 1890~1935 年的历史风貌，由此成为可创造穿越体验感、还原历史风貌的"风俗画卷"，是英国儿童体验工业历史文化的文旅胜地。

从工业遗址转型的"旅游+"景区呈现形式多样。一类以博物馆为主，

---

① 林应龙、李芳、邢孔卫：《三亚健康养生旅游研究》，《中国市场》2018 年第 20 期，第 86、92 页。

② 李妍：《云南石屏县龙韵养生谷生态旅游发展初探》，《新西部》2017 年第 26 期，第 53~54、58 页。

以工业企业的发展历程或生产工艺流程为主线，注重实物、图片和档案的展示。如中国（唐山）工业博物馆、湖北水泥遗址博物馆、重庆工业博物馆、中国铁道博物馆、景德镇陶瓷工业遗产博物馆等。另一类是地质公园。通过遗址的开发，真实再现历史奇观，以期让观众身临其境。如开滦矿山公园、徐州煤炭塌陷地、由淞沪铁路江湾站变身而来的集装箱创客走廊等。再如重庆涪陵"816 地下核工程"，它是由 6 万余名建设者历时 18 年挖空一座山建设而成的，总面积达 104000 平方米，高 79.6 米，上下各九层，是世界第一大人工洞体及具备唯一性的工业遗产。① 对工业遗址进行旅游导向的开发创造，有助于逐步完善文化遗产集群，挖掘并发扬其文化功能、社会历史价值。

（六）旅游+影视

影视旅游业态最早开始于 20 世纪 80 年代中期因拍摄电视剧《红楼梦》而留下的北京"大观园"和河北"荣国府"景区。21 世纪以来，为满足不同类型片的需求，影视基地类型不断增多，目前接近 2000 家。这些影视基地可分为三类。第一类以旅游功能见长，凭借着风格各异的场景，发挥影视剧的品牌效应吸引游客，如 5A 级景区无锡影视基地。该基地是为拍摄央视版《三国演义》《水浒传》《唐明皇》而建的，占地面积约为 1200 亩，另有水域面积 3000 亩。基地主打古装场景，包括汉代、唐代、宋代、明清等实体场景近百个。基地自成立以来共接待近千个剧组，年接待剧组 40 余个，接待剧组场租收入每年为 400 万元，接待游客量每年为 200 万人。基地年营收 1.8 亿元，利润数千万元。第二类是以拍摄功能见长，代表有中国（怀柔）影视基地、上海胜强影视基地等。第三类，也是最多的一类，兼顾影视拍摄与旅游，发挥影视基地支撑影视业、拉动旅游业、带动区域经济的重要作用。这方面的代表有浙江横店影视城、象山影视基地等。作为全国最大的影视基地，横店影视城年旅游人数超 1800 万人次，超过了故宫、峨眉山等具备不可复制资源的大景区。

---

① 李重华、王资博：《重庆文化资源整合与文化产业发展的路径创新研究》，《新西部》2018年第 19 期，第 44~48 页。

影视基地旅游产品抓住了游客对于娱乐圈、明星梦、影视行业的好奇心诉求，满足游客对影视的向往。解密拍摄过程中的一些小技巧，重现经典电影中的场景，满足了游客近距离接触影视元素的愿望。影视基地也可以通过打"明星牌"提升观众流量，并根据基地的人文地理特色设置独特的演艺产品，如无锡的"三国"和"水浒"系列、郑州华谊电影小镇的"刺杀军阀"演艺产品，以增强影视旅游的个性特色，提升景区的人气。

（七）旅游+研学

在注重教育的国情影响下，旅游的教育性价值逐渐被重视。其实研学文化在我国由来已久，最早的研学旅游可以追溯到孔子周游列国。《徐霞客游记》、陶行知的知行合一教育观，都是学旅结合的重要呈现。"旅游+研学"产品中比较有代表性的有三类："研学+营地"（嵩山少林寺体验、曲阜市"三孔"景区）、"研学+红色"（延安革命纪念馆、中共一大会址等）、"研学+科技"（上海科技馆、天津滨海航母主题公园）。① 从市场需求看，热点研学旅游主要有两种形式。

中小学研学以爱国主义红色研学为主，内容包括观看实景演出、听红色精神讲座、参观革命遗址。在红色体验之旅中，学生可以穿红军服、戴红军帽、背行军包，感受革命生活。另外，还有参加夏令营参观高校。这都是通过研学将玩与学有机结合起来，激发孩子潜能，培养孩子的理想信念。

成人企管研学设立不同主题不定期开设课程，如品茶论道，从茶小白进阶文化懂茶人；组织沙漠徒步（腾格里沙漠）、马拉松、登山等运动，锻炼团队意识；参加北大、清华等名校 MBA 研修班；参观学习万达、格力等知名企业；参与寺庙禅修等。通过小范围精致聚会，深度链接人脉，实现游中学，学中游。与商业、创业实战高手同吃同住，探讨企业经营思路，在交流碰撞中寻找合作新商机。

---

① 参见奇创《研学旅游专题研究》报告，奇创旅游集团，https：//baijiahao. baidu. com/s?id＝1655149720377373075&wfr＝spider&for＝pc。

（八） 旅游+宗教

"旅游+宗教"需要深入打造"禅修文化"。传统的宗教旅游是一种"走马观花"式的寺院、寺庙、道观等古建筑的观光游，仅限于"造寺庙—收费"模式。新业态的宗教旅游重点在于以多元化的方式挖掘宗教的精神消费功能，比如通过打造特色禅修路线或禅修小镇的方式，着力发挥宗教净化心灵之功用，为游客创造更深入的宗教体验。

具体而言，禅修小镇的打造要以佛文化为内涵、以禅修为核心、以齐全的配套设施和优美风光为基础，集观光游憩、心灵洗礼、佛事体验、休闲度假于一体。游客通过讲经、抄经、斋食等体验，可以深刻感受禅修文化。如安徽省池州市青阳县修建了禅修小镇，包括禅茶产业园和禅文化生态酒店，打造了禅修净所产业链；无锡灵山打造了名为拈花湾的灵山禅修小镇；灵隐寺斋堂设置了民间素斋、宫廷素斋和寺庙素斋三个系列[①]，传播了素斋美食文化。

（九） 旅游+商业景观/网红景点

作为商业景观的文旅网红店，已经成为新一代的旅游打卡胜地，网红咖啡店、民宿、书店都可以成为沉浸式美好生活的目的地。商业景观的打造就是把远方变成"附近的远方"，将游客带入充满创意的诗意空间中。为了达到这个目的，新一代商业中心致力于打造有情感、有灵魂的深度体验商业景观，在建立之初就以满足消费者的镜头意识为需求，设计具有强烈的原创主题风格。

大商场里的真冰滑冰场、mini 动物园、5D 体验展等，都是将体验式场景融入购物中心。成都的西村大院，将市井和朋克融合，在商业中构建了一个足球场，实现了吃着串串、唱着歌、看着球赛的市井景观。杭州西湖的天目里，以茑屋书店为地标、清水水泥工艺为画风、龙井茶树为风景，打造了时尚的打卡栖息场所。上海在建的 100 trees，致力打造"现代建筑+历史遗产+人文艺术+绿色植物"的综合体空中花园。新一代商业中心

---

① 林乃炼、妙哉：《灵隐寺之素斋》，《杭州》（生活品质版）2012 年第 3 期，第 32~33 页。

在个性化美学的营造基础上，通过承办网红展，拓展游客的容纳度，带动整个景区的消费。

文化和旅游产业的升级迭代和灵活创新，已经成为田园综合体、户外运动目的地、康养基地、宗教修行场所、游学场所、特色训练场等新业态所依附的产业基础。有形的物质产业基础建设，能够带动无形的文旅业态发展，但还需要结合技术升级的实际，以高科技赋能文旅产业，如引入VR/AR 技术，探索 VR 酒店预订、AR 旅游目的地、VR 主题公园、VR 旅游演艺等新形态；开发 VR 主题影像产品和游戏产品，为游客提供更多巅峰体验；挖掘在线直播行业的营销潜力和盈利潜力，开发"直播+旅游"的线上娱乐产品，如 IP 场景旅游产品、IP 场景在线视频演艺产品等。

总体而言，实施"旅游+"战略，推动文化旅游及相关产业融合发展，可以不断培育文旅产业新业态，促进产业升级转型及迭代发展，增加旅游产品的有效供给。

二 文旅新业态的培育路径

在培育文旅新业态方面，以下六个方面是比较重要的。

（一）新商业模式

新业态商业模式与传统文旅业态的一大区别是，收入结构中门票收入占比下降，多元化消费营收增长。有数据显示，景区门票平均价格占人均月收入的比重，在中国是 2.7%，在法国是 0.37%，在美国是 0.1%。[①] 西湖景区 2002 年在国内第一个宣布取消门票，2018 年山东"三孔"景区门票总体降幅达到 27.2%[②]，重庆武隆喀斯特旅游区（芙蓉洞）门票价格下调 33.33%（2018 年国庆节前四日就同比增加了 8.8%的客流量）[③]，崂山

---

① 鲁元珍：《景区如何摆脱门票经济"依赖症"》，《光明日报》2018 年 7 月 4 日。
② 王德刚：《摆脱门票经济依赖引领行业转型发展》，《中国旅游报》2018 年 4 月 23 日，第 3 版。
③ 韩毅：《门票降价刺激消费精品景区收入不减反增》，《重庆日报》，https://www.cqrb.cn/content/2018-10/05/content_169686.htm。

风景区门票降幅达到 26.5%（2019 年国庆期间收入综合增收 34%）①。"景区旅游产值未降反增，高溢价的商业模式值得思考。"② 传统景区以门票收入和常规纪念品产品销售为主，应逐渐完善产业要素配套，与周边的博物馆、古镇古街、自然风光、历史古迹等各项目衔接联动起来，通过整体的统筹管理，整合资源，共建内容丰富、整体打包经营的全域旅游新业态。搭建特色住宿、餐饮、旅游娱乐（篝火晚会、温泉、养生娱乐等）、旅游购物等体验式消费盈利模式。除了店铺招租外，要多举办品牌性的节庆活动与商业活动，开拓盈利模式，提高景区知名度以达到互利共赢的局面。具体模式参考如下。

1. "新型旅游+研学商业模式"——以武夷山商业论剑为例

武夷山是赣南闽西的一个山水宝地，丹霞地貌与神秘的古闽越族文化结合，形成了其特有的人文地理。其商业模式为：住——打造网红民宿，如素有武夷山"第一民宿"之称的"陶然有山"；游——有万里茶路起点"下梅古镇"；赏——有九曲溪的秀美轮廓，感受"溪流九曲泻云液，山光倒浸清涟漪"的意境；观——观武夷山山水实景演出《印象大红袍》及夜色武夷山；探——探秘茶厂，学习茶知识；学——大红袍品茶会上有嘉宾分享各种思想知识，可以交流砥砺，提高修养。

2. "新型旅游+运动商业模式"——以运动赛事为例

国内运动爱好者不断增多，各地赛事如环青海湖自行车赛、无锡马拉松赛、腾格里沙漠徒步等应接不暇。景区以运动为主题打造赛事品牌吸引游客，通过活动带动产业消费，拉动经济增长，具体模式如下。门票收入——参赛者报名费以及现场观赛门票。赞助商——冠名赞助商，如金融、汽车、地产等冠名是最重要的收入部分，这些企业产品符合参与活动的高净值人群的特点，倾向于冠名高客单价产品；官方伙伴赞助商，如体育装备、汽车等；赛事赞助商，如食品、饮料等快销品；定制品赞助商，

---

① 转引自《青岛晚报》《崂山风景区门票降价啦，降幅达 26.5%》，http：//k.sina.com.cn/article_2359224985_8c9eea9901900c7h3.html。

② 杨洪飞、罗纯、吴宝艳：《门票减免政策下的景区盈利模式创新研究》，《西部经济管理论坛》2020 年第 4 期，第 88~97 页。

如当地餐饮、酒店、特产、快销品、衍生品零售等，可为运动赛事贡献基础收益。直播版权费——与视频网站签订战略合作，付费直播或转播。运动装备售卖——如专业的滑雪装备、马术装备。专属奖牌或比赛纪念品——如莫干山马拉松赛事专属的莫干山宝剑。培训——私人教练或团队教练，针对活动指导教学。

3. "新型旅游+宗教商业模式"——以禅修小镇为例

该模式主要为构建全领域以佛文化为核心、辅助灵性开悟为目的的禅修景区，具体如下：核心功能区——建立一个进行佛事活动、佛事朝拜的场所；培训区——打造专业性的佛学培训品牌，培养专业佛学人才；文化广场——选取佛教元素，如观音、莲花、罗汉等打造一个活动场所；禅院区——打造禅修院落，用于禅修活动；讲经堂、抄经堂——定期举办讲佛、抄经活动及佛学会议；活动区——举办佛事相关活动，如礼佛、禅修等，同时可以作为家族或小社群的私密活动场所。

与核心功能区配套的，还有基础设施服务：饮食——斋堂提供禅宴、禅茶、斋饭等服务；禅意酒店——提供简约住宿、会议等服务；游客服务区——提供佛事产品的零售服务。

4. "新型旅游+商业景观模式"——以广州正佳广场为例

广州正佳广场不仅是一个购物中心还是一个国家4A级文旅综合景区。景——在6000平方米的夏威夷棕榈广场上建有中国最高的音乐喷泉。馆——拥有极地海洋馆、生态植物园、自然科学博物馆、真冰滑冰场、玩具反斗士、超五星国际电影城以及演艺剧院等多家地标性场馆。其中正佳演艺剧院于2018年正式更名为开心麻花剧院，将内容与商业化紧密结合，成为演艺新地标。购——拥有10000个国内外品牌。住——拥有48层超五星级酒店西塔楼。吃——拥有3万平方米的主题餐饮店。逛——打造时光隧道"广正街"，还原了康熙盛世时期的广州十三行，广正街内定期开展各式广府文化展与"非遗"活动，将传统文化进行生动演绎。夜——2020年6月推出夜游特色项目"正佳夏夜嘉年华"。正佳广场以体验式主题购物乐园吸引游客，带动了广场商家的销售额，也为游客创造了沉浸式消费体验。

（二）营销

经营任何一个景区都要像经营一家企业一样，打造品牌形象要有自己的核心文化理念。不能仅以景观优美、配套设施完善的单一纬度构建景区品牌形象，还要充分发挥核心竞争力，抓住目标消费者需求心理，要打造独特价值作为自己的核心竞争力。

1. 做好定位——打造品牌形象

要学会用文化、故事、情感给景区赋能，根据自身特点将情绪价值融入，将景区作为情绪关系的载体，把人们对它的向往和喜爱，转化为身临其境的体验，实现情绪的价值变现。比如，游客们对区域文化有一些共同的想象——江南水乡之温婉、重庆之火辣、西藏之宁静等——这些都是通过人为的赋能，给旅游景区塑造的品牌形象。

2. 学会讲故事——创立传播符号

每一个景区都是故事的承载容器，宣传片、文创产品以及各类旅行攻略都是这个景区故事的讲述者。游客消费景区，也是在倾听和消费故事。景区应该从讲故事的视角出发，围绕景区自身的 IP 打造、传播最合适的故事。比如绍兴沈园有一处景名为"残壁遗恨"，上有两首名为《钗头凤》的题壁词，讲述着陆游与妻子唐琬的凄美爱情故事。"残壁遗恨"用讲故事的方式实现情感的穿越，使游客体验到古人的人生与爱情，激发了游客的同理心和追寻感，满足了游客在旅游中体验别样人生的内心需求。

3. 拓宽口碑传播——新媒体营销

传统的电视、报刊、广告已经不是年轻群体的主要信息来源，新媒介才是新业态文旅产品的主战场。互联网营销可以在大数据的帮助下按照区域、时段、兴趣、行为特征等因素依靠大数据技术实现精准投放、定点围猎。在人人都是自媒体的新时代，个性化、精准化营销信息可以通过社交算法超高效传播，还可以通过赛马机制自动调整。

从微电影、短视频，到代入感更高的 Vlog，视频广告模式不断迭代。要重视 KOL 的传播价值，抖音、快手、小红书、B 站、微博、视频号、公众号等自媒体，都是不可忽视的传播媒介。可以按照目标受众人群，搭配适当的社交营销模型。如国内知名的旅行博主"大 V 房琪 kiki",全网拥有上千万粉丝,可以说该博主的地理坐标就是行走的广告牌。对同城周边游的小景区而言,同城博主更是一个不错的投放点。

(三) 政府的政策和制度

1. 土地政策——盘活用地

要在现行的土地资源政策框架内,挖掘本地资源优势,探索乡村建设和旅游业协同发展的新途径。严格用地审批,在发展文旅产业的同时力保耕地红线,盘活现有土地资源,最大限度地释放土地价值。严格监控房地产商,防止其打着开发旅游文化的幌子,将土地用于房地产项目。一方面,整合荒地进行再利用,如横店"圆明园"是按照 1∶1 复原仿建的,该园尽量利用荒山、荒坡、荒地、荒滩以及宅基地和少量的三类土地重建圆明园。① 另一方面,将具有农业价值的土地盘活进旅游景区,将健康产业发展融入特色农庄、田园综合体、养生等项目。如海南保亭南梗共享农庄规划,通过经营民宿、精品酒店、国际研学基地、康养庭院、驿站、漂流站等项目,实现了土地资源的合理利用开发与乡村振兴双重目标。

2. 金融政策——优化融资模式

传统文旅项目融资模式主要有两种,一种是银行贷款,倾向于大企业,歧视小企业;另一种是基金。基金又分两类:一类是政府引导基金,主要投资于收益见效慢的项目;另一类是市场化基金,主要针对快收益项目。除此之外,还可以选择发行企业债券、上市融资与民间投资。应该大力鼓励金融机构、文化科技企业与社会资本共同融资。鉴于文旅项目牵涉面广、带动性强,可尝试"政银企联合"的模式,由企业主导,联合地方政府部门与银行深入合作,依据地区特色,不断创新针对文化旅游项目的金融产品和服务,落实一事一议、特事特办等优惠措施。

3. 人才政策——培养专业

首先,培育和吸引高端人才。加快培养高精尖创新型人才,探索组建

---

① 张乐:《圆明园异地重建风波》,《瞭望》2008 年第 8 期,第 62~63 页。

由高校、企业、科研机构合作的文旅领域与科技创新共同体，培育文旅综合创新人才。依托文旅融合示范基地、文化科技企业实施的项目，加大人才扶持力度，完善人才服务体系，探索人才引育渠道。针对地方人才缺口，所在地相关机构应促进产学研联合，以项目带动人才培养。其次，完善激励机制，出台配套服务，逐步修订标准，解决文旅高端人才认定不清晰的问题。加大人才扶持力度，如以住房、薪酬、创业条件、股权期权、医疗、落户、教育等全方位生活配套服务提供支持保障。

（四）以大数据为支撑的智慧旅游系统

数据是数字经济的核心，景区可通过算法建立旅游导览、客源调研、智能监控等智慧化服务体系。具体来讲，分时段预约游览、在线预约预订、流量监测监控、科学引导分流、非接触式服务、智能导游导览等方面建设规范，可实现限量、预约、错峰的科学运营。应力求通过大数据、人工智能、导航系统等技术手段，实现科技与旅游业的智能融合。推动文旅新业态方面的监管机构、企业、服务平台实现智能升级，加速文化旅游产业发展。

1. 加速构建文化大数据

智慧旅游的基础就是数据库的构建，巧妇难为无米之炊，没有数据何谈利用？其中有两个方面十分重要：一方面，在需求侧挖掘大数据，在文化消费过程中积累游客的相关信息，善用旅行 App 如携程、去哪儿、马蜂窝等 OTA（在线旅游服务商），在搜索引擎端、广告推广端完善旅游目的地的交通、餐饮、导游等相关信息，了解消费习惯与需求偏好，提前对游客进行导流。另一方面，完善文旅产品供给数据库，如景区日均接纳游客最大容量，景区藏品、文物、酒店接待容量等各类基础数据的数字化采集等。

2. 线上线下融合发展新模式

不断创新文旅产业的传播路径，融合新媒体，在云端让文旅资源"活起来"。鼓励建立本地旅游 App 和微信公众号，通过线上交流互动，精准推动引导受众参与线下体验，如线上推送旅游银行卡或网红景区"一卡通"等优惠旅游产品。

鼓励电子商务平台参与文旅产品的消费和服务体系构建。以合作流量转化的方式，推进服务体系全方位运营。建立以游客为中心的智慧旅行平台，提升电子票订购、云排队、景区自助导游、城市自动导览等各方面旅游体验。同时逐步完善景区采买农产品以及特色商品的平台，如厦门首创线上订货线下取货的轻松旅游新模式，游客能够以优惠的价格购买到心仪的商品，通过机场取货或直接快递到家的方式解决了行李困扰，优化了购物体验。

3. 建设智能服务和监管平台

首先，着力打造国家级、省级、景区级三级智能管理服务平台。通过游客大数据分析、资源互换共享、共享平台完善，让游客科学安排行程，使景区游客数量与容纳能力相匹配。如故宫等景区开启预约模式，控制进入景区的人数，避免了景区过于拥挤导致体验感差，提升了景区服务的体验感与工作效率。促进文旅业的良性竞争，在保证消费者权益的基础上，对于同质化严重、顾客投诉率高、管理效率低的企业实施降级或清退处理，积极引导旅游市场可持续发展。

其次，打造智能化监管体系。景区与执法机构、电子地图、导航系统商家合作，遇到游客权益受到损害的情况，可通过定位第一时间获取附近民警的通信方式，及时维护游客的合法利益。在遇到突发事件的情况下，可利用北斗系统等导航定位、可穿戴设备、电子围栏、遥感卫星等技术和设备为游客提供救助，及时进行应急处置。

（五）科技赋能文旅新业态

要推动 5G、云计算、物联网、人工智能、VR、AR 等信息技术革命成果应用普及。深入推进文旅企业网络化、智能化转型升级，提高文旅产业供给质量和经营效率。在科技赋能的基础上，游客可获得更好的旅游享受，甚至可通过沉浸式手段达到"心流"的巅峰体验。

1. 科技手段强化沉浸感

可通过球幕影院、5D 电影院等改变游客原有的观影方式，借助数字技术营造梦幻一般的空间意境。比如"东京 team Lab 团队打造了《花之森林，迷失、沉浸与重生》，塑造出光影交织的虚拟花海"①。2015 年，伦敦艺术团体兰登国际创作《雨屋》，在 100 平方米的空间内建构了一个不断下雨的场景，受众可以自由地嬉戏玩耍但不会被淋湿。

2. VR 仿真实景

利用 VR 技术，将游客送至或价格太过昂贵、现实中不敢涉足或现实中难以到达的景区，为游客创造巅峰体验。与单纯的数字技术相比，在 VR 语境下，游客带上 VR 眼镜就进入了私密空间，个体的能动性被进一步调动，可以自如地根据环境做出动作，获得更好的体验。如带上 VR 头盔可以领略名山大川风采、穿越珠穆朗玛峰、在天山顶部滑雪等，以较低成本获得近似真实场景的巅峰体验。

3. 高科技赋能舞台演艺升级

（1）改造实景演艺剧

以声、光、电高科技改造传统演艺产品，打造沉浸式体验，是旅游演艺的趋势。比如武汉的《夜上黄鹤楼》、山西的《又见平遥》，都让游客在不同主题的动态空间游走捡拾祖先生活；再如《光景如诗》，通过"诗词+光影"再现中国古诗词的意境。NeXT SCENE 独家发布的《2020 年全球沉浸式设计产业白皮书》显示："沉浸式娱乐行业规模达到 618 亿美元，同比增长 24%。"② 由此可见，沉浸式娱乐业市场潜力巨大。

（2）沉浸式夜游

沉浸式夜游已经成为旅游业重要的分支方向，是旅游投资的下一个爆发点。典型产品如大唐芙蓉园的《大唐追梦》，游客在游船幻境中完成视觉体验，游离于模糊的梦境与现实之间，打破时空的束缚穿梭于大唐盛世。夜游本身就对光影元素要求比较高，如再能有效地配合水幕投影、3D投影秀等沉浸式互动体验设计，将给予受众极大的满足感。

---

① 高宇婷、朱一：《虚拟自然——teamLab 的数字艺术创作特征分析》，《大众文艺》2019 年第 22 期，第 125~126 页。

② 数据来源 NeXT SCENE《2020 年全球沉浸式设计产业发展白皮书》中文版，艾瑞网，http：//news. iresearch. cn/yx/2020/07/332033. shtml. 2020：7. 27。

当然沉浸式文旅产品的口碑褒贬不一，须摆脱浮夸的标签式沉浸，只有深刻挖掘文化价值才是沉浸式旅游的关键。高科技沉浸仅是艺术表述手段，在实施中应当力戒脱离本土文化的高科技炫技。

（六）文旅产业新业态的制约因素和风险防范机制

1. 完善濒危文化形态保护措施

一部分文旅新业态的根基是某些濒危文化。随着城市化进程的加剧，农民外出务工增多，劳动力大量流失，诸多标志着优秀传统文化的民俗技艺难以传承。因此，必须加大政策扶持力度，加强对传承人的培育和对老艺术家的保护。还应当拓展传播方式与渠道，加强与现代元素的融合，让传统文化有新的枝芽。[1] 老树发新芽式的生产性保护才是更有效的保护。

2. 夜游经济的问题和处置机制

夜游经济是文旅产业新的发展趋势，有助于解决旅游目的地"留客难"问题，但是随之而来的光污染问题不容小觑。景观灯光要注意人与自然的和谐相处，避免夜间强烈的灯光干扰打乱动植物的作息规律，影响周边居民生活。同时还要确保完善污水排放、餐饮油烟、垃圾分类等基础设施，加强夜间经济活动风险评估、消防安全保障和警力配置。

3. 防止企业滥用游客大数据

某些平台企业过度利用消费者大数据杀熟、泄露隐私，已经成为数据经济时代的顽疾，也反映了我国对个人数据安全和隐私的保护还不到位。文旅企业对旅游数据进行收集、传输、存储、共享、使用，并没有足够的法律监管，游客数据面临毁损、泄露、滥用和篡改的风险。国家需要先出台临时性的游客大数据保护和利用相关政策法规，然后将其逐步上升为国家正式法律。

4. 警惕文化与产业不匹配

文旅的灵魂是文化。部分景区的建造根本没有考虑文化核心，或者开

---

① 张梅：《乡村振兴背景下休闲农业发展路径和实践范式建构》，《技术经济与管理研究》
2019 年第 11 期，第 122~128 页。

发设计有误，盲目效仿建造，打造出来的都是没有灵魂的"空房子"。游客前去只能观光旅游，甚至只有品尝特色小吃，没有深度体验，其文化和品牌辨识度极低。这样的项目往往热门几年就被荒废，导致大量投资亏损甚至沉没及大量土地浪费。2018 年国家发改委提出"特色小镇开展定期测评和优胜劣汰"①的政策。这样的政策只能部分解决此类问题，而且项目已经造成的资源和土地浪费难以挽回。

---

① 国家发展改革委员会：《国家发展改革委关于实施 2018 年推进新型城镇化建设重点任务的通知》。

文创与乡创：浮梁县与清华大学携手探索乡村振兴新路径

中共浮梁县委 浮梁县人民政府 清华大学文化创意发展研究院

摘　要：高校作为当代社会智力最密集、人才最密集的机构，具有服务乡村振兴的优势。当务之急是培养与鼓励高校服务乡村振兴的意识，形成高校支持乡村振兴的机制。基于对"五个振兴"工作目标的理解判断，浮梁县委、县政府发挥"基层首创"精神，清华大学文化创意发展研究院提出"乡创升级版"提议，双方共同提出以乡创特派员制度为核心的浮梁模式，并设计了"四驾马车"乡创驱动体系。

关键词：乡村振兴　乡创特派员　乡创驱动体系

全面推动乡村振兴是全党全社会的共同行动，高校在其中应当发挥重要作用。清华大学新闻与传播学院党委书记、清华大学文化创意发展研究院执行院长胡钰就高校支持乡村振兴曾谈道："高校作为当代社会智力最密集、人才最密集的群体，具有服务乡村振兴的优势。当务之急是培养与鼓励高校服务乡村振兴的意识，形成高校支持乡村振兴的机制。一流大学要有一流学术，还要有一流贡献。后者对于评价大学的水平更具有实质意义。这个贡献体现在服务国家战略、服务人民利益。论文要写在祖国大地上，写在广阔乡村中。清华文创院有文创领域一流的研究成果、一流的人才储备，还有一流的社会资源，而这些，都必须融入国家主流发展中才有价值，才有一流贡献。而乡村振兴，就是当代发展主流中最重要的组成之一。"这也是清华大学携手浮梁县开展乡村振兴模式探索的初心与使命。

2020 年 6 月 5 日，浮梁县邀请胡钰教授一行前往考察。考察团就浮梁文脉、生态本底、乡村发展、文旅资源等开展了实地调研。考察团认为，浮梁文化底蕴深厚、旅游资源丰富、自然风光秀美、乡村工作扎实、发展潜力良好，具备探索文化创意支持乡村振兴新模式的工作基础，也是高校介入乡村振兴工作的理想实践地。2020 年 9 月 25 日，浮梁县委书记胡春平一行到访清华大学，与胡钰等就浮梁县乡村振兴工作进行了交流研讨。会上，胡春平书记强调了浮梁全面推动乡村振兴工作的决心，希望携手清华大学共同探索乡村振兴的新模式、新路径。胡钰院长提出，浮梁具有"最中国、最田园、最人文"的瓷源茶乡魅力，清华大学愿意携手浮梁县打造"中国田园教育发源地、中国田园艺术创作地、中国田园生活理想地"。2020 年 10 月 7 日，"茶话浮梁·原乡中国"智库沙龙活动在瑶里古镇举办。本次沙龙促进了浮梁县与清华大学文创院战略合作的达成。浮梁县委书记胡春平和清华大学文创院执行院长胡钰在活动中共同为"清华大学文化创意发展研究院乡创基地"揭牌，这标志着清华文创院乡创基地正式落户浮梁，由此拉开了双方合作的序幕。

浮梁县委、县政府与清华大学文创院共同对浮梁县乡村振兴的路径规划进行了宏观布局：一，组织振兴是乡村振兴的根本保证，要加强党建引领与上下融合；二，人才振兴是乡村振兴的基础前提，要着力增强内生发展能力；三，文化振兴是乡村振兴的铸魂工程，要着力焕新中华优秀传统文化；四，产业振兴是乡村振兴的必由之路，要创新性地构建"两山产业体系"；五，生态振兴是乡村振兴的题中之义，要着力建设宜业宜居的美丽生态家园。基于对"五个振兴"工作目标的理解判断，浮梁县委、县政府发挥"基层首创"精神，清华大学文创院提出"乡创升级版"提议，双方共同提出以乡创特派员制度为核心的浮梁模式，并设计了"四驾马车"乡创驱动体系。一是在科技特派员制度的基础上，创新性地设计了乡创特派员制度并付诸实践，助力组织振兴工作目标。二是开办浮梁乡创学院，着力培养本土人才，引导城市人才下乡，吸引各类人才在乡村振兴中建功立业，助力人才振兴工作目标。三是策划实施"浮梁红·守千年"焕新中国节系列共创活动，把握中国传统文化的创造性转化和创新性发展，助力文化振兴工作目标。四是提出"两山产业体系"的理论创新，并策划建设两山产业创新发展平台，以生态本底为考量，以文创科创双轮为驱动，探寻两山产业升级的路径，助力产业振兴和生态振兴工作目标。

以下对浮梁县"四驾马车"乡创驱动体系的具体实践及成果进行介绍。

一　浮梁县乡创特派员制度的创新与实践

（一）乡创特派员制度的建设历程

在浮梁县与清华大学文化创意发展研究院多次研讨中，立足浮梁瓷源茶乡、山水田园的文化和生态优势，结合浮梁县开展的"双引双选"重要举措，胡春平书记提出，要在科技特派员制度的基础上，开创性探索乡创特派员制度，即乡创2.0模式实践探索，通过政府自上而下的引导扶持，推动自下而上的社会性、生态性乡创生态圈的形成。随后，清华大学文创院协助起草了《关于创建乡创特派员制度的若干意见（草案）》，意见迅速获得了浮梁县委、县政府认可，由县委办公室、县政府办公室印发《关于创建乡创特派员制度的实施方案（试行）》的通知，并出台了《浮梁县乡创特派员管理暂行办法》。自乡创特派员制度建立以来，浮梁县16个乡镇、143个行政村积极发挥现有资源优势，迅速成立领导机构，引导人才积极参加乡创特派员选聘。全国各地的业界精英纷至沓来，最终选出了第一批26名乡创特派员，浮梁乡创蓝图初见雏形。

（二）乡创特派员制度的建设路径

乡创特派员制度是在乡村振兴战略深入推进、乡创实践渐成星火燎原趋势的背景下，一项源于基层探索、群众需要、实践创新的制度探索，是对科技特派员制度的创新升级；是党委、政府以实现乡村振兴为目标，通过派遣国家机关（公务员）干部或引进人才，遴选掌握乡村创新发展理念的公务员、企业家、创业者、社会工作者、艺术家、设计师等人才，将其选聘为乡创特派员，作为乡村"首席运营官"，开展"一村一员"特派服务，引导支持在地产业发展和文化发展，与村支书、村委会主任形成"双轮驱动"，共建人文乡村、共创县域经济高质量发展的特色之路。乡创特派员制度坚持创新开放、项目带动、典型示范原则，通过选聘引进特派员，创立乡创学院、乡创基地、乡创联盟等方式自上而下地引导扶持，调动广泛社会化力量的创新活力，激发在地产业发展的内生动力，形成社会创新自下而上自然生长，走出一条上下联动的乡创发展之路，实现万众创新和乡村振兴。

（三）乡创特派员制度的实践与成果

乡创特派员制度开展了以下具体实践并形成了初步成果。

1. 开展乡创特派员制度体系建设，形成可复制范本

一是清华大学文创院起草了《关于创建乡创特派员制度的若干意见（草案）》，后由浮梁县政府制定并下发了实施性文件《关于创建乡创特派员制度的实施方案（试行）》和《浮梁县乡创特派员管理暂行办法》，为乡创特派员制度的落实提供了政策端的组织动员和实施保障（详见附件一、附件二）。二是清华大学文创院支持浮梁县委组织部制定了乡创特派员选拔评议考核体系：坚持党管人才原则和五湖四海、任人唯贤原则，因时因地细化选聘条件和程序、任期责任和管理、考核评价办法、激励保障机制等系统化措施，充分保障招新引智、会聚英才。首批乡创特派员评议工作已经实施，为乡村振兴的人才招引提供了新的范式。三是清华大学文创院支持浮梁县政府建设乡创特派员制度引导扶持政策体系：一方面推进管理类政策集成，围绕乡创集成政府各部门相关政策，统一分类打包形成政策平台，提供便利服务条件；另一方面推进扶持类政策集成，针对乡创企业给予培育期的税收减免优惠，针对有潜力的民宿类投资给予贴息支持，针对市场运营主体采取以奖带补的形式，在规划、设施改造、产品设计、品牌运营等方面给予奖励性支持。

2. 开展乡创协同发展体系建设，赋能乡创特派员的乡创实践

浮梁县委、县政府与清华大学文创院在携手开展乡创特派员制度策划设计的过程中，有一项重要共识——乡创特派员与独立个体自发的乡创实

践的一个显著区别，就是乡创特派员的工作，既有自上而下的赋责赋权，又有自下而上的自主推动，还有以人才为核心的资源配置体系形成赋能支撑。因此，营造乡创特派员生态体系，建设乡创协同发展体系，是乡创特派员制度的内在要求和工作必然。

因此，在乡创特派员制度推行伊始，浮梁县与清华大学就着力开展乡创协同发展体系建设，打造为乡创特派员赋权和赋能的综合体系。一是浮梁县与清华大学共同建设乡创基地，作为清华大学文创院在浮梁的工作平台，作为清华校友师生在地参与乡创的实践基地，也作为乡创联盟、乡创生态营造的主力发展平台，作为在地青年人才的社群平台。二是依托清华大学等高校教育资源，双方联合发起设立乡创学院（在浮梁县委组织部指导下成立的民非机构），作为乡村文化振兴的中间社会组织，解决如何面向特派员和特派员潜在群体，如何面对乡镇干部、村干部，如何面对村民（乡创学堂）做理念与方法传播、培训和共创的问题。乡创学院通过社区营造，促进城乡融合、人才融合和文化融合。三是依托清华大学创意开放平台 C-LAB 的创意资源，双方联合发起成立乡创联盟，集结社会性创新创意力量，形成一个大的、外部的、公共的资源、人才、项目池，支撑乡创特派员的工作。乡创联盟是外部资源导入的平台、外部人才导入的平台，同时也是跨界的协同创新平台。乡创协同发展体系是政府、社会、企业、人才多元力量协同开展新时代乡村振兴的探索。

3. 务求落实，推动各乡村乡创特派员实践有效开展

乡创特派员制度实施后，首批正式选聘了 26 名乡创特派员。从乡创特派员的构成上看，有 8 人来自东沪穗深等一线城市、2 人来自江西省内、10 人来自景德镇市、6 人来自浮梁县，真正实现了上下融合、内外结合的多元共创。此后，各乡创特派员根据自身优势并紧密结合所在村在地资源，开展了高质量有特色的乡创实践工作。以下分享两个特派员的案例。

一是北京瀚和文化传播有限公司董事长、臧湾乡寒溪村乡创特派员孙倩女士及团队在深入考察后，与浮梁县委、县政府达成"艺术在浮梁"项目协议。"艺术在浮梁"项目运用"艺术创生"理念，为浮梁量身打造一

个通过文化艺术带动乡村全面振兴发展的区域性样板项目。项目由国际策展大师北川富朗先生担任总顾问，以江西省旅发大会召开为时间点，第一期实施区域选址为臧湾乡寒溪村，以史子园小组为中心辐射周边区域，以点带面，打造一整套村落计划。2021年1月，"艺术在浮梁"在地考察工作开启，十余位国内外优秀艺术家、建筑师陆续来到史子园考察相关点位，探讨艺术落地计划。

二是景德镇锦泰文化有限公司负责人、王港乡港口村乡创特派员谢锦红在港口村打造红色教育研学营地——锦泰文化营地，以茶叶、瓷烧、创作、手工艺制作、自然生命科普、"走进农家"、"体验农活"、"巡游农园"等为内容，开展劳动实践教育、红色旅游、户外拓展训练等一系列活动，吸引了大量的中小学生和户外活动爱好者参观、游玩。锦泰营地乡创项目紧跟乡村振兴战略步伐，讲好农村故事，培育村民技能，建立农村读书屋，开展好三八妇女节、六一儿童节、九九重阳节农村活动，打造一个集教育、娱乐、文化、富民于一体的具有乡土气息的浮梁特色综合营地。

首批26名乡创特派员，在依托各自所负责村域的自然资源、人文资源的基础上，都结合自身资源禀赋情况，开展着类似的乡创实践，为乡村振兴开展多元化的探索，形成百花齐放、百家争鸣的乡创成果。

（四）乡创特派员制度的创新要点

1. 乡创特派员制度是加强党对乡村人才工作的全面领导的制度设计

乡创特派员制度因其独特的赋权、赋责、赋能体系设计，以及自上而下的引导扶持和自下而上自然生长这一上下联动的乡创发展路径设计，强化了党对乡村自发的、多元的、广泛的乡创实践的关注和扶持，也加强了党对乡村人才工作的全面领导。

2. 乡创特派员的选派聘任具有社会开放性

乡创特派员不是体制内选派的，而是开放的社会性选聘产生的，各地要因地制宜建立一个高标准的选派、选聘流程。对于广泛的有热情投身乡创事业，但一时不具备条件和机会的申报者，将他们纳入乡创基地、乡创学院和乡创课程体系中培养提升，带动他们参与乡创特派员的工作，以期未来成为高水平的乡创特派员。

3. 乡创特派员的岗位职责兼具全面性，尤其关注文化建设

乡创特派员不是传统意义上的第一书记，应更关注文化建设和资源盘活。资源不仅仅是经济资源，包括对支撑乡村未来发展非常重要的生态资源等多方面的资源。乡创特派员是整村运营经理，是首席运营官，他的重点职责就是盘活在地资源和重塑在地文化。

4. 乡创特派员的工作机制具有独特性

乡创特派员不是劳务性聘用，而是调动更多的社会人才在情怀驱动下以项目为抓手，自我组织资源，跟村里的状况做适配，从而形成一个自我良性运作的工作过程。乡创特派员不需要强制驻村和考核天数，更多的是以目标为导向，以任务制定来进行合同制的考核。特派员在乡创发展理念指导下主动调动外部资源、盘活在地资源的提案过程中，根据提案形成年度目标，完成年度任务，这也是对他的年度考评内容。

5. 乡创特派员工作需要形成系统性的支撑赋能体系

乡创特派员不是一个独立的人才工作，应该形成一个以人才为核心的资源配置体系，这个配置包括乡创特派员自发的、个人性的配置过程，也包括提供公共性、社会性的资源配置体系，还包括政府资源、政策的配置。要探索形成对于乡创特派员在落实岗位职责上赋权和赋能的综合体系。第一是县委组织部总体管理驱动，在乡创特派员的选派、服务、考核、退出与奖励各方面出台相应的配套措施。第二是探索形成政府各个部门全方位对乡创特派员的支持体系。各委办局、各乡镇应在资源统筹与倾斜、政策突破与配套、服务配套与支持等方面形成对乡创特派员的全方位支持。这不是对个人的支持，而是对整个乡创实践落实的支持。

二　浮梁乡创学院的创新与实践

（一）浮梁乡创学院建设历程

2020 年 12 月 28 日，浮梁乡创学院成立大会在浮梁县体育馆召开。县

委书记胡春平为浮梁乡创学院授牌。2021 年 1 月，浮梁乡创学院第一次理事会、监督筹备会正式召开，会议对《浮梁乡创学院章程（草案）》《浮梁乡创学院理事、监事、负责人及法定代表人员名单》《浮梁乡创学院务审批管理制度》等议题进行了讨论、修正及表决。2021 年 3 月，浮梁乡创学院通过民政部门注册审核正式成立，浮梁乡创学院的运营步入正轨。

（二）浮梁乡创学院的实践与成果

1. 开展组织建设，构建浮梁乡创学院管理体系

浮梁县与清华大学文创院联合发起设立了浮梁乡创学院，其性质是主要利用非国有资产、自愿举办、从事非营利性服务活动的社会组织。其宗旨是遵守宪法、法律、法规和国家政策，遵守社会道德风尚，培育乡创特派员，为推动浮梁县乡村振兴工作做出贡献。其登记管理机关是浮梁县民政局。其业务主管单位是浮梁县委组织部。清华大学文创院开展了乡创学院组织建设和制度建设工作，通过实行理事会制度、院长负责制和监事会制度，构建决策、执行、监督相互分工、相互制衡的权力运行机制。在机构设置上，设立了包括办公室（行政协调机构）、教务处（教学研究机构）、总务处（后勤保障机构）、联络处（资源对接机构）的学院运营体系，推动乡创学院的日常运营。

2. 开展教学研究，构建乡创学院核心课程体系

新时代给乡创学院的成立和发展带来新机遇，也带来新挑战和新要求。如何适应新时代背景下乡村振兴的工作要求，更好地做好乡村干部教育培训工作，做好乡创特派员、乡村工作者的培训和融合工作，是乡创学院的重要课题。构建乡创核心课程体系是推动乡创学院教学研究工作的有效抓手，基于此，浮梁乡创学院在筹备期就积极提出推进核心课程体系建设的构想，并进行了深入实践与探索，取得了一定的成效。截至目前，浮梁乡创学院已经构建形成覆盖乡创全维度、涵盖"乡村振兴宏观视角""文化创意支持乡村振兴""乡创文旅操盘/运营""乡村振兴政策与实践""乡村规划/建筑/设计""乡村产业融合与产业兴旺""乡村博物研学教育""乡村振兴金融"等 8 个主题领域，包含 39 门课程的乡创课程体系，

助力乡创理念的传播、乡创文化的融合、乡创技能的提升和乡创优秀实践经验的推广。

3. 做好人力资源开发，建设和拓展乡创学院导师团

浮梁县与清华大学文创院以乡创学院为平台，搭建浮梁乡创人才库。乡创学院的人力资源开发拓展，依托乡创联盟的建设和运营，发挥好集聚作用和赋能作用，从以下几方面开展了乡村人力资源拓展工作。一是建设乡创联盟的常态化招募渠道，广泛联合各界积极参与乡创实践的个人和机构，为浮梁打造多元化、多层次的乡创共生生态和跨界协同的乡村创新平台。二是举办乡创沙龙，根据国家乡村振兴最新动向、浮梁乡创重点事件进行专题设计、策划和实施，不断集聚乡创相关领域政产学研金服创人才。三是举办以开放浮梁应用场景、消费场景，响应浮梁乡创发展需求为出发点的双创大赛，通过赛事征集、评选和运营，促进赛事成果落地转化，打造可持续的经营性资产。通过大赛提供舞台，吸引更多的创意人士、团队或者机构关注浮梁、落地浮梁。

通过前期的策划运营，乡创联盟目前已完成首期招募工作，共招募110名机构与个人导师，初步形成了浮梁乡创学院导师团。

（三）"浮梁乡创学院"的创新要点

1. 浮梁乡创学院的成立，是对新型乡村振兴中间社会组织建制的探索

浮梁乡创学院本质上还承担着乡村振兴的新型中间社会组织的职责。乡村自下而上的生长往往会遇到很多阻力，要发展离不开自上而下的引导扶持，比如政府的党建引领、乡镇统筹，集体经济作为主体的推动等，此外还需要搭建中间社会组织，推动多元社会性力量的形成，达成共识、共创共振。浮梁乡创学院的成立，正是浮梁县与清华大学文创院对新型乡村振兴中间社会组织建制的探索。依托浮梁乡创学院，我们在2021年春节之际，推出"浮梁红·守千年"百村过大年活动，让不同的村庄根据自身资源禀赋，策划各具特色的过大年活动，形成全域共振，最终达到了全网2亿规模的传播体量，体现了乡村振兴中间社会组织的蓄力与联动作用。

2. 浮梁乡创学院的建设，是一个多维度、多层次、多目标人群导向的复合运营系统

浮梁乡创学院不同于传统意义上的办学机构，其不仅承担着理念传播、技能传授的教学任务，也承担着文化融合、社区营造的工作职责，是针对不同目标人群的多维度、多层次复合系统。基于此，我们构建了浮梁乡创学院运营体系，该体系包括以下六个维度。

一是高规格乡创品牌论坛。该论坛密切结合国家乡村振兴战略有关文件精神，立足我国广大乡村振兴的实践成果与经验，深度策划，通过高规格的嘉宾邀请、高质量的内容设计、高水平的平台建设，打造极具影响力的乡创品牌论坛。

二是乡创讲座。讲座面向浮梁县域全体领导干部，尤其是乡镇和村干部、乡创特派员等。通过邀请乡村振兴领域有关领导、专家学者、实践团队，就政策解读、形势分析、实践案例、合作需求等开展讲座和分享，不断促进乡村振兴工作人员统一认识、深度思考、开阔视野和合作交流。

三是乡创学堂。学堂主要面向广大乡村干部、村民群体、乡村创客，通过邀请乡村文化领域工作者、乡创领域专业人士（如食品、非遗手工等）、乡村创意人士、新乡贤群体，就耕读教育、技能提升、文化传承、美丽乡村等开展讲座和分享，不断开展和推动社区营造工作，丰富村民的文化生活，促进乡创生态的持续优化。

四是乡创云学堂。为均衡乡创教育资源配置，以更经济、更有效的方式推动乡创教育培训工作，特设置"乡创云学堂"板块，通过与清华大学"学堂在线"开展合作，研发乡创在线云课程，打造浮梁乡创可借鉴可复制的云端内容。

五是乡创研学团，即全国乡村振兴和乡创领域的优秀实践调研和产业考察之旅。该研学团由清华大学文创院策划实施，遴选浮梁乡创领域的领导干部、乡创特派员、乡创实践人士等，以研学团的方式，走访国内优秀乡创实践区域，以期开阔视野、交流借鉴、达成合作。

六是乡创工作营。工作营聚集乡创领域专家学者、乡创特派员、政府相关主管部门领导等，对乡创年度发展取得的成果、遇到的问题进行总

结、分享和关键突破，对新一年乡创工作计划、重点行动任务安排、关键项目需求等进行交流研讨和系统设计。

三 "浮梁红·守千年"焕新中国节的创新与实践

（一）"浮梁红·守千年"焕新中国节的策划与具体实践

浮梁是一座有着深厚文化底蕴的古城，有着五个千年文化传承：千年瓷茶文化、千年县衙文化、千年农耕文化、千年理学文化、千年商业文化。在这片土地上，还涌现过白居易"商人重利轻别离，前月浮梁买茶去"等名篇佳话。如何将优秀传统文化进行创造性转化和创新性发展，促进乡村文化振兴，重现乡村活力，是清华大学文创院在乡创实践中始终关注和探索的。

结合在地文化元素，由浮梁县和清华大学文创院联合策划发起"浮梁红·守千年"焕新中国节活动，是浮梁打造区域 IP 的目标。2021 年春节期间，在疫情防控的特殊时期，"浮梁红·守千年"焕新中国节·春节篇系列活动正式策划实施。本次活动集合多支国内优秀文创团队和内容制作团队，深度挖掘以港口村、沧溪村、严台村为核心的浮梁过大年民俗与传统，共探疫情期间过节新方式。在线上，与央视合作打造"云村晚"，探秘浮梁县千年之貌，实现特色文化的全面立体呈现；与网易逆水寒合作，数字化保护与传承中华传统文化，复刻"浮梁红·守千年"过大年场景；与国内最大填色二次元社区"漫芽糖"合作，万人手绘"浮梁红·守千年"。在线下，策划打造了"沧溪秘境"汉服秀，并邀请中国首位 3D 街画艺术家齐兴华在沧溪村创作国潮街画……通过多元共创内容、全网渠道传播，让浮梁的传统文化在全平台绽放。在这次"浮梁红·守千年"焕新中国节·春节篇活动中，共有 356 名村民参与直播，摄制 200 多部短视频/微记录/微剧，有 12 家权威媒体深度报道，全网实现 2 亿传播体量。

盘活文化资产、孵化优质内容、打造内容矩阵，由点拓面、连线成片、辐射全域，落实一次多渠道共举的 IP 盛典，从而带动浮梁县文旅产业全面发展，是"浮梁红·守千年"焕新中国节的有益实践，也是顺应疫情防控形势的乡村文化振兴破题之举。

（二）"浮梁红·守千年"焕新中国节的创新要点

1. "浮梁红·守千年"焕新中国节是立足在地文化，融合中国传统节日的文化振兴举措

一方面，主办方始终密切关注和积极融合在地文化元素，"浮梁红·守千年"的 IP 正是源于浮梁县委书记胡春平同志的策划："红"，是一种颜色，是浮梁红茶的浓郁芬芳；是一种符号，是中华文明独有的火热期盼与欢庆之喜；是一种文化，是浮梁薪火相传的鲜明信念与赤诚之心。而"守"，是一种信念，不忘初心，方得始终；更是延续千年文明、弘扬千年文化、活化千年民俗。另一方面，中国传统节日是中华民族悠久的历史文化的组成部分，包括春节、清明节、端午节、中秋节等，形式多样、内容丰富，是中国人民精神生活的重要部分。主办方将浮梁文化与中国传统节日要素进行融合，通过节日新触媒渠道，将浮梁的文化特点和田园生活方式进行了广泛宣传，形成了对浮梁区域文化 IP 的塑造和持续传播。

2. "浮梁红·守千年"焕新中国节呈现典型共创特点

此次活动的组织过程，集合了央视生活圈、央视网、微信视频号、抖音等国内传播平台，集结水木乐创、SMART 度假产业智慧平台、网易逆水寒、华裳九州、原乡映客、好吃来电、谷雨设计、嘉乡好物、漫芽糖等超过 40 个国内优秀文创团队、内容团队参与。首批乡创特派员也积极参与此次活动，在浮梁县全域掀起了活动热潮。

3. "浮梁红·守千年"焕新中国节以创造留存经营性资产为核心考量

"浮梁红·守千年"并非典型意义上的周期性活动，而是将焦点放在创造留存经营性资产上，为后续运营服务提供支撑。此次春节篇的活动通过共创行动，将人才、资源、观念引入乡村，激活在地的人文资源和自然资源，形成一系列未来可以持续运营的经营性资产，包括品牌资产（乡村新 IP）、数据资产（网络传播销售数据）、内容资产（新内容、新商品）、网络资产（新流量、新粉丝、新渠道），为乡村后续可持续发展提供基础和助力。

4."浮梁红·守千年"焕新中国节引领了新冠肺炎疫情背景下的新生活风尚

在新冠肺炎疫情特殊背景下，"浮梁红·守千年——浮梁云村晚"共有356名村民参加录制，以文化集人气聚人心，通过精彩纷呈的传统民俗活动，将热闹祥和美好的新年气象、浮梁独特的历史文化底蕴，传递给无法返乡的在外游子和全国人民，引领了新冠肺炎疫情背景下的新生活风尚。浮梁发展集团总经理江平对此现象做了评论："在新时代背景下的乡村建设中，手机成为了新农具，直播成为了新农活儿，农民成为了新演员，数据成为了新农资，充分展现了新乡村的新风貌。"

四 两山产业创新发展平台的创新与实践

（一）两山产业创新发展平台的建设历程和具体实践

在乡村振兴战略大背景下，清华大学文化创意发展研究院在参与《浮梁县国民经济与社会发展第十四个五年规划纲要（草案）》编制的过程中，创新性提出两山现代产业体系的概念，并获得浮梁县委、县政府的高度认同，最终纳入规划文本。规划明确提出"坚持融合发展，构建两山现代产业体系"的产业发展战略：贯彻"两山"理论，立足茶瓷林田矿水竹校等资源禀赋，坚持三次产业融合，坚持生态、生产、生活一体，构建具有在地特色的现代化产业体系。以数字经济为驱动，政府、企业和市场一体推进，产业链、供应链两链并举，特色化、集聚化、智能化三化同步，大数据、金融、科技、文化四手发力，积极构建两山现代产业体系。

为了深入贯彻落实建设两山现代产业体系的发展战略，当地政府策划打造两山产业创新发展平台，该平台旨在推动浮梁两山产业体系的创新发展，以在地资源禀赋为依托，以科创和文创双轮驱动，探寻产业高附加值发展路径，构建具有在地特色的两山现代化产业体系，助力区域高质量发展。该平台主要开展三方面工作：一是开展产业创新研究，根据区域发展需要，对浮梁两山现代产业体系的相关领域、垂直产业的发展开展前期研究，形成相关研究报告；二是利用浮瑶仙芝厂区打造两山产业创新园，实现五个创新目标，即创新要素汇聚、创新品牌发展、创新营销模式、创新体验业态和创新政策支撑；三是开展无形资产的创新和持续运营，持续举办"浮梁红·守千年"活动。焕新中国节是一种乡创实践，是以共创的新组织方式打造乡村振兴新农资，是有益于两山产业发展的品牌活动。

目前，两山产业创新发展平台的运营公司浮梁两山产业创新发展有限公司已经正式成立；两山产业创新园的载体浮瑶仙芝厂区已经完成收储，并开展相关规划设计工作；两山产业创新发展平台垂直产业主理人体系也已经完成建构并启动招募。

（二）两山产业创新发展平台的创新要点

1. 两山产业创新发展平台实际上是乡村振兴的中间产业组织

从区域经济高质量发展规律来看，区域产业的发展，离不开中间产业组织的组织与带动。这其中最典型的就是高新区模式。高新区的建立是我国经济和科技体制改革的直接成果，高新区本质上是集产业组织于一体的实体，它在体制创新和科技创新、吸引优秀科技人员创新创业、优秀成果转化和产业化发展等方面对区域经济发展发挥着辐射和带动作用。在浮梁两山现代产业发展过程中，作为中间产业组织的两山产业创新发展平台是创新活动的载体，是创新活动组织和推进的直接承担者和执行者，是产业组织要素包括政府有关部门、科研机构、高等院校、企业、中介等机构的聚合者、统筹者和协调者。

2. "专业领域人才引领产业发展"是两山产业创新发展平台的核心理念

两山产业创新发展平台的本质是依托产业创新人才，引领产业创新发展，构建具有在地特色的两山现代产业体系，助力区域高质量发展。对此，当地政府策划设立了垂直产业创新发展主理人体系。该体系侧重形成对垂直产业的智库支撑力量和主导推动力量。当地政府结合浮梁的实际情况，初期设计了浮梁全竹产业、浮梁味道食品产业、浮梁户外产业等三大垂直产业领域，并导入外部产业专家，形成对相关产业的整合、对接、孵化。

3. 两山产业创新发展平台尤其注重品牌创新以及无形资产运营

综观世界品牌发展史，所有的品牌大国崛起都经历过从制造大国到品牌大国再到全球化品牌输出的蜕变过程。已是制造强国的中国，品牌崛起将成为必然。两山产业创新园将企业品牌创新孵化作为一项重要职能，为企业提供从成立成长到发展壮大的一站式解决方案。园区将为创业者提供从企业创立到步入稳定发展轨道、从工作到生活的全方位空间生态圈和全产业链服务生态圈。为进驻企业提供个性化办公、休闲体验、生活配套、互动交流的承载空间。在无形资产运营上，两山产业创新发展平台依托"浮梁红·守千年"焕新中国节品牌，引入抖音、微信、央视网、网易、水木乐创、艾斯玛特等数十家机构作为共创合作伙伴，共创浮梁乡村振兴的 IP、内容、数据、网络等全新无形资产，支持两山产业体系创新发展。

增强"一带一路"文化旅游传播影响力

王 丽[*]

摘 要: "一带一路"激发文化旅游发展巨大潜力。旅游传播作为文化传播的重要方式,对促进我国文化产业发展和"一带一路"建设的深入具有独特意义。本文通过分析"一带一路"文化旅游传播特征、打造"一带一路"文化旅游传播平台,强调依托文化旅游,更好地增强我国"一带一路"文化旅游传播影响力。

关键词: 一带一路 文化旅游 影响力

"一带一路"建设为沿途国家和地区之间的文化旅游带来重要发展机遇。"一带一路"倡议地跨亚欧非,覆盖人口超过44亿,国际旅游份额占世界旅游总量的70%以上。据国家旅游局统计,未来几年,中国将为沿线国家输送1.5亿人次中国游客,带动旅游消费2000亿美元,将吸引8500万游客来华旅游,拉动旅游消费1100亿美元。因此,"一带一路"激发文化旅游合作巨大发展潜力。

---

* 王丽,博士,北京市社会科学院传媒与舆情研究所助理研究员,美国杜克大学博士后及访问学者,主要研究方向为媒体传播、国家形象传播等。

一 "一带一路" 文化旅游传播特征

作为经济的有机组成部分，现代旅游与旅游业的快速发展和与此相对应的以商业经济利益为驱动力的旅游资源开发，无疑给人类的居住环境和文明的遗留遗存带来了巨大的影响。为使物质文明的进步与环境保护相协调，以及为了全人类的可持续发展，联合国教科文组织成员于 1972 年倡导并缔结了《保护世界文化和自然遗产公约》（*Convention Concerning the Protection of the World Cultural and Natural Heritage*）。目前，公约已经有 192 个缔约国，表明世界遗产保护与利用的价值理念得到全球广泛的认同。我国自 1985 年加入公约以来，已成功申报世界遗产 55 项，其中，文化遗产 37 项、自然遗产 14 项、自然与文化双遗产 4 项。我国世界遗产总数、自然遗产和双遗产数量均居世界第一，是近年来全球世界遗产数量增长最快的国家之一。

文化遗产是人类社会的瑰宝，它们为旅游业的发展提供了珍贵的资源。随着世界经济与科学文化的发展，文化遗产的有效保护与旅游的项目开发受到越来越多人的关注。"一带一路" 沿途历史文化遗产丰富，在沿线超过 65 个国家和地区中，拥有世界遗产的国家和地区数量超过 63 个，沿途国家和地区对世界遗产特别是文化遗产的重视度逐渐提升，"一带一路" 为沿途国家和地区文化遗产旅游合作注入了新的活力。因此，聚焦文化遗产视角可以更深入地反映出 "一带一路" 文化旅游传播现状及特征。

（一）沿线国家和地区政策的支持为文化遗产旅游合作奠定了良好基础

2017 年 7 月 12 日，第 41 届联合国教科文组织遗产委员会会议（2017 世界遗产大会）在波兰名城克拉科夫开幕，为期 11 天。与会代表对如何保护世界遗产、团结所有力量保护历史文物以及关心社会可持续发展等议题进行了讨论，审议通过了 21 处新的世界遗产地，其中包括中国青海省可可西里和福建省鼓浪屿，参与国家为加强文化遗产的保护与合作达成共识。2014 年 6 月，在卡塔尔多哈举办的第 38 届世界遗产大会上，由中国、哈萨克斯坦和吉尔吉斯斯坦三国共有并共同申请的"丝绸之路：长安-天山廊道路网"项目成功入选《世界遗产名录》。在本次申遗中，中国共有申遗点22处（包括历代都城、宫殿群、佛教石窟寺等），哈萨克斯坦有8处，吉尔吉斯斯坦有3处。本次世界遗产大会展现了"一带一路"沿途国家和地区为保护文化遗产所做的共同努力，并促进沿途国家和地区文化旅游产业合作发展，推动沿途国家和地区之间文化交流和经济合作。

（二）加强文化交流打造"一带一路"文化遗产长廊

"一带一路"作为遗产廊道，与沿途国家和地区互为文化旅游市场。近年来"一带一路"文化交流活动频繁，进一步扩大了我国与"一带一路"沿途国家和地区旅游市场的规模和潜力。《国家文物事业发展"十三五"规划》提出我国要建设"一带一路"文化遗产长廊，以积极探索与"一带一路"沿线国家和地区开展同源共享的非物质文化遗产的联合保护、研究、人员培训、项目交流和联合申报。鼓励地方和社会力量参与文化遗产领域的对外交流与合作，以加大"一带一路"文化遗产保护力度，促进与沿线国家和地区在考古研究、文物修复、文物展览、人员培训、博物馆交流、世界遗产申报与管理等方面开展国际合作。以我国与巴基斯坦文化遗产旅游合作为例，巴基斯坦是我国的全天候战略合作伙伴，我国对巴基斯坦的文化遗产保护工作开展了很多援助与合作，包括协助巴基斯坦制订文化遗产保护开发计划，在巴开展非遗保护、文化遗产管理培训以及申遗经验传授等，均取得了良好成效。

（三）利用空间技术维护"一带一路"丝路记忆

2007年5月18日，中科院正式向联合国教科文组织（UNESCO）提出在中国建立一个由UNESCO赞助的国际空间技术中心（第2类中心）的建议，2011年7月，UNESCO国际自然与文化遗产空间技术中心（HIST）成立。HIST是UNESCO在全球设立的第一个用于世界遗产研究的空间技术机构，旨在利用空间技术开展自然和文化遗产、生态保护、自然灾害和全球变化等领域的工作，支持可持续发展教育。比如中科院设立的"吴哥遗产地环境遥感"国际合作项目，利用空间技术在吴哥地区开展遥感考古与植被、水资源、地面沉降等的动态监测,以及吴哥遗产地遥感能力建设和人才培养,宣传和传播作为世界著名文化遗产的柬埔寨吴哥窟,促进了柬埔寨文化旅游的兴盛。截至2017年3月,巴基斯坦、突尼斯、意大利、斯里兰卡、乌兹别克斯坦、澳大利亚等国家都加入了国际工作组,以更好地加强"一带一路"文化遗产保护和旅游开发,通过深化合作,维护人类共同的丝路记忆,推进"一带一路"建设纵深发展。

二 打造"一带一路"文化旅游传播平台

为了更好地促进"一带一路"沿途国家和地区文化旅游产业发展,我国积极筹备世界旅游大会和建设海外中国文化中心,并打造"海上丝绸之路国际艺术节""丝绸之路(敦煌)国际文化博览会""中国新疆国际民族舞蹈节""丝绸之路国际艺术节""中国海洋文化节"等活动,建设"海上丝绸之路(泉州)艺术公园"和"中阿友谊雕塑园"等重点项目平台,为促进"一带一路"的对外文化传播提供了重要平台和机遇。

(一) 海外中国文化中心

中国自20世纪80年代开始在海外设立文化中心,最近10年发展较快,迄今为止,已建成坦桑尼亚、墨西哥、东京、毛里求斯、贝宁、开罗、莫斯科、马耳他、柏林、乌兰巴托、马德里、首尔、巴黎、尼日利亚、哥本哈根、斯里兰卡、老挝、悉尼、新加坡、曼谷、巴基斯坦、尼泊尔、布鲁塞尔、新西兰、斐济、斯德哥尔摩、金边、雅典、海牙、明斯克、特拉维夫、索非亚、仰光、河内等35个中国文化中心。据不完全统计,2007~2011年,各个文化中心举办的重要活动达2500多起,参加中心汉语、武术、舞蹈等各类教学培训的学员达2.6万人,参加活动的公众达56万人。2011年中国文化中心启动央地对口年度合作,天津、内蒙古、上海、福建、河南、陕西和青海7个省(区、市)派出交流团组共计64起、600多人次;接待来访团组27起,106名各国学员、艺术家来华参加人文交流活动;在国外举办了89场活动,出席活动的公众超过了6万人。2013年14个文化中心与新闻出版广电总局等部门通力合作举办活动,受众超过

50 万人次，使中心不仅服务于文化部以及部际联席会议成员单位，而且正日益成为"中国中心"。

2017 年，我国在以色列、保加利亚、缅甸、越南四个"一带一路"沿线国家设立中国文化中心。"一带一路"国际合作高峰论坛在北京举办期间，中国还与土耳其、阿根廷、突尼斯三国签署了互设文化中心的协议。2017 年"欢乐春节"在全球 140 多个国家和地区的 500 多个城市举办了 2000 余场活动，海外受众达 2.8 亿人次，海外中国文化中心为"欢乐春节"的开展提供了重要平台。此外，以"传承·创新"为主题的"中国非遗文化周"在 29 个海外中国文化中心同期举办，让中国非遗走向世界，让世界了解中国。在非遗文化周框架下，"江西省非物质文化遗产展览"、《东方之声》音乐会、"诗心琴韵——中国古典诗词中的古琴"文学沙龙等活动在巴黎中国文化中心开展；"传承与创新——中国剪纸展"在巴基斯坦中国文化中心举办；"走进中国新疆暨非遗文献展"在开罗中国文化中心展出两周；"甲骨文记忆展"、非遗技艺体验学习活动、"编钟国乐"音乐沙龙等则登上悉尼中国文化中心的舞台。目前，我国已经与"一带一路"沿途很多国家和地区签署了设立中国文化中心的协定、备忘录或声明，海外中国文化中心建设布局将不断完善，为"一带一路"文化旅游发展搭建良好平台。

（二）文化艺术类旅游传播平台

为了更好地促进"一带一路"沿途国家和地区开展文化旅游，众多文化艺术机构举办多种形式"一带一路"文化艺术节等活动，包括"丝绸之路国际艺术节""海上丝绸之路国际艺术节""丝绸之路（敦煌）国际文化博览会"等，促进"一带一路"文化艺术的发展和文化产品与服务的传播。

1. 丝绸之路国际艺术节

丝绸之路国际艺术节由文化部、陕西省政府共同主办，拟每年举办一届，以进一步提升中华文化的国际影响力，加强与丝绸之路沿线国家和地区的文化往来，促进民心相通，提升中国西部省份对外文化交往水平。

2017 年 9 月,第四届丝绸之路国际艺术节吸引了来自德国、俄罗斯、波兰、捷克、乌克兰等 106 个国家和地区,以及福建、广东、安徽、湖南、贵州等 18 个省区市的近 3000 位艺术家参与,举办了近 200 场丰富多彩的艺术活动,让古都西安处处展示着历史与现代交相辉映、传统与时尚完美融合的独特魅力,为加强"一带一路"沿途国家和地区文化交流、加快建设丝绸之路经济带新起点和"一带一路"核心区进一步奠定了坚实的基础。

2. 海上丝绸之路国际艺术节

海上丝绸之路国际艺术节由文化部、福建省政府主办,福建省文化厅和泉州市政府承办。2014 年 11 月 26 日,海上丝绸之路国际艺术节暨东亚文化之都·2014 泉州丝海扬帆嘉年华在福建泉州拉开帷幕,活动的举办为繁荣亚洲文化艺术、推动各国之间的文化交流与合作、增进人民之间的理解与友谊做出更大贡献。2017 年 12 月 10 日至 15 日,第三届海上丝绸之路国际艺术节在泉州举办,活动包括中国-中东欧国家文化季泉州分场活动、海丝非物质文化遗产大展、海丝艺术发展论坛、国际木偶节、国际南音大会唱等 70 余项,活动将在线路中的 20 个点植入相应的人文体验活动,通过线上线下互动、体能智力游戏、非物质文化展演等形式,让徒步活动的参与者对古城文化保护和传承有更直观的感受。同时还邀请归国华侨、外国友人和文化名人参与到徒步活动中,增强泉州"海丝古城徒步"品牌的知名度,打造海丝古城文化旅游品牌,促进"一带一路"沿途文化旅游合作发展。

3. 丝绸之路(敦煌)国际文化博览会

丝绸之路(敦煌)国际文化博览会由中宣部等牵头,文化部、国家新闻出版广电总局、国家旅游局、中国贸促会、甘肃省政府主办。博览会以"推动文化交流、共谋合作发展"为宗旨,以丝绸之路精神为纽带,以文明互鉴与文化交流合作为主题,以实现民心相通为目标,着力打造国际化、高端化、专业化的国家级文化博览会,成为中国与丝绸之路沿线国家开展文化交流合作的重要平台、推动中华文化"走出去"的重要窗口、丝绸之路经济带建设的重要支撑。2017 年 9 月 20 日至 21 日,第二届丝绸之路（敦煌）国际文化博览会在敦煌市举办，本届文博会期间共有 51 个国家、3 个国际组织的 582 位中外嘉宾，以及 2100 多名参展商、知名企业代表、演职人员见证盛况——文化年展全方位展示了 3500 多件文化艺术精品，讨论通过了《中新互联互通项目南向通道货运班列常态化运行方案》，俄罗斯、韩国等近 20 个国家及国内 20 个省区市的 500 家企业汇聚文博会国际文化产业展览交易会，为"一带一路"沿途国家和地区文化交流与文化旅游注入了新的活力。

三 提升"一带一路"文化旅游传播品牌影响力

文化旅游作为旅游业中发展最快的新兴产业，体现了文化产业和旅游产业的高度融合。发展"一带一路"文化旅游就是提升文化产品和服务在"一带一路"沿途国家和地区体验和感受的过程，因此，文化旅游品牌对"一带一路"建设的对外传播具有重要意义。我们在此以"欢乐春节"品牌为例，具体分析提升"一带一路"文化旅游品牌影响力的主要路径。

一是完善与"一带一路"沿途国家和地区的合作机制。例如，我国文化部会同国家相关部委、各地文化团体和驻外机构自 2010 年起，在海外共同推出"欢乐春节"文化旅游品牌，该活动受到"一带一路"沿途国家和地区民众的广泛欢迎。据报道，2013 年第四届"欢乐春节"活动的项目多达 380 余个，并在全球近百个国家和地区的 250 多个城市举办；2017 年"欢乐春节"在全球 140 个国家和地区的 500 多座城市举办 2000 余场活动，海外受众突破 2.8 亿人次，全球参与城市数量和人数再创新高。

二是积极发动沿途民众参与，关注民意，多方传播。2017 年"欢乐春节"重点面向青少年和基层社区。2016 中埃文化年甫一落幕，"欢乐春节"的锣鼓又在埃及开罗响起；《诗经》吟唱和汉唐乐舞表演将"中国风"送至柬埔寨；浙江非遗展演亮相约旦；剪纸、葫芦烙画、抖空竹、捏泥人等南京非遗项目惊艳亮相尼泊尔；傣、景颇、彝、佤、藏、阿昌等少数民族音乐跃动塞尔维亚；2018 年 1 月 31 日至 2 月 7 日在尼日利亚举行的"欢乐春节——动漫嘉年华"，让当地小朋友与中国动漫作品来一次亲密接触。通过融合民间与官方、政府与市场，"欢乐春节"品牌内容形式变得丰富多样，赢得了"一带一路"沿线国家和地区民众的欢迎和认可。

三是融合传统媒体和新媒体，加强传播，提升品牌影响力。在中国文化部支持下，2017 年春节四达时代集团举办了"欢乐春节"影视周活动，通过自制春节主题纪录片和访谈节目，把中国春节风俗习惯介绍给广大非洲民众，这些节目在非洲播出并产生了积极的影响。2018 年，中国文化网还诚邀全球摄影爱好者参加 2018 年"乐享中国——欢乐春节"摄影和微视频作品全球征集活动，作品以欢庆中国春节为主题，反映春节庆祝活动在全球各地举办的盛况。通过融合媒体传播打造"欢乐春节""美丽中国""丝绸之路文化之旅"等品牌活动，充分发挥新媒体快速、便捷、传播迅速等优势，增强文化传播的影响力。

四是运用现代信息科技手段，优化文化旅游品牌，拓宽文化旅游传播路径。随着信息科技技术的快速发展，我们在推进"一带一路"文化旅游中，需要积极运用现代信息新技术，加强新技术与文化旅游的对接。2018 年，"欢乐春节"品牌活动运用微电影、Flash、动画讲述中国故事，取得了良好的传播效果。微电影以故事营销为主体，以网络视频为平台，透过社群媒体唤起阅听人的情感体验，达到传播的目的。工业和信息化部电子科学技术情报研究所在 2012 年出版的《中国在线旅游市场发展趋势白皮书》中指出国务院明确将旅游业培育成国民经济的战略性支柱产业，且明确指出"以信息化为主要途径，提高旅游服务效率。要求通过积极开展旅游在线服务、网络营销、网络预订和网上支付，充分利用社会资源构建旅游数据中心、呼叫中心，全面提升旅游企业、景区和重点旅游城市的旅游信息化服务水平"。这为促进在线旅游的发展提供了指导方向，也启示我们在推进"一带一路"文化旅游进程中，需要充分运用移动 App、旅游论坛、社群媒体等，促进数字旅游文化的生产，提升我国旅游区域对"一带一路"沿线国家和地区民众的吸引力，增强"一带一路"文化传播影响力和竞争力。

综上，在"一带一路"对外文化传播中，我们需要高度重视作为文化交流和文化传播有效方式的文化产业融合发展，将文化产业与贸易、旅游作为新的经济增长点和传播有效路径，通过调动多元文化产业主体积极性，提升文化贸易品质和效率，构建"一带一路"文化旅游产业链，推进文化产业与旅游、科技、金融等融合对接，为推动构建新时代"一带一路"对外文化传播体系奠定坚实的基础。

参考文献

［1］曾博伟：《奏响"一带一路"旅游四重唱》，《中国旅游报》2015年6月12日。

［2］《文化部"一带一路"文化发展行动计划（2016～2020年）》，《中国文化报》2017年1月6日。

［3］马逸珂：《"一带一路"助推中巴文化遗产合作》，《中国文化报》2018年1月11日。

［4］宋佳烜：《构建新时代中国文化海外传播网络》，《中国文化报》2018年1月8日。

［5］阮耀华：《海外中国文化中心运行模式、困境与发展对策研究》，对外经济贸易大学硕士学位论文，2015。

［6］李双幼：《海上丝绸之路历史记忆的个案考察》，《青海民族大学学报》（社会科学版）2016年4月15日。

［7］叶飞：《"欢乐春节"：精彩演绎新时代中国故事》，《中国文化报》2018年1月29日。

［8］王海迪：《"一带一路"背景下中国-东盟旅游的跨文化传播》，《传媒论坛》2021年5月25日。

［9］李心晴：《"一带一路"背景下特色文化产业发展研究》，《中国商论》2021年5月17日。

［10］王粲、张琴悦：《"一带一路"对中国边境旅游经济空间的影响研究》，《资源开发与市场》2021年4月13日。

［11］陈丹蕾：《"一带一路"背景下国际旅游发展路径》，《中国外资》2021年3月25日。

旅游规划的 IP 新境界

张栋平*

摘　要： 随着旅游消费的成熟，旅游 IP 逐渐成为旅游项目规划走向精细化、人性化的核心要素，带给旅游行业革命性的契机。本文从传播学、艺术学及社会学的视角出发，探讨了规划与 IP 的关系，把 IP 作为规划变革的核心变量，阐述了一种全新的规划体系。

关键词： 旅游规划　IP 簇　场景　媒介　文化生长点

中国的旅游规划技术是在一个较为扭曲的环境下诞生的，最早的一些规划基本上都是非常粗放的，而且，旅游规划理论的创建者也都是一些偏理工科的教授。加之很多旅游规划项目往往与地方政府进行粗放式城市化的冲动联系在一起，这就让旅游规划更多地带上了粗放扩张的色彩。

随着旅游消费的成熟，旅游 IP 逐渐成为旅游项目规划走向精细化、人性化的核心要素。作为中国最早的旅游规划开拓者，景域集团洪清华最先看到了旅游 IP 带给旅游行业的革命性契机。他也因此被称为中国旅游 IP 第一人。

那么，在旅游规划中应该如何植入 IP？洪清华在他的 IP 理论体系中已经有了较为完善的阐述。本文从传播学、艺术学及社会学视角出发，结

---

*　张栋平，河南省旅游局特聘专家、江苏省旅游局特聘专家、乡村振兴方法论体系建构者、北京电视台纪录片导演、佳兆业集团文化顾问。

合笔者以往的城市规划、旅游规划及影视创作经验，做了一些创新性的探索和思考。

一　传统规划的末路和综合型文艺复兴的新生

传统的旅游规划中，有四大巨头（名字暂且隐去），这四大巨头称霸旅游规划行业多年，在长期的流水线作业中早已显露出僵化的种种迹象——规划与规划之间相互克隆；规划师思维严重套路化；规划团队在任务指标中疲于奔命；规划领袖们长期浸淫于各类论坛，疏远业务技术；规划人才偏重理工科专业；规划理论长期滞后于现实；规划周期被投资周期扭曲……以上这些迹象都表明旅游规划到了必须变革的阶段。

笔者认为，旅游规划应该走"文旅一体化"变革之路，其原因有二。

第一个原因："文旅一体化"是对"旅游+"与"互联网+"的技术响应。在"旅游+""互联网+"的产业发展趋势下，旅游业态、旅游产品、旅游方式日新月异。"+"这个符号意味着旅游产业在深度和广度上的拓展。传统的旅游规划是在单纯的景区资源开发语境下诞生的一门资源依赖型技术，而现在的旅游有了"+"这个后缀，又赶上"互联网+"的浪潮，就使得旅游产业的发展从资源开发阶段进入产业整合阶段。产业整合阶段的旅游规划必须坚持创意引领、技术更新的变革路径。

第二个原因："文旅一体化"是对"旅游+"与"互联网+"的文化响应。传统的文艺复兴是以艺术和思想文本（文字、绘画、雕塑、音乐等）为介质的。随着科技的飞速发展，人类迎来了综合型文艺复兴阶段。综合型的文艺复兴，介质不再限于条块垂直类的文艺形态，而是将建筑、雕塑、绘画、舞蹈、装置、电影、文学、音乐、VR艺术等各类艺术形态整合起来并与相关产业和商业模式相嫁接的跨界、多元、融合的文艺复兴。

综合型文艺复兴得以实现的基础有三个：一是新兴的互联网、物联网、大数据、云计算技术带来的产业边界模糊化；二是科技进步带来文化表现形态的多元性和即时性，从而形成的文化泛化；三是物质极度丰富带来的消费模式的转变，即从物欲驱动的单向消费转变为文化休闲驱动的综合消费。所谓产业边界模糊化是指任何产业之间都可以在商业模式成立的前提下，随时跨界。所谓文化泛化是指任何产业都可以衍生出文化产业，文化产业也可以衍生出任何产业。所谓文化休闲驱动的综合消费模式是指以文化休闲需求为核心，以吃、住、行、游、购、商、学、医等需求为基础的链条化、体验化、多元化消费模式。

所以，综合型文艺复兴的产生有着坚实的基础，正是这个基础为"旅游+"提供了沃土，也为"文旅一体化"旅游规划带来了契机。

二 文化生长点让旅游项目实现连续式、 乘数式的活态生长

"文旅一体化"旅游规划的核心是改变传统旅游规划中文化缺位的病根，让文化成为旅游规划的主导，让文化成为旅游项目的灵魂。

在传统旅游规划中，旅游规划师也会喊"文化为魂"的口号，但是，毕竟多数旅游规划师都是理工科出身，而且长期接受套路化的职业训练，对文化缺乏足够的敏感。同时，旅游规划的生产周期也不允许他们有足够的时间去为项目导入文化灵魂；加之掌握景区资源的地方政府往往借旅游之"软"行大兴土木之"硬"，因此，旅游规划在现实羁绊中偏离了文化轨道。

笔者认为，任何一个旅游项目归根结底都是文化项目，只是在多方利益较量下失去了文化本色。"文旅一体化"的旅游规划创新就是要还原旅游项目的文化本色，为"文化为魂"口号找到正确落地的路径。这个路径就是找准文化生长点。每个旅游项目都必须找到自己的文化生长点，这是旅游项目成功的根本。

目前的旅游规划基本上都在寻找文化点，而没有去找文化生长点。文化点和文化生长点的区别在于，前者只注重表面的静态呈现，后者却注重连续式、乘数式的活态生长。

寻找文化生长点，首先要找到文化的创意生长点。祖先为我们留下了丰富的文化遗产，为"文旅一体化"旅游规划创新提供了极其丰富的历史文化资源。这些历史文化资源经过符合消费者审美需求的创意化改造后，就可以成为旅游项目的文化生长点。

此外，对现代文化的全息化改造也是形成文化创意生长点的另一条途径，比如将一个成功的童话故事改造成可以全息体验的主题乐园。无论是对历史文化资源的创意化改造，还是对现代文化的全息化改造，都是说起来容易、做起来很难的事。因为一个旅游项目就像一件艺术品，如果主导者仅仅是一个套路熟练的规划师，那么，这个旅游项目注定缺少发自内心的艺术灵气，无法打动人的灵魂。这就好比写一首诗歌，没有艺术禀赋，只有技巧，归根结底难成大器。笔者始终相信，一个能够让很多人留恋的旅游项目，一定在某种程度上触动了灵魂，这也就是文化创意生长点的终极价值。

在实践中，要将文化的创意生长点挖掘到位，就必须让搞艺术创作的人成为旅游规划的主导者之一。这是变革传统规划的最有效的一步棋。

寻找文化生长点，还要找到文化的产业生长点。任何文化只有在产业土壤里才能持续。文化的产业生长点是旅游项目成功的基石，也是旅游项目变现的立足点。如何在旅游项目中挖掘文化的产业生长点？这个主要体现在业态布局上，将大量相关的文化业态植入旅游项目，并形成相互补充的体验链条，形成相互引流的盈利闭环。

文化生长点是一个新词，挖掘并设计运营好文化生长点是"文旅一体化"旅游规划创新的主要工作。笔者期待着旅游规划的变革，期待着每个旅游项目都能找到文化创意生长点和文化产业生长点。这份期待无比珍贵，因为旅游项目在本质上是一个可以全息体验的文化产品和文化场景。旅游项目的成败关乎人类文化的传承和延续，也影响着旅游引领的综合式（全息式）文艺复兴的进程。

三 场景媒介视角的规划技巧创新

从传播学视角来看，可以将旅游看作旅游者与目的地和景区沟通对话的过程，而每个旅游项目都可以视为一个媒介，暂且称之为场景媒介。如此一来，人类的媒介进化史就形成了这样一条路径：文字媒介-图片媒介-广播媒介-影视媒介-场景媒介（即旅游项目）。既然旅游项目是场景媒介，那么在进行旅游规划时就需要从传播学视角把握规划要点。

1. 把握内容点

任何媒介都需要有内容点，作为场景媒介的旅游项目也是如此。无论这个旅游项目是在吃、住、行、游、购、娱的哪个环节，其传播的内容点也应该有一致性和连续性。比如，去一个小城市旅游，在吃的场景中传播的是当地饮食文化，在住的场景中传播的是当地建筑文化，在游的场景中传播的是当地历史文化和自然文化，在购的场景中传播的是当地农业文化和工业文化……不同的场景内容点组合起来，就形成了一个系统、持续的文化传播系统。

2. 把握簇点

规划中的簇点包括地理簇点、功能簇点、内容簇点。地理簇点是指某几个项目最适合聚集的地块形态（这里涉及地块本身的地理属性、规划属性、历史属性等因素的影响）；功能簇点是指某几个项目聚集在一起共同支撑某个区块的功能，比如餐饮簇点、温泉簇点、冰雪簇点、酒店簇点、会展簇点、民俗簇点、购物簇点、演艺簇点等；内容簇点是指根据游客体验规律（带入、互动、高潮、回味）将所要呈现的内容点分布在不同场景的旅游项目（即场景媒介）中，以此来形成最佳的内容布局。

3. 把握编辑点

作为最高形式的场景媒介，旅游项目的规划过程实际上就是对当地旅游资源的挖掘和编辑（整合）过程。那么，如何找到可以编辑的点？如何找到恰当的编辑技巧？这就考验着规划师的功力。以遗产型旅游目的地为例，其规划过程要遵循保护与活化并重的原则，该保护的地方就拒绝编辑，该活化的地方就需要编辑，所以，编辑点和编辑技巧的选择就很重要。旅游是最高的媒介形式，旅游规划师就是媒介内容的生产者。在人类历史上，文字媒介、图片媒介、广播媒介、影视媒介的内容生产者都是极富艺术天赋和修养的。唯独旅游这一场景媒介的内容生产者在艺术天赋和修养上比较欠缺（中国尤其严重）。我们期待着旅游规划的创新能够带来一场新的文艺复兴。

四　旅游项目的 IP 内容规划流程与规划要点

旅游规划之前，首先要为项目植入内容生产力。这一点是中国旅游规划中缺失的。基本上，中国的旅游规划不会在规划之前考虑内容生产力的问题，因为旅游资源已经摆在那里。在旅游规划者和投资者看来，旅游资源本身就是内容。正是这种错误认识导致了很多旅游规划项目的失败。旅游资源只能是塑造 IP 内容生产力的材料，而绝不是内容本身。好的 IP 内容应该是从旅游资源生成的一个文化系统，能够从旅游项目衍生出许多的文化项目，形成生态盈利模式。所谓的生态盈利，就是一个项目的盈利对其他项目的盈利产生正外部性，相互起到增益作用。华清池的《长恨歌》，就属于 IP 内容生产力（白居易《长恨歌》）在先，旅游项目（实景演艺《长恨歌》）在后。而故宫就属于旅游项目（故宫实体）在先，IP 内容生产力（故宫文创）在后。但是，故宫毕竟是顶级资源，具备旅游先行、IP 文创内容后上的条件。对于绝大多数旅游资源影响力达不到顶级水平的项目来说，更适合走 IP 文创内容先行、旅游项目后上的路子。但是，目前来看，一批又一批匆忙上马的旅游项目都在走旅游项目单枪匹马的路子，甚至根本没有考虑植入 IP 文创内容生产力，更谈不上 IP 文创内容先行、旅游项目后上的战略定位。未来，在旅游业里做得风生水起的公司一定不是搞旅游规划出身的公司，而是文化创意出身的旅游公司。道理很简单，前者只会规划没有灵魂的旅游项目，而后者掌握了 IP 内容生产力，也就掌握了旅游业的核心竞争力。

在旅游 IP 内容生产力的创造过程中，需要三个团队的配合，分别是创意团队、规划团队、执行落地团队。目前来看，这三个团队都是现成的，创意团队、规划团队和执行落地团队都形成了很多公司。问题的关键就在于三个团队之间缺少融合的力量，这就导致三个团队无法进行高效协同，而 IP 内容生产力是最需要高效协同的，就像一个艺术作品需要一气呵成的气势。

三个团队之间实现融合的关键在于形成一致的 IP 内容人格、IP 内容域格、IP 内容艺格。IP 内容人格的塑造基本上是靠创意团队实现的。创意团队通过自己的形象定位、主题定位和故事演绎赋予旅游项目独特的人格，让旅游项目具备与游客进行深度对话的能力。IP 内容的域格基本上由规划团队来塑造。域格包括项目的地域经济适应性、地域地理适应性、地域文化适应性、地域行政适应性。地域经济适应性关系到旅游项目能否在当地实现盈利，地域地理适应性关系到旅游项目能否合乎工程科学，地域文化适应性关系到项目与当地文化的融洽度以及对本地精神的表达，地域行政适应性关系到项目与当地行政制度的契合度。IP 内容的艺格则由设计团队（执行落地团队）塑造。艺格体现在项目的体验流营造上。体验流是相对于意识流存在的，文学靠在人的大脑中形成意识流来获取阅读黏性，旅游项目靠人的全身心实现体验流来获取旅游黏性。体验流包括视听流、形象流、氛围流、道具流、色彩流等方面。

人格、域格、艺格的完美融合是决定旅游文创 IP 能否赢得市场的主要因素，也是决定旅游项目能否成功的关键所在。而这"三格"的完美融合则取决于团队之间的"湿协作"。所谓"湿协作"，就是以共融共通的文化认同和价值取向为基础的协作关系。与"湿协作"相对应的是"干协作"，目前国内文旅行业的相当一部分团队就是"干协作"，团队成员彼此缺少价值黏性和文化黏性，纯粹以技术互补为基础形成协作关系，在价值取向和文化认同上没有和谐与互补，而是"冷对抗"。这样的"干协作"团队注定不能成就大作品，他们完成的工作也往往被大家称作"行活"（即没有浸润情感与文化的、纯粹以达成技术指标为目的的工作）。中国旅游行业里，这样的"行活"太多了，笔者期待着，以人格、域格、艺格的完美融合为特征的旅游文创 IP 能够为旅游项目和区域经济注入持续的发展活力。

五　娱乐 IP 与旅游 IP 的差别

旅游 IP 与娱乐 IP 有共通之处，也有细微差别，毕竟这两类 IP 的应用场景不一样。旅游 IP 的应用场景往往具有跨行业、跨业态、跨世代、跨年龄、跨文化的特征，而娱乐 IP 往往不像旅游 IP 那样包容和丰富。娱乐 IP 往往更精准更细分，生命周期比旅游 IP 更短。那么，一个好的旅游 IP 应该具备哪些特征?

1. 好的旅游 IP 应该具有领袖气质

有领袖气质才能有粉丝,因此好 IP 需要具备领袖气质。领袖气质有三层含义:一是情绪领袖,二是精神领袖,三是价值领袖。情绪领袖是浅层次的,但对于促进游客消费有很大作用;精神领袖是深层次的,对提升旅游品牌忠实度很重要;价值领袖是终极层面,对旅游品牌的跨世代、跨群体、跨年龄、跨文化传播起着决定作用。

2. 一个好 IP 应该具有独特的价值体系

好的 IP 就是一个有着完善人格和完整价值观的"拟人存在"。虽然每个 IP 都需要一个好的故事来支撑,但故事背后的本质表达是 IP 的价值体系。正是价值体系的力量让旅游 IP 具有了生命力。当然,旅游 IP 的价值体系应该根据旅游项目的文化气场和商业定位需求来量身定制。

3. 一个好的 IP 应该具有包围感和贯穿性

旅游项目是场景媒介,场景媒介带给人的是一种全息包围式体验,因此,好的旅游 IP 应该具有包围感,通过包围感来达到给游客带来娱乐和教化的目的。旅游项目要陪伴一个人不同的生命阶段,也要陪伴不同世代的人,因此,好的旅游 IP 也需要具有贯穿性。这种贯穿性是旅游 IP 生命力的体现,也是旅游 IP 与娱乐 IP 最大的不同。好的旅游 IP 除了具备领袖气质、价值体系、包围感和贯穿性外,还要具备好的形象和故事。其实形象和故事也是大家对好 IP 的普遍共识,只是,要知道形象和故事仅仅是好 IP 的外衣,IP 作为一种"拟人存在",领袖气质、价值体系、包围感和贯穿性才是本质特征

六　旅游 IP 的核心任务是形成稳定持续的信任机制

旅游业的信任转化机制决定了 IP 是旅游产品的核心。做个对比就很容易理解,工业品水泥在进行售卖时是不需要 IP 的,只要水泥质量足够好、水泥生产商是正规经营者,这笔买卖就很容易成交了。可是,当水泥堆砌

成一个主题公园时，水泥就从工业品变成了旅游产品，这时候信任机制发生了改变。原先简单的、以硬件质量为标准的信任机制已经不再适用，而是需要以 IP 互动形成周期更长、替代性更小、黏性更大、文化内涵更丰富、商业模式更多元、变现链条更长的信任机制。在纯粹拼硬件质量的产品和纯粹拼 IP 软实力的产品之间，还有一类产品可以称为伪 IP 产品，这种产品并没有形成以 IP 为核心的信任机制。其生产过程缺少 IP 参与，只是在营销过程中加入了 IP 元素，并且这些 IP 元素会经常变化（比如今天请这个明星代言，明天请那个明星代言）。因此，伪 IP 产品建立起的信任机制也是相对脆弱和不稳定的，因为伪 IP 产品的 IP 没有参与生产过程，其与产品之间没有建立起深刻的强关系，而是一种临时性的弱关系（比如，某个明星可以同时为很多产品代言）。

伪 IP 产品当然也有不可替代的价值，因为大多数日常生活用品并不需要 IP 参与生产过程，多数都是标准化生产的（为降低成本）。而对于旅游产品来说，IP 是可以参与过程的，是可以成为旅游产品核心体验点的。因此，旅游产品的 IP 化就成为一种必然。如此，基于 IP 打造周期更长、替代性更小、黏性更大、文化内涵更丰富、商业模式更多元、变现链条更长的信任机制也就成为每家旅游企业必须要考虑的问题。

七　目的地社区化趋势下的规划与运营创新

传统意义上的社区是城乡空间里步行可达的商业半径与居住半径的重合区域。这样的社区往往受到物理空间的制约。在大交通极度稀缺的年代，绝大多数人一生都生活在固定的社区中。随着交通工具的突破性创新不断涌现，大交通逐渐从稀缺消费品变成日常消费品。在中国，大交通从稀缺到日常的转变造就了一批 OTA 巨头的诞生，它们成为大交通红利和互联网红利的双重受益者。大交通与互联网在本质上都是在做连接。大交通连接了本地社区生活与异地社区生活，互联网连接了本地社区生活与虚拟社区生活。这样的连接，造就了基于大交通和互联网的城乡空间重构契机。如果要用一个新的词汇来定义旅游目的地，大交通社区和互联网社区是比较恰当的。以社区的视角来规划和运营旅游目的地也更加符合当下及未来消费者的诉求。只不过，旅游目的地对于本地人来说是本地社区的固化和更新，对于游客来说，是大交通社区和互联网社区的映射和触达。

以社区视角来规划和运营旅游目的地，要求在规划技术、运营方式、IP 设计上实现创新。

规划技术创新方面，要做到社区化品牌定位、社区化景观设计、社区化项目布局、社区化业态更新、社区化文化传播、社区化服务体系、社区化基础设施建设。"社区化"三个字有两层含义，第一层含义是基于大交通的社区化，主要体现为方便、温暖、亲切、信任；第二层含义是基于互联网的社区化，主要体现为将互联网社群精神植入目的地景观系统、建筑空间系统、媒介信息系统、娱乐 IP 系统中。互联网社群精神的植入方式又可以分为实体符号植入和内在线索植入。

运营方式上的创新也要实现社区化，这里的社区化同样也有两层含义。运营与规划的不同在于运营是将静态的规划落实为动态的过程。因此，运营方式的社区化与规划设计的社区化在本质上没有太大区别，都涉及大交通社区和互联网社区两个层面，只是运营更多地强调对社区化的动态管理和阶段实施。

IP 设计的社区化创新是对传统 IP 设计的挑战。传统 IP 设计强调本地文化的原生植入，而社区化 IP 设计强调目的地 IP 的适度改造，适度改造是为了适应游客常态化的审美偏好。很多旅游目的地（尤其是少数民族地区）都有一些古老而原始的文化 IP，在观光旅游时代，这些文化 IP 可以满足人们猎奇的心态。

可是在休闲旅游时代，猎奇已经不是游客主要的需求，因为游客抵达目的地的频次提高了，逗留时间也延长了，所以，旅游的日常化让目的地逐渐社区化，很多游客把自己日常生活中的休闲需求转移到了旅游目的地。这时候，对目的地文化 IP 的审美诉求也就发生了改变，不再局限于猎奇，更多的是像社区生活一样亲切温馨的互动。从长远来看，随着大交通越来越廉价及信息技术的无孔不入，任何一个旅游目的地都终将变成随时可以触达的社区。到那时候，旅游这个词或许就"消失"了。

关于旅游规划的批判很多，但是，在现实的商业利益驱使下，很多规划师明知自己做的是没有落地价值的规划，却仍旧不能去反抗。因为反抗意味着对整个产业链的挑战，而一般的旅游企业基本上是没有全产业链控制能力的。没有全产业链控制能力，也就意味着没有变革的话语权，因为牵一发而动全身。如果一发已牵、全身未动，那么，"牵一发"者必定成为变革的先烈。在这个意义上，我们就可以理解，为什么旅游行业里那么多大佬，只有洪清华提出了以 IP 为核心的企业变革战略，因为洪清华的"牵一发"是有景域集团的全产业链协同来响应的，是可以起到"动全身"的作用的。所以，今日的旅游业，要谈变革就必须有全产业链的控制能力，要谈 IP 就必须有全产业链的协同作战能力。从这一点来看，洪清华作为中国旅游 IP 第一人，不仅有其思想体系的支撑，也有景域全产业链竞争优势的支撑。在历史前进的洪流里，每一次看似主观的个人选择背后都有着必然的客观规律支持。

供需动态平衡视角下的红色文化旅游发展[*]

亓 冉 陈 思[**]

摘 要： 文化旅游在我国国民经济体系当中一直是拉动消费与促进就业的重要增长极，当前我国进入以国内大循环为主体、国内国际双循环相互促进的新发展格局，面向"十四五"时期的经济发展也更加倚重内需增长与消费带动，文化旅游更是成为新冠肺炎疫情之后进行消费回补与促进消费升级、畅通国内大循环的关键。正值建党百年的历史节点，发展红色文化旅游无疑为进一步激活文旅消费市场以刺激消费需求提供了契机。而在红色文化旅游尚未成熟、旅游发展体系亟待优化、旅游消费动力需进一步激活的前提下，我国红色文化旅游的发展需要从供给与需求中掌握平衡，重点从供给侧着手推进我国红色文化旅游的应用实践，并通过双向互通的协调机制加快推进红色文化旅游的创新转型。

关键词： 供需平衡 红色文化旅游 文化旅游 双循环

新冠肺炎疫情持续期间，我国文化旅游业遭遇重大打击，在出入境游基本处于停滞状态、国内游成为中国旅游市场绝对主力的同时，旅游市场

---

[*] 本文系文化和旅游宏观决策课题"建党百年红色旅游的文化传承与创新发展"的阶段性研究成果。

[**] 亓冉，中国传媒大学文化产业管理学院博士研究生，主要研究方向为城市文化、文化旅游；陈思，中国传媒大学文化产业管理学院硕士研究生，主要研究方向为文化旅游、红色文化。

内部转型升级也不断加速，旅游业的疫后复苏将进入以"高质量发展"推动"高水平复苏"的新阶段。2021 年是中国共产党成立 100 周年，红色文化旅游将迎来重大发展机遇与新的发展阶段。在此背景下，红色文化旅游的创新发展不仅有利于立足红色文化新旨意，能够更好地保护与传承好红色文化，不断培育与践行社会主义核心价值观，为革命文化的现代传承提供持续动力；还有利于立足于"双循环"的新发展格局与百年未有之大变局的时代背景，探索红色文化旅游提振国内消费的方法路径，为更好地释放旅游消费需求提供红色方案；更有利于立足"十四五"旅游新发展，探索以红色文化旅游促进文化旅游深度融合、提振文化旅游消费活力的可行路径。然而，当前我国红色文化旅游市场尚未成熟，红色文化旅游在市场供给水平提升和人民需求潜力激发之间的平衡关系亟待优化。红色文化旅游在供给与需求层面的错配问题，成为现阶段我国红色文化旅游高质量发展的突出瓶颈。

一 红色文化旅游的供需审视

（一）消费需求升级要求更高质量的红色文化旅游发展

建党百年，是红色文化旅游实现迭代升级的历史机遇，在这一重要的历史节点，中华儿女对红色文化的高度认同与自发传扬是红色文化旅游创新发展的动力源泉。据文化和旅游部数据，2020 年我国红色文化旅游出游人数超过 1 亿人次，整个"十三五"期间，红色文化旅游出游人数保持稳定增长，在国内旅游市场占比维持 11% 以上的市场份额。①

尽管在新冠肺炎疫情特殊时期，红色文化旅游仍在旅游行业中占比较大，这主要有两个原因。一方面，是游客自发产生的红色文化旅游需求。不论是青少年还是中年群体抑或老年群体，都在中国共产党百年历史的回顾与学习中激发了自我接续奋斗的力量，在对红色岁月的追忆和对新时代

---

① 《北京日报》：《文化和旅游部：今年红色旅游出游人数超 1 亿人次》，2020，https://baijiahao. baidu. com/s? id = 1686319727354220567&wfr = spider&for = pc，最后访问日期：2020 年 12 月 13 日。

美好生活的参与中感悟着中国共产党带领中国人民从站起来到富起来再到强起来的光辉历程，从而由心底产生近距离或零距离接触和感受红色文化的实际诉求。另一方面，红色产品和相关服务的市场供给催生了红色文化旅游的需求。从生活社区到工作单位，全社会的整体氛围因红色文化的彰显而更加丰富多彩，红色文化场景的营造催生了人们红色文化旅游的消费需求。

（二）单一保守的市场供给降低红色资源转化的价值预期

红色文化旅游是红色文化资源开发所依附的核心载体，是党与人民血肉相连的重要脉络。在中国共产党百年华诞之际，红色文化旅游在市场供给层面持续向好。例如，驴妈妈在 2021 年春节期间上线了百条红色主题旅游路线，主要包含上海一大会址、嘉兴南湖景区和遵义会议会址等，有力地推进了红色文化旅游年轻化和亲子化的发展趋势。OTA 平台携程推出了"百年献礼之旅"项目，主要包括上线红色文化旅游频道、打造红色文化旅游文化节和红色文化旅游直播月、推出红色文化旅游定制线路和金牌领队计划，真正推进了红色文化旅游线上与线下的双向联动。但是仍有一大批红色文化旅游因单一的宣教模式在大众脑海中形成了刻板印象，甚至在一定程度上造成了受众的排斥心理，成为我国现阶段红色文化资源价值开发效果不理想的关键症结所在。大众抵触的核心是生硬的宣教形式、单项的输入方式。单一样式的红色文化旅游纪念品、刻板印象的爱国主义红色教育形式已经远远无法满足当代大众对于学习红色文化的需求，进而导致了"走马观花"式的红色文化旅游体验。虽然从全国游客满意度评价指数来看，2020 年游客综合满意评价指数为 80.95%，同比增长 0.77%，且85% 的样本城市游客满意度保持增长态势。① 但是在红色文化旅游方面，仍有一批红色景区在开发形式和发展模式上过于保守，导致了红色文化资源开发的创意和创新效果不明显，不利于红色文化资源预期价值的最大限度实现。新时代传扬红色精神，需要在潜移默化的旅游形式和发展模式创

---

① 张佳仪：《2020 年旅游服务质量调查报告》，2020，https://mp.weixin.qq.com/s/biPM-ESIWEfLFHcp30L10QA，最后访问日期：2021 年 4 月 9 日。

新中实现红色文化的历久弥新。

（三）供需错位的突出矛盾制约红色文化旅游的创新发展

红色文化旅游发展中突出的供需错位矛盾，体现在过度与盲目开发造成资源浪费与破坏的短视行为上。红色文化旅游发展所基于的文化资源，集中于革命时期的遗物、遗址等物质性文化资源以及革命故事、革命文献等非物质文化资源当中。而在红色文化资源市场化进程中，短期经济效益极具诱惑性且确实能够在短时间内增加收益，导致了红色文化资源的破坏性开发和不可持续发展，进而造成了某些红色文化资源开发高开低走的态势，而后期大刀阔斧的改革更是付出了人力、财力和物力等多方面的巨大代价。趋利倾向导致了红色文化旅游在供给层面和需求层面的扭曲和错配。红色文化旅游在发展的进程中，很难平衡好短期的经济效益和长远的社会影响之间的关系，也很难调整好实际需求和有效供给之间的错位。

红色文化旅游中的供需错位，还体现为对于红色文化传承与产业发展之间关系的错误认知。红色文化旅游作为旅游产业和文化产业交织与结合的产物，具有丰富的产业性质和产品形式，但是由于红色文化旅游是基于红色文化和红色精神衍生而来的旅游业态，其本质属性仍为意识形态属性。红色文化旅游的发展缺乏对其意识形态这一本质属性的注重和遵守，很难把握好社会效益与经济效益之间的尺度。红色文化旅游在发展过程中应将政治效益放在首位，探索政治效益、社会效益、文化效益与经济效益的有机统一，逐步推进红色文化资源的开发利用和创新发展在政治、社会、文化教育和经济等维度的协同并进。

供需调节机制的不健全也是制约红色文化旅游发展的主要问题。红色文化旅游由于缺乏供给层面和需求层面有效衔接的坚实桥梁和及时反馈机制，在市场化或者半市场化运行的过程中出现了与大众对红色文化旅游实际需求不匹配的过剩供给现象，同时也造成了满足大众实际需求的有效供给缺乏的现实问题。构建更为有效的双向互通的反馈和协调机制，是当前阶段解决红色文化旅游在供需维度的适配问题的有效途径，真实的、及时的需求信息反馈和有效的、有针对性的供给侧跟进，是进一步推进我国红色文化旅游在供需向度动态平衡的关键。

二 供需动态平衡视角下红色文化旅游
创新发展的基本要义

（一）红色文化旅游创新发展要遵循红色文化的内在规律

红色文化旅游是以红色文化因子为内核，以人民对美好生活的向往为导向而提供的满足人民身心需求的系列产品和服务的集合体。红色文化旅游的创新发展，基于红色文化内在规律的优培优育和优生优长。红色文化在党的发展历程中与人民需求、社会进步、国家发展同频共振；在面向未来的进程中历久弥新的演进规律，孕育了红色文化鲜明的党性、人民性、民族性和时代性。要深入分析红色文化旅游与红色文化、红色文化旅游与供需关系的内在逻辑关系和融合共生机理，建构以中国共产党百年华诞为时代背景、以人民现实需要为发展导向、以红色文化传承与创新为内在遵循的红色文化旅游创新发展的逻辑理路。在对时代要求和人民需求的回应中，不断提升红色文化在历史潮流和国家前进道路上发展的理性向度，遵循红色文化本身的内在演进规律，推进红色文化旅游的创新发展和高质量发展。

（二）红色文化旅游创新发展要立足"两个坚持"

一方面，要坚持红色文化的先锋魅力。中国共产党始终代表中国先进文化的前进方向和中国最广大人民的根本利益。红色文化旅游的创新发展，要始终通过历史的还原与再现、场景的优化和创新，为游客提供沐浴中国共产党精神之光的文化场域。另一方面，要坚持"以人为本"的发展理念。毛主席在《文化工作中的统一战线》中强调："在工作中要注意群众的实际需要，要从群众的需求出发，而非从任何良好的个人愿望出发"，深刻表达了"以人为本"的工作准则，为供需视角下红色文化旅游的创新发展提供了重要思路。红色文化旅游的创新发展要始终坚持"以人为本"的发展理念，基于旅游消费者多方面的切实需求优化红色文化旅游的实践项目，推进红色文化旅游发展持续提质升级和对人民美好生活向往的持续回应。

（三）红色文化旅游创新发展要依托"三个统筹"

第一，红色文化旅游的创新发展要统筹好爱国主义教育与红色文化旅游。对于发展红色文化，习近平强调要把握好两个概念："红色根据地，爱国主义教育，这是一个概念。发展红色文化旅游，是另一个概念。两方面要统筹。"[①] 红色文化旅游和爱国主义教育应遵循双螺旋优化的共生机理。红色文化旅游因承载着爱国主义教育的使命而底蕴深厚，爱国主义教育因嵌入红色文化旅游而形式多样。统筹好红色文化旅游和爱国主义教育是传承红色文化和传递红色价值的本质要求。

第二，红色文化旅游的创新发展要统筹好红色文化与其他文化。红色文化旅游中的文化基底，并不只是单纯的红色文化资源的无机叠加和简单堆砌，而是以红色文化为主色调，以多元文化为辅助成分的文化盛宴；是以红色精神为主基调，以地域特色为侧重点的文化场景。红色文化旅游的创新发展，要在红色基因传承发展的同时兼顾好多元文化因子和特色元素，持续推进红色文化与多元文化的有机融合和共生共长。

第三，红色文化旅游的创新发展要统筹好国内外经典的经验与思路。一方面，对全球红色文化传承与创新的经验、红色文化旅游发展的方略与范式开展对比研究，推动探索与构建新时代我国红色文化旅游的高质量发展与红色文化高效能传承的本土化方案体系。另一方面，通过国内外红色文化旅游项目在政治效益、文化效益、社会效益和经济效益等多维度的对比，通过国内外红色文化旅游项目在指导思想、开发模式、成功经验和失败教训等多方面的对照，全方位把握红色文化旅游的既有发展思路，不断摸索红色文化旅游在新时代发展的创新思路，逐步建构和完善一套适合新时代红色文化旅游的理论体系与实践范式。

---

① 央视新闻：《习近平：不能失去红色旅游的底色》，http://news.cctv.com/2016/07/23/ARTIEO5lVEhgXqA3cdoLefMt160723.shtml，最后访问日期：2020 年 12 月 19 日。

三 供需动态平衡视角下红色文化旅游的优化路径

（一）红色文化旅游需求侧优化

在红色文化旅游的创新发展进程中，依托需求侧管理为长期的供给侧改革保驾护航。通过在需求层面创造宽松的宏观环境，来引导市场中的创新力量，推动高端供给不足的结构难题有效解决，并实现供求之间在短期和长期内的双向动态均衡。①

1. 人民需求：增强红色文化旅游创新发展的动力源头

美国心理学家亚伯拉罕·马斯洛认为，人的需求是从低级向高级逐渐上升的，而高级需求的产生总以低级需要被满足为前提条件。近年来，随着物质生活水平逐渐提高，人们在红色文化旅游方面的需求层次在被红色文化旅游市场供给不断满足的同时持续进阶。供需视角下红色文化旅游的创新发展，要深挖人民群众对红色文化旅游的切实需求，深入思考人民群众对红色文化传承与未来发展形式的现实期待，进而让大众在参与环境中实现对红色文化旅游的需求表达，进一步提升大众参与红色文化旅游的情怀与热忱。通过培植红色文化的感知和学习氛围，在生命、生活、生产和生态等方面多维布局推进红色文化需求侧管理，关爱儿童、青少年、中年以及银发群体的切实需求，不断增加有效需求，增加红色文化旅游总供给和总需求达到平衡状态时的总需求，② 以红色文化需求的激发和提升不断丰富红色文化旅游的内蕴和外延，推进党员干部和人民群众在潜移默化中感知红色文化的魅力，坚定人民的理想信念，进而发挥红色文化旅游在意识形态层面的正向引领和积极导向作用。

2. 时代要求：加强红色文化旅游创新发展的有力催化

红色文化旅游创新发展要深刻研究中国共产党百年华诞之际我国红色

---

① 刘亮、李洁、李明月：《供给侧改革应与需求侧管理相配合》，《贵州社会科学》2016 年第 7 期。

② 〔美〕凯恩斯：《就业、利息和货币通论》，李欣全译，北京联合出版公司，2015。

文化旅游创新发展的重大机遇和陷阱风险。作为红色文化的传承载体和转化形式，红色文化旅游对深入贯彻落实党的十九届五中全会明确提出的文化强国战略具有重要意义。同时红色文化旅游在国内大循环新格局、"十四五"旅游新发展和红色文化新含意中的文化意涵和精神价值尤为凸显。要以长远眼光推进红色文化旅游创新发展的实践项目。关于发展红色文化旅游，指导思想要正确，旅游设施建设要同红色纪念设施相得益彰，要接红色文化纪念的地气，逐步推进红色文化旅游的创新发展真正成为贯彻落实习近平总书记"要把红色资源利用好、把红色传统发扬好、把红色基因传承好"深切嘱托的生动实践。

（二）红色文化旅游供给侧改革

萨伊作为供应学派的理论先导者，认为生产通过多种生产要素的共同活动产生效用，而效用则是满足人类需求的内在力量。[①] 这为从供给层面推进红色文化旅游高质量发展提供了新的思路。

1. 以红色基底谱红色文化旅游之新篇章

红色文化旅游在供给层面的创新发展，要有重点、分批次建成一大批可持续发展的红色文化纪念馆、博物馆以及一系列红色文化旅游精品路线，不断回应人民对美好生活的向往和现实生活的实际需求。以党史、新中国史、改革开放史、社会主义发展史为四维历史截面，梳理建党百年来我国红色文化的历史演进脉络，研究各历史时期具有代表性、典型性的红色文化，建构红色文化基因库，绘制红色文化精神谱系，进而结合人民需求和时代要求实现红色文化旅游在"吃、住、行、游、购、娱"传统六大维度和"文、学、养、商、潮、情"等拓展维度的有效供给。在红色文化旅游的迭代进阶和体验创新中回顾建党百年来我国红色文化因子，深刻体味中国共产党的先锋魅力，进而谱写依托红色文化旅游传播红色文化、传扬红色精神和传递红色价值的崭新篇章。例如上海红色文化旅游线路融入"密室逃脱"、党史知识问答、城市定向等形式，以潮流前沿的形式表达红色文化的内在含意，获得了年轻人的青睐。红色文化旅

---

① 〔法〕让·巴蒂斯特·萨伊：《政治经济学概论》，赵康英等译，华夏出版社，2017。

游的新篇章，还应通过大数据、人工智能和5G的技术加持，为游客提供沉浸式的红色文化场景，通过听觉、嗅觉、味觉、视觉、触觉的全方位感知，追寻中国共产党带领人民在革命、建设和改革进程中的光辉足迹。

2. 以全球格局开红色文化旅游之新视角

红色文化旅游的创新发展，要放眼全球，梳理国内外红色文化旅游和红色文化传承的经典案例，为建党百年之际推进红色文化旅游的创新实践寻求全球智慧。国外战争旅游、历史旅游等与红色文化旅游开发有共通之处的特色旅游发展较早并且积累了一定的经验，值得我国红色文化旅游发展适当借鉴。例如，国外比利时滑铁卢战役遗址的"情景再现"、美国国立二战博物馆的4D体验和360度展示、法国诺曼底卡昂和平纪念馆的"纪念地体系"等国外战争文化旅游经典案例；再如，我国南京雨花台烈士陵园、宁夏将台堡红军长征会师纪念园、湖南省沙洲红色文化旅游景区和百色市红色文化旅游等一大批国内红色文化旅游发展典型案例。通过多维视角开展全球红色文化旅游经典案例和实践项目对比研究和个案分析，复盘国内外红色文化旅游的文化传承与经典范式，剖析当下国内外红色文化旅游中文化传承的实际效果，不断摸索我国红色文化旅游高质量发展的创新思路，进而在红色文化旅游对红色文化传承、开发与活用的过程中领会中国共产党的精神内核。

3. 高质量促红色文化旅游之新发展

红色文化旅游的创新发展要培育和打造红色文化场景。场景理论为新时代更好地培育红色文化旅游中的文化场景提供了新的思路。美国芝加哥大学终身教授特里·尼科尔斯·克拉克认为场景理论包括空间、空间里的人和空间里的人举办的特色活动三要素，这为红色文化旅游文化场景的营造奠定了坚实的理论基础和成熟的实践经验。未来红色文化旅游文化场景的培育和打造，不仅要注重空间层面，通过物质结构优化和配套设施的完善提升红色文化旅游文化场景的"外在场子"，更要注重从红色资源的活化利用、红色文化的创新开发和红色精神的传播弘扬三个维度，逐步构建、完善和升华人民思想观念上的"内在里子"。基于消费者视角的场景理论，探析人民对红色文化旅游配套舒适物和发展模式的实际期许，同时依托各红色文化资源自身特色和精神内涵，开展小尺度、针灸式的创新发展，对新时代人民对于红色文化旅游的实际需求做到高度关注和热切回应。以红色文化场景涵养红色文化精神，推进红色文化旅游在中国共产党百年诞辰之际、在如火如荼的发展进程中实现科学理性发展和健康可持续发展，最终实现红色文化旅游高质量发展。

（三）以双向互通的调节机制推进红色文化旅游供需适配

供给和需求的关系如同一枚硬币的两面。一方面，如果没有需求，供给就无从实现，新的需求可以催生新的供给；另一方面，如果没有供给，需求也无法得到满足，新的供给可以创造新的需求。[①] 红色文化旅游的创新发展需要以双向互通的调节机制，推进其实际需求和有效供给之间的深度适配。

1. 红色文化旅游创新发展的供需调节维度

红色文化旅游创新发展的供需调节维度，需要以时代要求和人民需求为理论逻辑的主线，对新时代我国红色文化旅游供给实践中的文化传承与创新发展开展深入研究，进而寻求红色文化旅游需求端和供给端的有效适配。首先，要考虑政府引导与市场自由之间的平衡尺度，以"无形之手"为政府提供关于红色文旅决策和方针政策引导的重要参考，以"有形之手"助推红色文化旅游市场的良好运转和螺旋上升。其次，要考虑文旅企业在供给层面的经营管理与游客现实需求之间的有机共生。红色文化旅游供给与需求动态平衡新效应的实现，需要通过投入产出分析方法，[②] 深度分析社会生产各部门之间在红色文化旅游研发链条、生产链条和价值链条的内在关联和互促机制。同时不能将目光仅仅放在经济学领域，还要关注社会学的问题，也就是人的行为。[③] 在供给层面的优化与改革中，要基于人的现实需求和未来趋向，疏通和舒活红色文化旅游文化产品和服务与红

① 齐骥：《供给侧与需求侧协同视角下的文化产业发展研究》，《深圳大学学报（人文社会科学版）》2016年第6期。

② 〔美〕沃西里·里昂惕夫：《投入产出经济学》，崔书香译，商务印书馆，2009。

③ 〔美〕阿瑟·刘易斯：《经济增长理论》，周师铭译，商务印书馆，2016。

色文化旅游消费需求之间相互依赖的共生关系。最后，要考虑游客需求层次和供给实际水平之间的差距浮动范围。红色文化旅游的供给和需求很难实现完全的精准对接，供给与需求动态平衡的关键在于将二者调配于一定的可浮动的差距范围内。在合理范围内，超前的红色文化旅游需求和超前的红色文化旅游供给均有利于红色文化旅游的优化和提升，有助于实现红色文化旅游的高质量发展。红色文化旅游的创新发展，要基于人们实际需求和要求的不断提升，分批次、有重点、循序渐进地推进红色文化旅游在文化纪念品和文创产品设计开发、红色文化场景科技嵌入以及红色文化服务震撼人心等维度上的迭代和进阶。

2. 红色文化旅游创新发展的供需评估向度

建党百年之际，要通过我国红色文化旅游的创新发展与效能评估，来思考和优化红色文化旅游开发模式；要通过科学性和可持续性的考量，来推进红色文化旅游高质量发展；要在红色文化传承和红色精神传递的进程中沐浴中国共产党的文化光芒；要在协调红色文化旅游供给与需求的过程中不断总结发展范式，搭建并完善红色文化旅游创新发展的评估体系。红色文化旅游创新发展的供需评估向度需要基于内容层面的历史性、精神层面的本真性、模式层面的可持续性、区域层面的跨区协调性和效果层面的鼓舞人心等方面进行考虑，从而建构和完善一套指标可量化的、具有监督性的双向反馈评估测评体系，推进红色文化旅游在发展如火如荼的同时理性化发展、可持续性发展和高质量发展，进而促进红色文化依托红色文化旅游载体实现红色文脉的传续、红色文化的传接、红色价值的传递、红色记忆的传承和红色精神的传扬。

红色文化旅游应始终以意识形态属性为本质属性，以推动红色文化传承为核心目标，以推进红色精神传递为内在旨归，以激励人们为美好生活接续奋斗为根本宗旨，在追寻革命先辈足迹的同时实现红色文化和红色精神在新时代的传扬和发展。基于供需动态平衡视角审视红色文化旅游创新发展的内生动力和外在活力，是对红色文化旅游现状的深入思考和对红色文化旅游未来趋向的初步探讨。本文基于供需视角，对红色文化旅游当下发展的现实问题的解决对策在方向性和宏观维度进行了深度思考，但是仍有很多不足。例如什么样的供给体系能真正有效地推进红色文化需求的持续增长，什么样的需求系统能真正有效地促进红色文化供给的持续优化，什么样的供需协调机制能更好地推动红色文化旅游内生动力和外在活力的持续激发等问题仍有待后续讨论。

文化金融

文化企业供应链金融的影响因素研究

魏文雅*

摘　要： 供应链金融的发展拓宽了企业融资渠道，但大多应用于中小制造型企业、科技型企业等，在文化产业领域还未得到重视。本文以北京市文化企业为调研对象，采用问卷调查的方式探讨文化企业供应链金融的影响因素。首先从供应链金融的三个主体，即融资企业、核心企业、商业银行（金融机构）出发，将影响文化企业供应链金融的因素设定为管理者认知、网络能力、关系质量、关系强度、社会责任感、信用水平、文化相容性、产业政策，然后提出研究假设，进行实证检验。结果显示：文化企业的管理者认知和网络能力、与核心企业的关系质量、文化相容性对文化企业供应链金融具有正向促进作用。

关键词： 文化企业　供应链金融　管理者认知　关系质量

一　引言

党的十九大以来，国家不断加大对文化产业的扶持力度，文化产业呈现出蓬勃发展态势，逐步成为国民经济的支柱型产业。北京作为全国文化中心，自 2006 年在全国率先提出发展文化产业以来，文化产业增加值占比

---

* 　魏文雅，北京联合大学商务学院硕士研究生，主要研究方向为文化产业投融资管理。

和增速保持全国领先，助力了北京市经济转型升级和高质量发展。2019年，北京市文化产业保持良好发展态势，规模以上文化产业实现收入12849.7亿元、增加值3318.4亿元，同比增长8.2%。文化产业是北京全国文化中心建设的重要组成部分，又是满足人民美好生活需要的重要途径和文化强国建设的重要支撑，但由于大部分文化企业自身规模小、可用于抵押的固定资产少、相关产品创作周期长、产品的价值难以度量、文化产品具有时效性、消费者需求的不确定带来的高风险等特征，很多商业银行（金融机构）对文化企业存在惜贷现象。

近年来，供应链金融（Supply Chain Finance, SCF）的发展为中小企业获得资金支持提供了可行渠道，很多学者认为SCF对于缓解企业融资约束发挥了积极作用。耿同劲认为供应链金融为以中小企业为主体的文化产业提供了新思路。2020年工业和信息化部发布的《关于运用新一代信息技术支撑服务疫情防控和复工复产工作的通知》中特别提到了要"推广应用供应链金融，保障企业复工复产的资金需求，防止出现资金链断裂"。但在北京市文化改革和发展领导小组办公室下发的2020年1号文《关于应对新冠肺炎疫情影响促进文化企业健康发展的若干措施》"金融支持"部分中，仍主要提及"投贷奖"联动等传统政策和措施，供应链金融这一融资方式仍未得到重视。因此，本文从供应链金融主要的三个主体出发，探讨文化企业供应链金融的影响因素，以期促进供应链金融在文化产业的应用，助力文化产业实现高质量发展。

二　相关理论与研究假设

供应链金融作为一种创新性的融资方式，涉及的主体主要有供应链上的节点企业、核心企业及供应链之外的商业银行。探讨文化企业供应链金融的影响因素，主要考虑以下三个主体。

首先是融资主体。本文的融资主体是中小型文化企业。在云计算、大数据、5G网络迅速发展的时代背景下，企业的认知能力和网络能力在企业创造价值的过程中发挥了积极且有效的作用。本文以文化企业的认知能力和网络能力来探究对文化企业供应链金融的影响。

其次是核心企业。供应链金融缓解融资约束离不开与核心企业的供应链伙伴关系。融资主体需要借助核心企业的信用辐射来提升自身的信用水平，因此，融资主体与核心企业的关系资本对供应链金融产生一定影响。本文以与核心企业的关系质量和关系强度及核心企业社会责任感三个指标来探究其对供应链金融的影响。

最后是商业银行。商业银行在供应链金融运作模式中属于第三方，会对整条供应链做出评估。融资主体在选择合作银行时，也会考虑银行的信用水平及目标的一致性，其中目标的一致性表现为文化的相容性。因此，本文以信用水平及文化相容性两个指标来探究其是否会对供应链金融产生影响。

（一）管理者认知与供应链金融

认知能力（Cognitive Ability）是指人脑加工、储存和提取信息的能力。在经济高质量发展的背景下，大部分企业创造价值的方式、思维、形式等都在悄悄发生变化，消费者、企业、政府的认知也在发生着改变。企业认知能力的高低究其本质取决于管理者认知能力的高低。管理者认知能力是通过组织学习使企业为适应市场和环境的变化，不断更新竞争优势的能力。管理者认知的强弱会影响企业的战略选择。

供应链金融这一融资模式的出现，打破了公众对传统融资模式的认知。该融资方式不是对单一企业的经营状况及信用等级进行评估，而是把供应链作为一个整体进行评估，融资企业可以依靠供应链上核心企业的信用辐射来提高自身信用水平。文化企业管理者对供应链金融这一融资模式的认知能力越强，供应链金融在文化企业的应用就越广泛。管理者认知能力较强的文化企业在识别、获取和利用供应链外部知识和信息等资源方面的能力也较强，而扎实的知识基础能够有效降低企业融资的风险和不确定性，增强企业供应链金融的使用效果。基于以上分析，本文提出以下假设：

H1：管理者认知对文化企业供应链金融存在正向促进作用。

（二）网络能力与供应链金融

网络能力是企业通过掌控、运用及拓展外部网络关系为企业产生核心竞争力的能力。网络能力在服务创新绩效的生存、增长和提高中起着重要作用。梳理相关文献可以发现，业界很多学者论证了网络能力直接对企业创新绩效产生显著作用。而沙振权和周飞把网络能力细分为三大类，论证了网络能力只能间接对企业合作绩效产生正向促进作用。周飞提出，具有较强网络能力的企业可以更有效地搜集各方信息，协调利用合作伙伴间的互补资源，处理节点企业间的利益关系。供应链上下游企业网络能力的发展是供应链金融发展的必要条件。供应链网络结构不仅有利于资金流管理，还有助于整合供应链上各利益主体的金融资源。据此，本文提出如下假设：

H2：网络能力对文化企业供应链金融存在正向促进作用。

（三）关系质量与供应链金融

关系质量最初指的是企业与客户之间的关系质量，之后又发展到指企业之间的关系质量。梳理相关文献发现，关系质量定义有狭义和广义之分。狭义的关系质量为关系中服务的质量，广义的关系质量为企业间的关系质量。Gummesson 认为关系质量指的是客户与企业间进行交流互动的质量，互动交流的质量越高，越有助于客户正向感知交易质量，进而促进交易双方长期保持稳定的合作关系；Crosby 等提出企业通过降低消费者感知的不确定性这种方式，来加强与消费者之间的信任关系；Hennig Thurau 等则认为关系质量取决于交易双方对彼此的满意度、信任程度。Young 和 Pelton 等学者认为关系质量是基于合作经验对彼此合作关系状态做出的总体评价。Fynes 等提出，供应链关系质量是指交易双方为了能够长期保持稳定的合作关系，对此所付出的努力。本章提到的供应链关系质量是与链上各个利益主体间的关系质量。

供应链关系质量是文创供应链上节点企业在建立长期、稳定的合作关系过程中，彼此间形成的关系网及对其所做出的评价。供应链上各节点企业的关系质量的好坏对企业本身及整条供应链的稳定是非常重要的。一是有利于维持长期稳定的合作关系，稳定的合作关系是整个供应链及链上企业发展的必要条件。二是有利于提升服务质量，供应链关系质量越高，表明企业目标一致性越高。三是提高企业自身及整条供应链的效率。供应链关系质量的好坏对于非核心地位的文化企业能否稳定发展尤为重要。与链上各节点企业保持良好的关系，能够降低企业因与链上企业处于不友好关系所带来的损失。四是良好的关系质量有利于提高双方合作的信任度和合作强度。中小微文化企业的可持续发展和壮大依赖于银行、政府及其他金融机构的资金支持，尤其是从银行获取资金支持这一方式对文化企业来说至关重要，而有稳定的现金流是银行提供资金支持的基础。与链上各节点企业保持良好、稳定的关系，能为中小微文化企业的经营状况提供保障。基于此，本文提出如下假设：

H3：关系质量对文化企业供应链金融存在正向促进作用。

（四）关系强度与供应链金融

Johns 和 Demarche 首先使用术语"强度"来比较组织间相互作用中的关联力。Granovetter 指出，人与人、人与企业、企业之间的沟通和联系所形成的强度不同。根据关系的实力，把关系分为两大类：强关系和弱关系。企业之间密切的沟通和联系能够建立信任关系，为企业获取优质资源创造更多的机会。在对关系强度的具体衡量上，Granovetter 用的是交互频率的亲密度、信任度和互易性这些指标。他认为企业之间互动的次数越多，则亲密度越高，即说明关系强度较高。良好的关系可以促进企业之间的信息传播、知识共享和经验交流，使企业之间更加信任、更加密切地合作。相较于强关系，弱关系的内部沟通频率较低，网络结构松散，企业即使获得许多外部资源，也会有很多重复的不对称信息。越来越多的事实表明，通过建立良好的关系来获取信息和资源已经成为企业发展的一个重要策略。Zaheer 和 Bell 认为关系强度越大，越有利于提高企业融资效率。基于此，本文提出以下假设：

H4：关系强度对文化企业供应链金融存在正向促进作用。

（五）社会责任感与供应链金融

Davis 将企业社会责任（Corporate Social Responsibility，CSR）定义为

有利于社会的决策和行为。随着我国企业组织规模的扩大，企业与社会的矛盾升级。Mcwilliams 和 Siegel 则提出企业社会责任是指企业在创造利润之外，对社会或是环境履行的责任超出了法律或监管的要求。企业社会责任是一项重要的无形资产，它能够维护企业与利益相关者的关系，降低交易成本，提高企业绩效和价值。企业通过承担社会责任，不仅可以树立良好的社会品牌形象，也会获取更多生存资源和客户。最近几年，供应链金融这一融资方式的出现为中小文化企业从外部获取资金支持提供了可行方案。资金困难的企业可以借助核心企业的信用辐射，来提高企业自身的信用水平，从而获得商业银行的资金支持。而供应链上的核心企业是否愿意为产业链上的节点企业提供支持和帮助，对融资困难的企业能否获得资金支持十分重要。若是核心企业基于社会责任，愿意为链上资金困难的企业提供担保或者支持，则有利于融资企业获得商业银行等金融机构的信贷。基于此，本文提出以下假设：

H5：企业社会责任感对文化企业供应链金融存在正向促进作用。

（六）信用水平与供应链金融

信号传递理论认为，企业拥有良好的信用水平，可以向银行传递一种信号，即企业信用良好，收付款能力强，这种信号有助于企业获取银行贷款。文化企业的资产以轻资产、无形资产为主，例如影视版权、设计、广告、知识产权等，文化企业通过传统的融资方式获取银行等其他机构的资金支持存在一定的难度。所以，相较于有形产品市场，文创产品市场通常存在较高的不可预测性。不可预测性带来的高风险性特征导致银行等金融机构对其惜贷，其自身的信用等级水平也难以提高。而供应链金融这一融资方式的出现为文化企业提供了获取资金支持的渠道，中小文化企业可以依靠链上核心企业的信用辐射，提高企业自身的信用等级水平，获取银行等金融机构的信任，从而获得银行的供应链金融服务。基于此，本文提出以下假设：

H6：企业信用水平对文化企业供应链金融存在正向促进作用。

（七） 文化相容性与供应链金融

在供应链网络运作过程中，不管是链上节点企业，还是商业银行等金融机构，都会寻找拥有互补资源的企业作为合作伙伴，处于较弱地位的文化企业会主动向合作伙伴学习经营战略。Hofmann E. 则认为，供应链金融这一融资方式特别注重链上节点企业间建立长期稳定的合作关系，实现企业价值共创。薛萌等学者认为，相较于资源互补性，企业间的文化相容性更有利于链上企业保持稳定的合作关系，从而有助于链上资金困难的文化企业获得核心企业担保，那么文化企业利用供应链金融这一融资方式获得资金支持的次数也会增加。基于此，本文作出以下假设：

H7：文化相容性对文化企业供应链金融存在正向促进作用。

（八） 产业政策的调节作用

产业政策（Industrial Policy）一词最早由日本于1970年在经济合作与发展组织所作报告中提出。产业政策的主要作用就是提高资源配置效率，弥补市场缺陷；促进和保护新兴产业的成长；熨平经济震荡；发挥后发优势，增强适应能力。文化产业作为我国经济发展的主体，其生存和运转均受到国家宏观政策的影响。产业政策作为一种系统性因素势必会对微观企业的融资行为产生影响，即企业融资不仅与自身内部环境有关，也受到国家产业政策的影响。享受国家产业政策支持的文化企业，融资环境良好，那么与核心企业的关系、自身的社会责任感对供应链融资的影响会更大。据此，本文提出如下假设：

H1a：产业政策对关系质量与供应链金融的关系具有正向调节作用；

H2a：产业政策对关系强度与供应链金融的关系具有正向调节作用；

H3a：产业政策对社会责任感与供应链金融的关系具有正向调节作用。

综上所述，本文构建的关系质量、关系强度、社会责任感与供应链金融之间关系的理论模型，如图1所示。

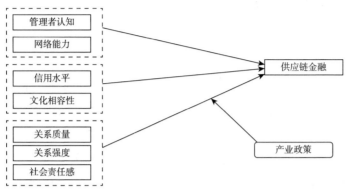

图 1 研究的理论框架

三 实证分析

（一）问卷设计与变量测量

本文问卷采用李克特 5 级量表的方式对 3 个方面的 7 个指标进行测量，问卷主要包括三个部分：一是引言，主要介绍了本次调研的内容和目的，并对问卷调研对象做出界定；二是调查企业的基本信息；三是关于北京市文化企业融资约束及供应链金融量表。量表要求调查对象根据自身实际情况，对问题的认同程度，从 1~5 做出选择。1~5 分别代表"非常不同意""不同意""中立""同意""非常同意"。该部分所用量表均在已有成熟研究的基础上设计，量表具有较好的内容效度。表 1 给出了各部分指标具体参考量表信息。

表 1 测量量表条款及文献来源

变量	测量条款	参考文献
管理者认知（RZ）	我们企业很难获得外部资金	
	我们面临资金紧张时，会选择与我们有合作关系的大企业为我们做担保	
	我们使用过应收账款质押融资产品	

续表

变量	测量条款	参考文献
网络能力 （WL）	我们非常了解合作伙伴的作品、服务、优劣势	刘兰剑：《网络能力、网络地位与创新绩效——产业控制力来源的另一个视角》，《科研管理》2014 年第 12 期；于晓宇：《网络能力、技术能力、制度环境与国际创业绩效》，《管理科学》2013 年第 2 期；李随成、李勃、张延涛：《供应商创新性、网络能力对制造企业产品创新的影响——供应商网络结构的调节作用》，《科研管理》2013 年第 11 期。
	我们发掘、评估和选择合作伙伴的能力很强	
	我们与合作伙伴维持良好、稳定关系的能力很强	
产业政策 （ZC）	在北京市促进文化产业发展的若干政策下，我们认为可以在财务上取得足够的融资与补助	
	在政府的奖励政策下，我们认为政府所提供的税收优惠和其他优惠政策有助于企业的可持续发展	
	我们认为政府协助了文化产业扩大规模	
社会责任感 （ZR）	与我们合作的交易伙伴积极参加公益事业	
	与我们合作的交易伙伴定期捐款给慈善机构	
	与我们合作的交易伙伴鼓励员工参加志愿活动	
关系质量 （ZL）	我们与交易伙伴进行合作的过程中，即使有机会，双方都不会利用对方	Doney, P. M., Cannon, J. P., "An Examination of the Nature of Trust in Buyer-Seller Relationships", *Journal of Marketing*, 1997, 61（2）; Crosby, L. A., Evans, K. R., Cowles, D, "Relationship Quality in Services Selling: An Interpersonal Influence Perspective", *Journal of Marketing*, 1990, 54（3）.
	交易伙伴对我们企业的综合实力有信心	
	交易伙伴相信我们能够遵守承诺	

续表

变量	测量条款	参考文献
关系强度（QD）	我们与交易伙伴之间交流非常频繁（如交易伙伴来企业的次数）	Ganesan S., "Determinants of Long-Term Orientation in Buyer-Seller Relationship", Journal of Marketing, 1994, 58（2）；胡海青、薛萌、张琅：《供应链合作关系对中小企业营运资本的影响研究——基于供应链融资的视角》,《经济管理》2014年第8期。
关系强度（QD）	我们希望与交易伙伴之间的合作关系持续下去	
关系强度（QD）	我们未来会主动与交易伙伴续约	
信用水平（XY）	我们不会轻易更换与我们合作的银行	
信用水平（XY）	我们会主动与我们合作的银行续约	
信用水平（XY）	与我们合作的银行总是按时履行合同	
信用水平（XY）	我们很愿意了解与我们合作的银行开发的供应链金融产品	
文化相容性（WH）	我们可以接受合作伙伴的经营理念	
文化相容性（WH）	我们与合作伙伴存在相容的经营目标	
文化相容性（WH）	与我们合作的银行设有文创企业专项资金	
文化相容性（WH）	与我们合作的银行设有为文创类企业提供金融服务的部门	
供应链金融（GY）	企业应用供应链融资的频率（次/年）很高	胡海青、薛萌、张琅：《供应链合作关系对中小企业营运资本的影响研究——基于供应链融资的视角》,《经济管理》2014年第8期；张虎、田茂峰：《信度分析在调查问卷设计中的应用》,《统计与决策》2007年第21期。
供应链金融（GY）	与前几年相比，2018年我们获得银行贷款的次数有所增加	
供应链金融（GY）	2018年我们至少获得银行及其他金融机构提供的资金一次	
供应链金融（GY）	与前几年相比，2018年选择与我们合作的银行及其他金融机构有所增加	

（二）问卷发放与数据收集

本次调研依托专业调研公司进行，调研地区以北京为主，调研对象限

定为北京市文化企业的财务管理人员。调研历时 2 个月，共回收有效问卷
102 份。

（三）数据分析

1. 样本构成及描述性统计分析

（1）样本构成

本文获取的 102 份有效样本数据基本能够支持论文的研究需要，在实
证分析之前，先对问卷样本基本信息和样本数据做描述性统计。问卷的第
二部分主要涉及样本企业的基本信息，有效样本数据基本信息的统计结果
如表 2 所示。从表 2 可以看出：87.3% 的企业为有限责任公司；81.4% 企
业的成立年限在 10 年以下；88.2% 的企业属于文化艺术类别；只有 12.7%
的被调研企业认为获取资金支持容易；54.9% 的企业认为融资难是制约其
发展的主要桎梏。

表 2　样本基本统计信息

		样本数	百分比			样本数	百分比
企业性质	国有企业	1	1%	行业类型	文化艺术	90	88.2%
	合伙企业	1	1%		广播电视电影	8	7.8%
	股份有限公司	4	3.9%		广告会展	1	1%
	私营企业	7	6.8%		旅游休闲娱乐	2	2%
	有限责任公司	89	87.3%		其他辅助服务	1	1%
成立年限	1 年及以下	2	2%	融资难易	容易	13	12.7%
	1~3 年（含）	31	30.4%		一般	33	32.4%
	3~10 年（含）	50	49%		难	56	54.9%
	10 年以上	19	18.6%				
被调研者	财务经理	51	50%				
	财务主管	45	44.1%				
	其他财务人员	6	5.9%				

（2）样本描述性统计分析

表3 变量的描述性统计分析

变量		最大值（X）	最小值（M）	平均值（E）	偏度		峰度	
					统计量	标准误	统计量	标准误
文化企业	管理者认知1	5	1	2.88	0.315	0.239	-0.912	0.474
	管理者认知2	5	2	3.76	-0.624	0.239	0.842	0.474
	管理者认知3	5	2	3.21	-0.273	0.239	-1.150	0.474
	网络能力1	5	2	3.95	-0.517	0.239	0.790	0.474
	网络能力2	5	2	3.96	-0.461	0.239	1.085	0.474
	网络能力3	5	3	4.13	0.002	0.239	-0.035	0.474
核心企业	关系质量1	5	2	3.92	-0.134	0.239	-0.059	0.474
	关系质量2	5	2	3.82	-0.559	0.239	0.387	0.474
	关系质量3	5	2	4.11	-0.325	0.239	0.771	0.474
	关系强度1	5	2	3.97	-0.211	0.239	0.249	0.474
	关系强度2	5	3	4.22	0.044	0.239	-0.194	0.474
	关系强度3	5	2	4.12	-0.328	0.239	0.934	0.474
	社会责任感1	5	2	3.99	-0.566	0.239	0.343	0.474
	社会责任感2	5	2	3.64	-0.278	0.239	-0.220	0.474
	社会责任感3	5	2	3.87	-0.578	0.239	1.129	0.474
银行	信用水平1	5	2	3.94	-0.622	0.239	0.908	0.474
	信用水平2	5	2	3.99	-0.461	0.239	1.024	0.474
	信用水平3	5	3	4.12	0.063	0.239	0.225	0.474
	信用水平4	5	2	4.02	-0.470	0.239	0.980	0.474
	文化相容性1	5	3	4.00	0.000	0.239	-0.412	0.474
	文化相容性2	5	2	4.09	-0.314	0.239	1.265	0.474
	文化相容性3	5	2	3.79	-0.773	0.239	1.146	0.474
	文化相容性4	5	2	3.81	-0.308	0.239	0.224	0.474
政府	产业政策1	5	2	3.87	-0.156	0.239	0.179	0.474
	产业政策2	5	2	4.10	-0.506	0.239	0.570	0.474
	产业政策3	5	2	3.97	-0.488	0.239	1.258	0.474

续表

变量		最大值（X）	最小值（M）	平均值（E）	偏度		峰度	
					统计量	标准误	统计量	标准误
供应链金融	供应链融资1	5	1	3.68	-0.555	0.239	0.994	0.474
	供应链融资2	5	1	3.70	-0.663	0.239	0.698	0.474
	供应链融资3	5	1	3.75	-0.754	0.239	0.569	0.474
	供应链融资4	5	1	3.93	-1.182	0.239	3.507	0.474

如表3所示，问卷各测量题项的均值集中在3~4，偏度几乎都小于0，峰度系数均小于3，表明本文所收集的样本数据总体呈左偏态扁平分布。数据的结果达到了学者们普遍认可的偏度绝对值远远低于3、峰度绝对值远远低于10的普遍标准，表明样本数据可进行下一步的分析。

2. 量表的信度和效度分析

（1）信度分析

信度是调查问卷数据的可靠性测量。通过信度检验能够说明问卷数据的客观性，即通过调研、访谈收集的数据能够客观地反映现象。通常用信度系数来表示信度的大小，目前，国内外学者通常以Cronbach's α 系数的大小来表示信度的大小。通常情况下，当Cronbach's α 系数的值高于0.9时，说明测量结果的可信程度很高；当Cronbach's α 系数值低于0.6时，一般认为信度值不可接受，应考虑增删测量题项或者重新修订测量量表。文中各测量指标的Cronbach's α 系数如表4所示。

表4　量表的信度检验

变量		Cronbach's α 系数	变量		Cronbach's α 系数
文化企业	管理者认知	0.782	银行	信用水平	0.746
	网络能力	0.724		文化相容性	0.692
核心企业	关系质量	0.668	政府	产业政策	0.667
	关系强度	0.777	供应链金融	供应链融资	0.725
	社会责任感	0.789			

由表4可知，本文量表所涉及的各测量指标的 Cronbach's α 系数大部分大于 0.7，表明各测量指标的信度良好，表明收集的数据通过了信度检验，可以做进一步数据分析。

（2）效度分析

本文运用 SPSS 22.0 软件，采取探索性因子分析法进一步探索量表的效度。采用因子分析法的前提是各观测变量间存在明显相关性。因此需要对各测量变量作 KMO 和 Bartlett 球形检验，根据 KMO 值的大小及 Bartlett 的显著性判断是否适合做因子分析。通常情况下，KMO 值在 0.9 以上，表明特别适合做因子分析；KMO 值低于 0.5 时，表明不适合作因子分析。且只有当 Bartlett 球形检验的结果比较显著时，各测量题项才具有相关关系。检验结果如表 5 所示。

表 5 KMO 样本充分性测试及 Bartlett 球形检验结果

变量	KMO 值	Bartlett 球形检验的显著性概率	变量	KMO 值	Bartlett 球形检验的显著性概率
管理者认知	0.604	0.001	信用水平	0.687	0.000
网络能力	0.666	0.000	文化相容性	0.675	0.000
关系质量	0.656	0.000	产业政策	0.630	0.000
关系强度	0.618	0.000	供应链金融	0.694	0.000
社会责任感	0.693	0.000			

由表 5 可知，各测量变量的 KMO 值均大于 0.6，表明比较适合作因子分析。且各变量的 Bartlett 球形检验显著性为 0.00，显著性比较高，表明量表存在相关性较高的题项。做因子分析时，按最大方差法进行旋转后，得到的结果如表 6 所示。

表 6 因子分子结果

因子	题项	因子载荷								
		F1	F2	F3	F4	F5	F6	F7	F8	F9
F1 管理者认知	RZ1	0.710								
	RZ2	0.731								
	RZ3	0.673								

因子	题项	因子载荷								
		F1	F2	F3	F4	F5	F6	F7	F8	F9
F2 网络能力	WL1		0.799							
	WL2		0.843							
	WL3		0.768							
F3 关系质量	ZL1			0.805						
	ZL2			0.740						
	ZL3			0.789						
F4 关系强度	QD1				0.683					
	QD2				0.817					
	QD3				0.767					
F5 社会责任感	ZR1					0.872				
	ZR2					0.804				
	ZR3					0.849				
F6 信用水平	XY1						0.756			
	XY2						0.844			
	XY3						0.770			
	XY4						0.649			
F7 文化相容性	WH1							0.761		
	WH2							0.738		
	WH3							0.732		
	WH4							0.658		
F8 产业政策	ZC1								0.760	
	ZC2								0.834	
	ZC3								0.727	
F9 供应链金融	GY1									0.792
	GY2									0.736
	GY3									0.747
	GY4									0.688

进行因子分析时，按最大方差法进行旋转，得到 8 个主因子且累计方差解释量均在 60% 以上，大于 40% 的一般要求。且各题项的因子载荷集中在 0.6~0.9 区间，大于 0.5 的最低要求，且变量的每个题项能够很好地负荷到预期因子上，说明问卷具有良好的效度。

3. 相关性分析

为检验两两变量之间是否有相关关系，采用 Pearson 相关的方法对数据进行相关检验。结果如表 7 所示：在 0.05 的显著性水平上，管理者认知与关系强度呈负相关关系，其余各变量之间的相关系数均显著，且均为正相关。这一结果为下文进一步分析提供了基础保障。

表 7　两两变量的相关成分矩阵

	RZ	WL	ZL	QD	ZR	XY	WH	ZC	GY
管理者认知（RZ）	1								
网络能力（WL）	0.111	1							
关系质量（ZL）	0.134	0.406**	1						
关系强度（QD）	−0.102	0.510**	0.445**	1					
社会责任感（ZR）	0.134	0.250*	0.312**	0.206*	1				
信用水平（XY）	0.108	0.556**	0.471**	0.470**	0.365**	1			
文化相容性（WH）	0.129	0.474**	0.544**	0.373**	0.403**	0.877**	1		
产业政策（ZC）	0.048	0.329**	0.262**	0.239**	0.286**	0.431**	0.466**	1	
供应链金融（GY）	0.207*	0.229*	0.413**	0.309**	0.178	0.299**	0.359**	0.392**	1

注：** 在置信度（双侧）为 0.01 时，相关性是显著的；* 在置信度（双侧）为 0.05 时，相关性是显著的。

4. 回归分析与假设检验

（1）各自变量的回归分析

相关性分析仅能评价各个因素是否与因变量存在相关关系以及其关系的紧密度。为了进一步指出相关关系的方向，以及说明各个因素之间的因果关系，需要对数据进行回归分析。本文采用多元线性回归分析对假设进行检验和论证。

表 8　回归系数与显著性系数

非标准化系数		标准系数	T 值	显著性	共线性统计	
B	标准错误	贝塔			容许	VIF
0.189	0.099	0.184	1.899	0.060	0.988	1.013
0.238	0.110	0.209	2.162	0.033	0.988	1.103
0.365	0.115	0.332	3.168	0.002	0.751	1.331
0.195	0.129	0.153	1.505	0.135	0.797	1.254
0.040	0.091	0.043	0.444	0.658	0.897	1.115
-0.092	0.261	-0.069	-0.353	0.725	0.231	4.331
0.522	0.243	0.420	2.153	0.034	0.231	4.331

注：因变量为供应链金融。

从表 8 可以看出：各自变量的方差膨胀因子（VIF 值）小于 10，容许值大于 0.1，说明各变量间不存在多重共线性问题。由表 8 的回归系数及显著性可知：管理者认知、网络能力、关系质量、文化相容性对于文化企业供应链金融在 10% 显著性水平下均有正向显著影响，其中文化相容性的影响最大，其次是关系质量和网络能力；关系强度、社会责任感及信用水平对于文化企业供应链金融的影响在 10% 的显著性水平下不显著。总之，在 10% 显著性水平下，假设 H1、H2、H3、H7 得到支持。

（2）调节效应分析和假设检验

为进一步验证产业政策是否对关系质量、关系强度和社会责任感产生调节作用，本文采用了多元线性回归分析对假设进行验证。回归分析有两种方法检验调节效应，一是检验两个方程的 R^2 改变量，如果改变量显著，说明调节作用显著；二是直接检验交乘项系数的显著性，如果系数显著则说明调节作用显著。本文采用第二种方法，通过检验交乘项系数的显著性来检验调节效应，具体分析结果如表9所示。

表9　系数和显著性

模型		非标准化系数		标准系数	T 值	显著性
		B	标准错误	贝塔		
1	（常量）	3.769	0.051		73.954	0.000
	ZL	0.355	0.101	0.323	3.525	0.001
	ZC	0.342	0.105	0.296	3.257	0.002
	ZL * ZC	−0.107	0.165	−0.058	−0.648	0.519
2	（常量）	3.767	0.053		71.626	0.000
	QD	0.292	0.118	0.230	2.476	0.015
	ZC	0.387	0.107	0.335	3.613	0.000
	QD * ZC	−0.099	0.196	−0.045	−0.503	0.616
3	（常量）	0.037	0.054		0.687	0.494
	ZR	0.038	0.090	0.040	0.421	0.675
	ZC	0.414	0.109	0.358	3.797	0.000
	ZR * ZC	−0.407	0.177	−0.211	−2.304	0.023

从表9可以看出自变量与调节变量交乘项，即关系质量 * 产业政策系数为−0.107，在10%的显著性水平下，交乘项系数不显著，假设 H1a 未得到验证。关系强度与产业政策的交乘项系数为−0.099，在10%的显著性水平下，假设 H2a 未得到支持。社会责任感与产业政策的交乘项系数为−0.407，在10%的显著性水平下，假设 H3a 未得到支持。

假设 H1a、H2a 未得到验证的原因可能在于：现有关于文化产业的政策范围较宽泛，在文化产业下又细分为几大类行业，缺乏针对性的产业扶持政策。在中国特有的时代背景下，初创期的企业生存和发展主要靠社会资本，产业政策对企业行为的直接指导作用不够。社会资本能够通过提高信息透明度来为中小企业提供可行的获取资金方式，并减少资金成本。而本文的研究对象是中小微企业，受到产业扶持政策的庇佑不大，初创期的中小微文化企业的生存和稳定发展主要依赖于社会资本。与上下游企业建立长期合作关系，有助于企业增加获取资金的机会，满足其资金需求。

假设 H3a 未得到支持的原因可能在于：在经济新常态下，市场竞争尤为激烈，初创期或是成长期的文化企业规模较小，资金有限。在资金、资源有限的情况下，文化企业更倾向于把有限的资源用于增强自身的核心竞争优势、促进企业自身的资本积累及扩大组织规模。相较于规模较大、发展成熟的企业，中小文化企业将有限资源用于企业社会责任的动力不足、可能性较小。通常只有发展成熟的大型企业或是上市公司才会积极响应政府号召，主动履行并倡导企业社会责任。本文选取的样本企业为中小微企业，除了具有中小微企业自身的局限性外，文化企业为了自身能够持续经营和稳定发展，即使有文化产业的政策引导，也会更注重资本积累，维持和建设与链上节点企业的合作伙伴关系。因此，文化产业政策对于初创期或是成长期的文化企业来说，作用可能不太显著，其需要先积累资源稳定发展。

四 研究结论与建议

（一）研究结论

本文以北京市文化企业为调研对象，采用问卷调查的方式探讨文化企业供应链金融的影响因素。本文研究发现：在 10% 显著性水平下，假设 H1、H2、H3、H7 得到支持，即文化企业的管理者认知和网络能力、与核心企业的关系质量、文化相容性对文化企业供应链金融具有正向促进作用，且验证了产业政策对供应链金融不具有调节作用。这一研究结论有利于多层次认识中小文化企业供应链金融的使用效果及其影响因素，有助于制定针对性的政策措施和实施方案。

在最后的问卷调研中，假设 H4、H5、H6 没有得到支持，即关系强度、社会责任感、信用水平对文化企业供应链金融的正向促进作用没有得到支持和证明，可能的原因如下。第一，针对 H4 关系强度的假设，主要关注供应链企业之间的联系频率和交易意愿等内容，由于没有涉及关系内涵，所以这种表面的联系强度并不意味着关系的质量好坏。而只有 H3 关系质量的假设才能真正反映供应链合作伙伴的相互支持和协同发展。第二，针对 H5 社会责任感的假设，其内容集中于"企业是否应该履行社会责任"，未设有企业应该履行多少及如何促进企业履行社会责任等题项，问题的不全面有可能导致研究假设未得到支持。第三，针对 H6 关于信用水平的假设，因为文化产业的核心是内容、创意等无形资产，其评估体系还不完善，所以中小文化企业选择合作金融机构的标准区别于传统的中小企业，不只以违约情况衡量信用水平，还应考虑对知识产权的保护程度，以此促进金融机构创新，进而为中小文化企业提供资金支持。

（二）政策建议

供应链金融这一新型融资模式不同于传统融资模式，其评估对象不仅限于文化企业自身，还需要对核心企业及整条供应链做出评估。问卷调查数据显示，大部分文化企业未采用这一新型融资模式来降低其融资约束程度。如何促进供应链金融在文化产业的应用呢？结合影响文化企业供应链金融的因素，本文提出以下几点建议。

一是提高文化企业的管理者认知。良好的管理者认知对文化企业供应链金融具有正向的促进作用。文化企业应该通过组织学习提高管理者认知，例如可以关注政府出台的有关文化产业融资的政策，经常与合作伙伴交流与合作，发现自身的优势与不足。

二是加强文化企业的网络能力。借助供应链金融一体化资源优势，提高节点企业的网络规划、配置、运作、占位等能力。

三是积极与核心企业开展合作。文化企业要认识到供应链伙伴对其获得供应链融资的积极作用。关系质量的建立与积累对提升其供应链融资有正向促进作用，因此文化企业应该尤其注重与核心企业长期稳定关系的建立与维护。

参考文献

[1]葛庆稳：《我国文化产业融资问题及对策研究》，天津财经大学硕士学位论文，2015。

[2]Martin, R., Cara, A., and Brady, "M. Requirements for an Evolving Model of

Supply Chain Finance：A Technology and Service Providers Perspective"，*Communications of the IBIMA*，2009（10）.

［3］张伟斌、刘可：《供应链金融发展能降低中小企业融资约束吗？——基于中小上市公司的实证分析》，《经济科学》2012 年第 3 期。

［4］李婷婷：《供应链金融对中小企业融资约束作用研究》，南京航空航天大学硕士学位论文，2018。

［5］诸葛秀子：《供应链金融与中小企业融资约束》，山东大学硕士学位论文，2019。

［6］耿同劲：《文化产业供应链融资研究》，《贵州社会科学》2013 年第 6 期。

［7］薛萌、胡海青、张琅、张丹：《网络能力差异视角下供应链伙伴特性对供应链融资的影响——关系资本的中介作用》，《管理评论》2018 年第 6 期。

［8］杨霞、姜乐：《管理者认知、动态能力与企业战略：突破认知惰性》，《山东工商学院学报》2019 年第 6 期。

［9］罗珉：《企业战略行为研究述评》，《外国经济与管理》2012 年第 5 期。

［10］简兆权、陈键宏、郑雪云：《网络能力、关系学习对服务创新绩效的影响研究》，《管理工程学报》2014 年第 3 期。

［11］任胜钢：《企业网络能力影响创新绩效的路径分析》，《科研管理》2013 年第 6 期。

［12］宋晶、陈菊红、宋永磊：《网络能力与合作创新绩效的关系研究——文化异质性的作用》，《管理评论》2015 年第 2 期。

［13］范钧、郭立强、聂津君：《网络能力、组织隐性知识获取与突破性创新绩效》，《科研管理》2014 年第 1 期。

［14］沙振权、周飞：《企业网络能力对集群间企业合作绩效的影响研究》，《管理评论》2013 年第 6 期。

［15］陈志新、张忠根：《产业组织演进与供应链网络治理：一个理论综述》，《经济学家》2010 年第 6 期。

［16］宋坤霖：《中小建筑企业供应链融资影响因素研究》，天津理工大学硕士学位论文，2014。

［17］Gummesson E. "The new marketing developing long-term Interactive relationships"，*Long Range Planning*，1987，20（4）.

［18］Crosby，L. A.，Evans，K. R.，Cowles，D.，"Relationship Quality in Services Selling：An Interpersonal Influence Perspective"，*Journal of Marketing*，1990，54（3）.

［19］Young，J. A.，Pelton，L. E.，"*Strategic Alliances：Are They Relational by Definition*"，Indiana：Indiana Stata University，2000.

［20］Fynes，B.，Burca，S. D. & Marshall，D.，"Environmental Uncertainty，Supply

Chain Relationship Quality and Performance", *Journal of Purchasing & Supply Management*, 2004, 1 (10).

[21]宋永涛、苏秦、李钊、党继祥:《供应链关系质量对合作行为影响的实证研究》,《预测》2009 年第 3 期。

[22]李丹、杨建君、赵璐:《企业间知识库兼容性、知识转移与企业知识创造绩效:双边关系质量的调节机制》,《科技管理研究》2021 年第 17 期。

[23]Mcwilliams, A., and D. Siegel, "Corporate Social Responsibility: A Theory of the Firm Perspective", *Academy of Management Review*, 2001, 26 (01).

[24]Gregory A and Whittaker, "Exploring the Valuation of Corporate Social Responsibility-A Comparison of Research Methods", *Journal of Bussiness Ethics*, 2013 (01).

[25]Lee, Y. J., H. J. Yoon and N. H. Donnel, "The Effects of Information Cueson Perceived Legitimacy of Companies that promote Corporate Social Responsibility Initiatives on Social Networking Sites", *Journal of Business Research*, 2018 (83).

[26]Cook, Lisa D., "Trade Credit and Bank Finance: Financing Small firm s in Russia", *Journal of Business Venturing*, 1999, 14 (5).

[27]李和荟、曲琳琳、孙哲:《文化企业概况与特点分析》,《东方企业文化》2013 年第 21 期。

[28]Hofmann E., "Inventory Financing in Supply Chains ", *International Journal of Physical Distribution& Logistics Management*, 2013 (9).

[29]蒲红美、李进兵:《货币政策对企业投融资行为影响研究述评与展望》,《西南科技大学学报》(哲学社会科学版) 2019 年第 4 期。

[30]刘兰剑:《网络能力、网络地位与创新绩效——产业控制力来源的另一个视角》,《科研管理》2014 年第 12 期。

[31]于晓宇:《网络能力、技术能力、制度环境与国际创业绩效》,《管理科学》2013 年第 2 期。

[32]李随成、李勃、张延涛:《供应商创新性、网络能力对制造企业产品创新的影响——供应商网络结构的调节作用》,《科研管理》2013 年第 11 期。

[33]Doney, P. M., Cannon, J. P., "An Examination of the Nature of Trust in Buyer-Seller Relationships", *Journal of Marketing*, 1997, 61 (2).

[34]Ganesan S., "Determinants of Long-Term Orientation in Buyer-Seller Relationship", Journal of Marketing, 1994, 58 (2).

[35]胡海青、薛萌、张琅:《供应链合作关系对中小企业营运资本的影响研究——基于供应链融资的视角》,《经济管理》2014 年第 8 期。

[36]黄芳铭:《结构方程模式:理论与应用》,中国税务出版社,2005。

[37]张虎、田茂峰:《信度分析在调查问卷设计中的应用》,《统计与决策》2007

年第 21 期。

［38］黎建新：《消费者绿色购买研究：理论、实证与营销意蕴》，湖南大学出版社，2007。

［39］王兰兰：《网络购物的服务质量感知、顾客满意与顾客公民行为的关系研究》，暨南大学硕士学位论文，2011。

［40］马宏：《社会资本与中小企业融资约束》，《经济问题》2010 年第 12 期。

［41］李轩复、郭毅：《意大利中小企业社会责任推行模式对我国的启示》，《生产力研究》2009 年第 22 期。

文化金融服务文化产业的金融科技应用场景构建[*]

金　巍[**]

摘　要： 金融科技的发展正对整个金融体系产生重大的影响。金融科技与文化产业的关系，本质是文化金融的金融科技应用场景构建问题。本文提出，文化金融的发展潜力巨大，但要解决文化金融的一些根本问题，需要金融科技承担重要角色。本文分析了文化金融科技应用场景化两条路径的优劣，提出从金融业务这个角度出发分解文化金融场景更加可靠；要特别重视文化金融场景应用的三个重要领域，包括文化产业供应链金融、文化消费金融及文化贸易金融。本文最后认为，文化金融的金融科技应用需要在监管支持下创新。

关键词： 金融科技　文化金融　文化产业　场景

金融科技对金融体系的重塑已成大势所趋。从文化产业角度出发，基于金融服务实体经济的逻辑，要研究如何利用金融科技改善文化金融服务，使对文化产业的金融服务更加有效、资本供给更加通畅。从金融科技到文化产业，中间环节就是场景，本质是要进行更有价值的文化金融服务

---

* 本文原载于深圳文化产权交易所公众号，原标题为《从金融科技到文化产业需要更有价值的场景构建》，作者进行了修正和补充。

** 金巍，国家金融与发展实验值文化金融研究中心副主任，北京立言金融与发展研究院文化和旅游金融研究所所长，社会科学文献出版社"文化金融蓝皮书"主编，特聘研究员，高级经济师，主要研究方向为文化金融。

场景构建，这是"十四五"期间发展文化金融需要特别关注的课题。

一 文化金融的发展潜力巨大，金融科技 将承担重要角色

从 2009 年到现在，文化金融经过十余年的发展，已经有了很大进步，为文化产业发展提供了很大的驱动力支撑。国家统计局数据显示，2019 年全国文化及相关产业增加值为 44363 亿元，这个指标在 2009 年只有 8400 亿元。但目前看，金融对文化产业的资本供给仍是不足的，其服务质量和效率都有问题。未来十年，文化金融前景可期，因为中央已经将文化产业发展放在了非常重要的位置，文化产业发展的外部环境将得到改善，而金融服务文化产业是必须强化的。很多人对文化金融发展没有信心，认为文化金融就只是一个文化经济政策手段或工具而已，在政策层面上讨论讨论就可以了。但实际上文化金融不仅是一种政策手段这么简单。从长远看，我们还要寄希望于文化金融能作为一种文化产业市场机制和特殊的金融业态发挥更大的作用。

在文化金融前期的发展历程中，有些问题一直无法得到根本解决，比如中小微文化企业融资难、融资慢、融资贵的问题。这些问题的背后，根本上是两个支柱没有建好：一个是文化企业信用管理，另一个是文化资产评估评价（以无形资产为主）。现在看，这些以往经常讨论的问题要从根本上解决，要寄希望于新技术的应用，也就是金融科技的应用，这就是我们特别关注金融科技的原因。

毕马威（KPMG）发布的《金融科技脉搏》报告显示，从 2015 年到 2019 年，全球金融科技投融资金额已经增至 1503 亿美元，年均增速达 23.4%，投融资数量从 2123 宗增至 3286 宗。2020 年受疫情影响，全球金融科技投资下降幅度比较大，但金融科技发展格局基本形成。金融科技在我国的发展出乎很多人的意料，颇有后来居上的趋势。大数据、云计算、区块链、人工智能、5G 等核心技术以及物联网技术、移动互联技术、边缘计算、加密、数字孪生等技术在金融体系的应用，不仅正在重构金融体系，在产业金融服务上也取得了很多成绩。金融科技在能源、汽车、交通

等领域应用较多，但在文化产业方面的应用仍有待加强，现在"三农"方面的金融科技应用都比文化领域要多得多。以何种路径来解决文化金融发展中的问题，包括解决两个支柱问题，都值得再深入讨论。过去市场对这个方面有些创新，但不是很成功，需要重新检讨。

二　文化金融科技应用场景化的两条路径解析

场景化是金融科技应用的关键，也是金融科技应用于文化金融服务的关键。随着金融科技和数字技术的发展，更加强调基于客户需求和体验的场景化构建成为可能，所以有人提出了基于金融科技的"场景金融"概念。从金融科技到文化产业，中间的桥梁就是场景，具体来说就是文化金融服务的科技应用场景。这个场景虽然是基于现实需求而产生的，但也需要在数字技术条件下进行复杂的梳理和构建。要想从金融科技发展获得红利，如果等着金融体系完全改造转型完成进而惠及到文化产业，那过于漫长了。但从金融科技到文化产业，构建有价值的金融服务应用场景，往往也是有较大风险的，这也是一种"惊险一跃"。

多年来这个领域的进步实际上并不是很大，比如区块链在文化金融领域的应用，总体上是令人失望的。直到 2019 年 10 月 24 日，中央政治局集体学习区块链，似乎才引起文化界对区块链的重视。这几年区块链在文化领域的应用有一些亮点，比如在版权方面，阿里巴巴、京东等都推出了应用区块链技术的服务平台。从版权资产或数字资产这个角度来看，勉强算是文化金融领域技术应用。

文化金融科技应用场景化的路径是基于某一个需求，由相关主体组织研发或请区块链技术服务公司研发应用。由于这些相关主体大多不是金融机构，实力也较小，应用研发无法持续。因为市场规模小，即便落地了，推广也很难。基础设施性质的应用本来看起来很有前景，但推行起来也比较困难，比如单一的基于文化企业的大数据征信技术应用。这个路径是自下而上的，现在看这种路径仍是需要推进的，只不过要更多地依赖大平台。大型互联网平台的金融科技场景应用主要是支付和导流，比较容易和金融机构对接。如果构建完全专业化的场景，可能要把重心放在文化资产这个层面上，如文交所、版权交易所等类金融机构的资产交易场景。

另一个路径是从金融业务这个角度出发分解文化金融场景。当前传统金融机构的技术应用业务领域主要有信贷服务、保险服务、证券服务、资管服务等，前两者的技术投入比较大，比较注重场景构建，比如中国银行推出的"基于区块链的产业金融服务"创新项目。后两者投入相对小，主要用于自身业务流程的优化，如风控、投研等。这些业务领域可以再细分，其中银行、保险、平台与文化金融相关的场景是值得期待的。从这几年的实践看，文化金融科技应用场景构建这个路径是比较可靠的，这个路径的基本内容是：基于大型金融机构的"大金融"服务的整体构建及大机构整体基础设施的重构，在共性基础上结合文化产业特点和特性，然后形成文化金融服务的标准化方案，形成自上而下的发展路径。大机构拥有更多的客户群，有规模就有应用的必要性，所以分解出文化类场景是比较容易的。现在大多数大型金融机构都成立了自己的金融科技子公司，与互联网技术服务公司共同构成了两种最重要的技术力量，文化产业相关机构可以和它们合作，推动文化领域的场景构建。

三 文化金融场景应用的三个重要领域

当前，我国所处国际环境、经济发展环境都有了较大变化。结合大环境因素，有三个领域的文化金融科技应用场景化需要特别关注。

第一，文化产业供应链金融中的金融科技应用。将供应链金融模式应用到文化产业，逻辑上是有利于解决众多中小文化企业的融资难题的，但在实践中，由于文化产业供应链的核心企业和其他企业的特点不同，供应链金融服务推动是比较困难的。现在有人又提出产业链金融问题，本质上还是供应链问题。供应链金融在金融科技应用环境下会有很多不同，如企业运营情况的掌握、风险预警等。一些技术公司为银行提供文旅金融服务方案时提供了一个很好的范本，如优品三悦科技。需要关注的是，当前有很多机构在推动数字供应链金融，但数字供应链金融不是简单的供应链金融服务模式的数字化，其中还有资产数字化问题，需要充分挖掘供应链中数据资产或数字资产的价值。

第二，文化消费金融的金融科技应用。消费金融当然需要一定的消费场景，比如汽车消费、网上购物、旅游消费，这些场景就很明确清晰。文旅消费的金融服务说得比较多，实际上旅游消费金融场景化实现更容易一些，文化消费金融与旅游消费金融还是有很大不同的。文化消费场景比较复杂，以往看起来适合做消费金融产品的场景似乎也不多，所以有些金融机构就把金银首饰的消费也作为文化消费金融场景。大型互联网平台产生的消费金融服务往往能够更多涉及文化消费，比如京东白条购书也是一种文化消费金融。但是目前仍需要金融机构分解文化消费类型，推出更多金融产品。

第三，文化贸易金融的金融科技应用。文化贸易金融服务这个问题提出很早，2009 年就有金融支持文化出口方面的政策，当下这个问题的内涵发生了变化。我国疫情防控"风景这边独好"，而世界主要国家对疫情的防控情况很令人担忧，能不能恢复到原来的文化贸易状态，还要看其他国家的疫情防控情况。所以，我国提出了"双循环"新发展格局这个重大战略布局，"双循环"需要不一样的对外贸易，文化贸易的内容要变、形式要变。未来将主要以数字版权贸易为重点，还会有大量的与文化相关的技术服务贸易，只有金融科技提供技术支撑，文化金融服务才能跟上形势的变化。

四 文化金融的金融科技应用需要在监管支持下创新

进入金融严监管周期以来，为了防范金融体系出现系统性风险，国家出台了很多政策措施，也取得了非常明显的效果。当然，文化金融领域也受到了很大的影响，有正面的，也有负面的，总体上为金融服务文化实体经济发展创造了更好的环境。邮币卡、电子盘和艺术品份额化的彻底清理就很值得称道，因为这些都是脱离文化生产的泡沫化现象，是需要被清理的。但是在文化产业股权投资领域，有些措施有点过严了。

常态化监管是避免不了的，文化金融创新要看监管的有利方面，并积极利用。比如金融科技的应用，应该充分利用各级监管机构的"监管沙箱"模式或"监管沙盒"（Regulatory Sandbox）模式，这样就可以在风险可控的基础上推动文化金融产品和服务创新。现在央行正在推动金融科技创新的监管沙盒试点，有北京、上海、深圳、广州、杭州、成都、重庆、苏州、雄安等 9 个地区参与，项目有将近 70 个，其中有一半的项目与普惠金融、小微金融服务相关，这对文化金融来说是个好消息。但试点项目中还没看到具体针对文化金融领域的项目。今后会有更多不同形式的监管沙盒推出，文化产业相关机构应该积极利用这种模式，与金融机构合作推动文化金融科技应用创新。比如在数字文化资产管理的金融科技应用等方向，一些具有普遍性意义的文化金融科技应用项目，应该可以纳入监管沙盒的创新中。

媒体传播

书业衍变与文化传播

李建臣*

摘　要：文字，是人类文明的标志。文字既是人类思想成果的体现，又通过交流进一步促进人类思想的发展。数千年来，人类的文字都以其独到的思想价值，对传播人类文明发挥了巨大作用，而且这种作用是不可替代的，也是永恒的。本文主要以楔形文字、希伯来文、梵文、拉丁文和中文为研究对象，浮光掠影地介绍一下这5种文字及著述对推动人类文明发展的贡献。

关键词：书业　文字　文化传播

首先对书业概念做一个说明。这里探讨的书业是广义概念，泛指人类以文字为媒介进行信息传播的方式或行为，包括多种形态载体介质。

中文"书"字最早见于甲骨文，本义是书写，后引申为写出来的成果、作品，如文书、信函、简册、典籍等。所以书业与文字密不可分。文字是人类文明的标志，从最初零散的表形会意符号，到后来成为大家公认的交流工具，经历了数千年漫长过程。我们在这里主要探讨成熟的文字。

文字既是人类思想成果的体现，又通过交流进一步促进人类思想的发

---

*　李建臣，清华大学双学位毕业，武汉大学博士毕业，编审，文化学者，中国作家协会会员，中国科普作家协会会员、荣誉理事，代表作《故乡的河》《依稀荷塘》《漫步康桥》《鹅湖遗响》等。

展，所以书业与人类的思维能力和思想创造力相互促进、相辅相成。考察人类文明史，我们发现，每一个社会或每一种文明的繁荣，都与那个时代文字的进化程度同频共振。甲骨文时期汉字有 4500 多个，到东汉《说文解字》时汉字约有 1 万个，翻了一番；到《康熙字典》时汉字有 47000 多个，又翻了两番多。从不同时期汉字的数量，也可以看出我们民族在不同时期的语言表达能力和思维能力。

历史上有许多文字著述影响深远。本文主要对楔形文字、希伯来文、梵文、拉丁文和中文进行研究，浮光掠影地介绍一下这 5 种文字及其著述对推动人类文明发展的贡献。

一　楔形文字

先从西亚说起。中国最早的青铜器，是在甘肃出土的一把青铜刀，距今约 5000 年。而在西亚出土的青铜器距今已 9000 年。西亚作为最早闪烁人类文明曙光的地区，也最早产生了成熟的文字。

5000 多年前在两河流域诞生了楔形文字。实际上两河流域此前使用的也是象形文字，但在随后逾千年的使用过程中，逐步完成了从象形到表意，再到表音的转变，成为半音节的楔形文字。书写格式则从自上而下、先右后左（类似中国古籍）转变为从左到右。

在书写方式上，苏美尔人以芦苇秆或木棍作笔，笔尖削成三角形，把文字刻写在用黏土制作的长方形泥版上，写完后晾干、烧制，类似烧砖。泥板大小不等，就像现代书籍有 32 开、16 开、8 开本。现存最大泥板 2.7 米长、1.95 米宽。这种泥板书虽然笨重，却可永久保存。

后来，楔形文字逐步成为西亚大部分地区甚至埃及的通用文字，并且在传播过程中不断被各地区各时代所改造，衍化为许多不同的文字体系，就像一个老祖宗繁衍了无数子孙。到公元一世纪，存在了 3000 多年的楔形文字便消亡了。

从 18 世纪后期开始，随着各种写有楔形文字的泥板或石板被陆续发现，考古学家们开始关注楔形文字。其中有几位标志性人物：第一位是丹麦学者尼布尔，1756 年在伊朗境内的波斯波利斯王宫遗址中发现了楔形文字铭文。他抄录下来并尝试着做了部分释读，并于 1772 年发表。第二位是德国学者格罗特芬德，他在解读古波斯文方面有重要突破。古波斯文的形成即借鉴于两河流域的楔形文字。第三位是英国学者罗林森，他破译了贝西斯顿铭文。

研究两河文明的学科叫亚述学。亚述学展现了古代两河流域在天文、历法、数学、建筑、文字、文学、艺术、宗教、神话等方面的卓越成就，也揭示了它对人类文明发展所起的重要作用。亚述学因解读楔形文字而诞生，解读楔形文字也是亚述学的核心。因为两河文明的历史原貌几乎全部存在于各种形式的原始书籍中，不像我们研究长城，原物就矗立在那里。

两河流域曾经存在过许多国家，为什么偏要用"亚述"来命名这门学问呢？因为亚述帝国不仅繁荣强大，也是泥板书出土最集中的地方。亚述人不仅对楔形文字进行了改进，还建立了人类历史上第一个大型图书馆，收藏了大量泥板书。这是公元前 7 世纪的事情。后来随着亚述帝国灭亡，首都尼尼微亦被摧毁。1849 年英国学者莱亚德在荒废了 2400 多年的废墟上挖掘出了古城尼尼微，使无数艺术珍品重见天日，其中价值最大的就是 2 万多块泥板书，内容广泛，为揭开两河流域数千年文明的神秘面纱提供了大量珍贵资料。到目前为止，考古学家发掘出来的泥板书已近百万块。

楔形文字代表作品是《贝西斯顿铭文》和《汉谟拉比法典》。1835 年，25 岁的英国军人罗林森在伊朗西部贝西斯顿小镇附近峭壁上发现了楔形文字摩崖铭文。他冒着生命危险架上云梯，用了 12 年时间，把刻在 100 多米高悬崖上的铭文抄录下来，并全部破译。1850 年罗林森发表了《巴比伦楔形文字铭刻注解》，1852 年又发表了《亚述史纲》，无可争辩地成为举世公认的亚述学之父。

《汉谟拉比法典》刻在一块 2.25 米高的黑色玄武岩石柱上，由法国人 1901 年挖掘于伊朗西南部的苏撒古城遗址。苏撒古城原是古国埃兰的首都，公元前 1163 年，埃兰人攻占了巴比伦，把刻有《汉莫拉比法典》的石柱作为战利品搬回了苏撒。后来埃兰王国被波斯消灭，波斯帝国又把首都迁到苏撒。这个石柱法典几经易手，现存于巴黎卢浮宫。

法典是 3800 年前古巴比伦国王汉谟拉比颁布的法律汇编，除了前言后记，正文 282 条，涉及民事、刑事、诉讼三个方面，内容涉及个人道德、国家义务、社会生活各个领域，如盗窃、窝藏、抢劫、诬陷、兵役、租赁、借贷、商贸、托管、人质、债务、寄存、婚姻、继承、转让、收养、医疗、建筑、船业、雇佣、人身伤害甚至理发等具体行为，范围之宽规定之细令人惊叹。特别是法典确立的一些有关债权、契约、侵权等行为以及盗窃他人财产必须受惩罚、损毁他人财产必须要赔偿、诬告和伪证的反坐、法官枉法须重处等原则，均对后世立法有重大影响。

法典出土时有部分内容被磨损，后来在泥板书中发现了法典的相关内容，才得以补齐复原。

该法典是迄今发现的世界上最早的一部完整成文法典。《乌尔纳木法典》比它早300年，也是楔形文字，但只是一些片段，并不完整。

二　希伯来文

希伯来语是犹太人的民族语言，也十分古老。犹太人的先祖是两河流域游牧民，4000年前他们在族长亚伯兰带领下一路向西，来到了巴勒斯坦，当时这个地方叫迦南。他们征服了当地部落，成为这里的新主人。这些游牧民带来的语言与迦南当地语言融合，形成了后来的希伯来语。

多神崇拜是人类早期文明的普遍现象。从多神崇拜转为一神崇拜，是人类思想史上具有里程碑意义的大事。完成这一信仰方式转变的便是犹太人这位先祖亚伯兰。亚伯兰不仅认准了一个上帝，还与这个上帝订立了"契约"：我信仰你，你保佑我。从某种意义上说，西方文明中契约精神的源头或许就在这里。

大约600年后，民族英雄摩西带领犹太人逃离埃及。在非洲和亚洲两个大陆之间夹着一个半岛，叫西奈半岛。逃到西奈半岛时，摩西自称上帝召见了他，并赐予他一块石板，上面刻着上帝亲手写的十条戒律。摩西把这个"十诫"石板背下山，把内容传达给族人，作为大家共同遵守的行为准则。

但是十条显然是不够的，于是摩西又组织了一个写作班子，撰写了5本书，分别是《创世纪》、《出埃及记》、《利未记》、《民数记》和《申命记》，统称《摩西五经》。

"十诫"和《摩西五经》都以希伯来文写成。那个年代人们还无法分清法律、道德、信仰的差别，也没那个概念。所以"十诫"和《摩西五经》既是法律规范，又是道德准则，同时也是价值体系或信仰体系，它们构成了犹太教的核心，成为犹太民族永久的精神支柱和行为指南。千年之后，基督教之花不仅开放在犹太教的土壤上，而且《圣经》也由希伯来文写成。除了基督教，伊斯兰教亦吸收了犹太教许多思想内容。可以说，希伯来文因犹太教的创立而不朽，犹太教因希伯来文的记载和传播，而为人类文明进步注入了思想精髓和营养。

公元前63年，罗马共和国开始统治迦南。百年后罗马成为帝国，毫不客气地毁掉了犹太人的圣城耶路撒冷，赶走了犹太人。此后2000多年，犹太人被迫流亡世界各地，直至1948年建立了新的以色列国。

在2000多年的流亡中，犹太人被迫使用寄居国的语言，致使希伯来语逐渐消失。蒙古族作家席慕蓉曾写过一首诗《父亲的草原母亲的河》，诗中写到"虽然已经不能用母语来诉说＼请接纳我的悲伤我的欢乐＼我也是高原的孩子啊＼心里有一首歌＼歌中有我父亲的草原母亲的河"，唱出了漂泊游子期待认祖归宗的心绪和情结。而这种情结居然在犹太人的灵魂深处萦绕2000年没有褪色。

1879年，立陶宛一个叫耶胡达的犹太青年发表一篇文章，呼吁复活希伯来语，一石激起千层浪，得到了犹太人热烈响应。30年后，巴勒斯坦地区全部使用希伯来文的幼儿园、中小学和专业学校已达60多所。又过十多年，英国托管当局确认了希伯来语为该地区三种官方语言之一。以色列国建立后，希伯来语毫无悬念地被确定为国家语言。一种消亡了2000多年的语言能够复活，这在世界语言史上绝无仅有。一个青年的提议，70年后星火燎原。

三　梵文

喜马拉雅山雪水向西流淌形成了印度河，向南流淌形成了恒河。远古时期，在印度河领域诞生了哈拉帕文明。约4000年前，雅利安人从高加索来到这里，带来了吠陀文明，同化了哈拉帕文明，并且逐步把文明中心从印度河流域转移到了恒河流域。

吠陀即知识的意思。在吠陀文化中，梵天是主宰天地万物的创世神。雅利安人认为自己的语言文字是梵天所赐，故称梵语、梵文。实际上梵文源头在两河流域，其在使用过程中几经辗转变化，融入了一些地域因素、文化因素，经过不断衍变形成。

梵文在传承印度文化方面发挥了重要作用。《吠陀经》是印度最古老的文学作品，其中《梨俱吠陀》成就最高、价值最大，是印度文学源头，对印度社会生活和文化发展都产生了深远影响。《梨俱吠陀》产生于 3000 多年前，收诗 1028 首，最初口耳相传，后来才用梵文记录下来。

梵文在传播佛教方面也发挥了巨大作用。这当中有一个曲折过程。公元前 6 世纪，释迦牟尼在创立佛教时明确规定用巴利文传教。巴利文是地方语言，使用范围有限。在释迦牟尼行将涅槃时，弟子们请示他说，老师您传教 49 年，都是口耳相传，为了将来更好地弘扬佛法，是否综合大家学习成果，汇编一个标准版本，以便大家再传播时有个依据。释迦牟尼不同意，说"如是我闻"。然而实际情况正如大家所料，弟子们传教时，都是打着佛教旗号各说各的。后来不得已，在释迦牟尼涅槃数月后，由迦叶主持、阿难主笔，组织 500 个弟子共同梳理出一个标准版本。大家一致通过的内容就算数，有人反对的就不算数，取最大公约数，形成第一次结集。

为什么让阿难主笔呢？阿难是释迦牟尼的堂弟，记忆力超强。释迦牟尼成道那年，阿难出生；到阿难出家时，释迦牟尼已讲经 20 年。阿难出家后，释迦牟尼又把以前讲过的内容给阿难补讲了一遍。释迦牟尼下这么大功夫，就是想让阿难成为他的衣钵传人。

此后数百年，佛门弟子又搞过几次修订活动，每次都是数百上千的佛门弟子共同参与，都是用巴利文，把佛经写在贝叶上。

到公元 2 世纪，大约在释迦牟尼涅槃 600 年后，印度诞生了一位伟人，名字叫龙树，在印度佛教史上被誉为"第二代释迦牟尼"。他不仅把传统佛经研究透了，而且对佛教进行了改造和创新，创立了大乘佛教，使佛教产生了质的飞跃。

大乘佛教把传统佛教称为小乘佛教，但传统佛教弟子并不认可自己是小乘。两者差别体现在许多方面，主要有三点。①在对释迦牟尼的看法上，小乘佛教把他看作一个教主、导师，是一个彻底觉悟的人；而大乘佛教则把释迦牟尼看作一个威力广大、法力无边、全知全能的佛，认为除释迦牟尼外，在三世十方还有无数的佛，打造出了一个佛的世界。②小乘佛教讲的是自我修行，把修成罗汉作为最终目标；大乘佛教则以普渡众生脱离苦海为宗旨，以成佛作为最高目标。你那个船只能坐你一个人，当然叫小乘；我这个船可以坐许多人，可以运载无数生灵从此岸到彼岸，成就佛果，所以叫大乘。基于此，大乘佛教创造了菩萨。③在教义上，小乘佛教主张"我空法有"，不否定客观世界的存在；而大乘佛教则主张"人法两空"，主客观皆空，不存在实体本质，事物现象都是虚幻的假象，性空幻有，一切都是因缘和合，缘起性空。

龙树之于释迦牟尼，有点类似于圣保罗和耶稣，或爱因斯坦和牛顿，一个局限在圈内，一个拓展了远方。

龙树的著作是用梵文书写的，其传播效果就完全不同了。梵文具有很强的规范性、严谨性和逻辑性。古印度崇尚五门学问，称为"五明"。其中"声明"就是语法学，专门研究和规范梵文的语法修辞；"因明"是逻辑学，探讨梵文表达的严谨性。能够精准驾驭梵文，本身就是一种身份和层次的标志。逻辑与论辩密不可分。所以在古印度知识界，论辩是常态。龙树是大圣人，首先是一位雄辩家。玄奘去印度取经，也是舌战群儒赢得了大家尊重。辩论体现的是智慧、思维能力和敏锐性，不是狡辩、诡辩。所以佛教作为一种特色鲜明、与众不同的哲学思维方法体系诞生在印度绝非偶然，其中浸透着人类一种独到的智慧。

梵文稳定性很强，千百年来变化不大。由于它具有浓厚的宗教色彩，所以对亚洲许多语言文化都产生了深刻影响，比如对中国语言文化的影响就十分巨大。中国翻译佛经的历史有2000多年，南北朝时期鸠摩罗什利用十多年时间，译经98部425卷，主要就是介绍梵文的大乘佛教。汉传佛教八宗一致奉大乘佛教为圭臬，藏传佛教亦奉龙树为祖师。

在人类各种语言中，梵语发音共鸣性最强，被认为是与神沟通的语言。在历史上，汉语的词汇和语法都曾受到梵文影响。菩萨、刹那、和尚、沙弥、禅等大量词直接来自梵语。

直到现在梵语还是印度官方语言之一，还有一些报刊以梵文出版。在各种古文献中，梵文数量仅次于汉文，排在第二位。

印度大约从 2500 年前开始以贝叶作为书写载体。玄奘从印度带回来 657 卷贝叶经，至今仍珍藏在西安大雁塔中。

四　拉丁文

拉丁语最初是意大利半岛中部西海岸一个部族的语言。公元前 753 年，一位民族英雄在这里建城，并以自己名字将这座城市命名为罗马。传说这位英雄小时候是吃狼奶长大的，所以罗马将"母狼乳婴"图案定为市徽。

随着罗马日益强盛，拉丁语使用范围越来越大。到公元前 5 世纪初，拉丁语成为罗马共和国官方语言。在之后 2000 年中，随着横跨欧亚非的罗马帝国的建立，特别是在基督教被确定为罗马帝国的国教后，拉丁语作为政府和教会的官方语言，承载着政令和教义，传布于大半个地球。直到今天，梵蒂冈天主教廷还在使用拉丁语。一些学术文章或活动也离不开拉丁语，比如生物分类的命名规则。

拉丁语在 2000 多年的使用和传播中，不仅自身发生了很大变化，也结合不同时代、不同地域、不同文化，衍生分化出许多语言，如法语、意大利语、萨丁语、加泰罗尼亚语、西班牙语、葡萄牙语、罗马尼亚语等，形成一个庞大的罗曼语族。

拉丁文著述甚丰，对人类文明影响巨大，举几个例子。

1. 十二铜表法

罗马共和国建立后受到外族入侵，为了让平民参战，元老院被迫向平民做出妥协，制定了《十二铜表法》。法典内容广泛，涉及民法、刑法和诉讼法诸方面。该法典的制定过程上下结合，平民深度参与其中，因而鲜明地体现了限制贵族司法特权、保护平民的色彩。作为第一部成文法典，它为此后的罗马法系树立了标杆，确立了立法原则。公元前 451 年，法典以拉丁文铸在十二块铜板上，立于罗马广场，昭告天下，开启了法治文明之源。

2. 民法大全

公元 395 年罗马帝国分裂，80 年后西罗马灭亡。公元 526 年东罗马帝国也称拜占庭帝国，由查士丁尼继位。查士丁尼是个平民皇帝，登基伊始做的第一件大事，就是组织一大批法学家，对罗马逾千年的法律法规法令进行全面梳理，编纂一部最权威的法典，3年后完成，8年后颁布。这就是著名的《查士丁尼法典》，又称《民法大全》。法典共12卷4562条，是欧洲史上第一部全面系统的法典。它不仅确立了法律在社会生活中的至高地位，而且门类清晰、类别齐全，特别是许多法治原则具有永恒价值，如不能基于怀疑而惩罚、无罪推定、疑罪从无、思想无罪等。罗马法是人类法治文明的基石，而罗马法正是始于《十二铜表法》、集成于《民法大全》的千年成果，对人类法治思想影响深远。后世的《拿破仑法典》《德国民法典》《权利法案》《人权宣言》《独立宣言》等都以罗马法为基础。查士丁尼不仅在立法方面名垂青史，而且把东罗马建设得空前繁荣，收复了西罗马失陷的半壁江山，使地中海再次成为罗马的内海，可谓建立了不世之功。用中国传统价值观来说，做到了"立德立功立言"三不朽。

3. 古登堡《圣经》

1454年，德国人古登堡在美因茨采用自己发明的活字印刷术，印刷了180本拉丁文版《圣经》。其中40本印在羊皮纸上，另140本印在普通纸上。每本1282页，装订成两卷。印刷字模是铅、锌、锑合金。有49本至今尚存。

古登堡印刷术出现后，在欧洲很快普及开来。在随后50年中，以这种技术印刷的书有3万多种1200多万册。图书不仅生产速度和质量大大提高，而且价格大大降低，发行量剧增，有力推动了文化传播。古登堡印刷术所引发的这场媒介革命，被公认为人类文明史上的重要事件，为推动文艺复兴、宗教改革、启蒙运动和科学革命提供了有力工具。

比如在科学领域，印刷术大大促进了科学家之间的学术交流。文艺复兴后，意大利首先成为人类近代科学中心，但是处于黎明前的黑暗中，仍受到天主教会打压。1660年英国皇家学会成立，标志着现代科学中心在英国，主要在剑桥形成。1664年3月，英国皇家学会设立了8个专门委员会，其中一个是通信委员会，专门负责科学家们信函往来和抄送，借此传递新思想新发现。1665年3月6日由英国皇家学会秘书亨利·奥尔登伯格创办的《哲学汇刊》问世，开创了通过期刊传播科学思想和科学成果的历史。

此刊延续至今。实际上 1665 年 1 月 5 日法国人创办的《学者杂志》应为最早，但创办不久即被查禁，昙花一现，所以其影响几乎可以忽略不计。

4.《九十五条论纲》

1517 年，天主教会以修缮梵蒂冈圣彼得大教堂为名出卖"赎罪券"。有罪的人只要花钱买了"赎罪券"，死后灵魂依然可以升天堂，多买还可以预先豁免以后犯的罪行，而神职人员在推销"赎罪券"的过程中还有提成。这样一来，不仅信仰变成了赤裸裸的掠夺，而且"赎罪券"无形中也成了犯罪通行证。教会的胡来引起了许多虔诚教徒的出离愤怒，其中德国威登堡大学神学教授马丁·路德公开提出了异议。他在教堂大门上贴出了一份公告，提出了 95 个问题，以温婉的语气提出商榷，并且注明了"欢迎辩论"。

但是路德这个行为还是捅破了天。在中世纪，上帝是绝对正确、永远正确的，而教会是上帝的化身。上帝是虚的，教会是实的。教民不服从教会便是不服从上帝。宗教信仰既然是全身心、无条件的，怎么可以对上帝的旨意品头论足呢？于是罗马教廷开始施压，要路德收回他的言论和文字。路德没有答应。经过 3 年的拉锯战，不但双方都不妥协，而且道理越辩越明，教廷的伪善面具被一层层剥下。最后罗马教廷把路德开除了教籍，而路德则自立门户开创新教，由天主教的改良者走向了对立面，并且引发了欧洲许多国家新教产生。

宗教改革并不是否定宗教，而是反对个别人垄断宗教，打着宗教旗号以宗教为工具神化自己、凌驾于全社会之上，满足自己私欲，腐化社会。路德之所以成功地拉开了欧洲宗教改革序幕，主要得益于 60 年前出现的印刷术，这使得每个人都可以通过书本直接与上帝沟通，因信称义。实际上在路德之前 150 多年，英国思想家威克里夫在英译《圣经》时，也曾提出同样的宗教改革意见，但是由于没有印刷术助力，无果而终。

五　中文

汉字成熟于殷商。从公元前 841 年开始，中国历史便有了官方记载。但在西周，文字与著述都垄断在王室。老子为什么那么有智慧？因为他是王室的书库管理员，有机会博览群书。西周末年战乱，大量典籍流落民间，开启了民智，形成了诸子立说、百家争鸣局面。比如孔子三岁丧父，跟母亲一起被赶出家门，生活困顿，然而孔子居然还有机会博览群书。实际上诸子百家中草根出身的人还有不少，可见那个时代文化真的走进了民间，蕴藏在民间的思想文化创造力真的得到了激活和释放。春秋战国500年对于社会来说是战乱频仍，而对于思想文化来说则是一次大爆炸大解放，直到今天我们民族还在畅享春秋战国的思想文化成果。

秦始皇统一六国后，认为思想文化会瓦解他的统治，并希望以雷霆手段彻底把文化掌控在自己手中，于是在焚书坑儒的同时还颁布了《挟书律》，"敢有挟书者族"，严禁民间拥有书籍。这显然不得人心，让人离心离德。因为经过500年启蒙，文化已经走进社会的每个角落，所以有些知识分子冒着灭族危险私藏了一些典籍，使中华文化没有被彻底切断。

商周至南北朝1600年，简牍是汉字书写的主要载体。1986年在甘肃天水出土了西汉早期绘有地图的麻纸，是目前发现的世界上最早的植物纤维纸，或者说是最原始的纸。东汉蔡伦造纸是个转折点，大大提高了纸的质量和产量。西晋后，纸张开始进入社会传播领域，同时一种特殊职业也应运而生：职业抄书人。这个行业在中国存在了1500多年。大家熟知的成语"洛阳纸贵"，指的就是西晋都城洛阳，因大家争相传抄左思的《三都赋》，纸张供不应求。

东晋大亨年间，权臣桓玄发动政变，逼迫晋安帝退位，改朝换代。不到两年东晋复辟。桓玄在位时间虽短，但颁布了一个诏令：今后朝廷公文一律以纸取代简牍。那是公元403年。

雕版印刷术的源头是战国时期的印章。汉代除了官印，私印开始流行，南北朝时则出现了碑拓，这些都可以看作雕版印刷的胚胎阶段。隋末唐初雕版印刷术问世。现存最早的雕版印刷实物是公元868年的《金刚经》。五代十国历时虽短，但雕版印刷广泛应用，对传播文化发挥了重要作用。除了推动"蜀中文学复盛"，书业还有一件盛事，就是后唐上马了一项大型文化工程——刻印《九经》。22年后完成。难能可贵的是，在这期间战乱不断，改朝换代4次，项目却没有中止，堪称奇迹。宋代是我国历史上一个伟大时代，书院兴起、文化繁荣、教育普及，雕版印刷也进入了全盛时期。现存宋版书籍约 700 本。

1823 年英国传教士马礼逊编纂了历史上第一部《华英字典》，在马六甲出版；1839 年另一位英国传教士理雅各把印刷机搬到香港，印出了首份华文报纸《遐迩贯珍》，揭开了中文近代工业印刷序幕。

中国文化发展历程大家都比较熟悉，所以这里只简单勾勒一个轮廓。

数千年来，人类的文字不管是写在泥板、贝叶、兽骨、竹简、纸张上，还是刻在石头或铸在金属上，都以其独到的思想价值，对传播人类文明发挥了巨大作用，而且这种作用既是不可替代的，也是永恒的。

"乡村网红"的传播特征、影响和趋势研究[*]

金 韶 唐佳璐[**]

摘 要：短视频需求的增长、国家乡村振兴战略的推出，以及互联网平台和资本助力，推动"乡村网红"快速崛起。"乡村网红"的传播，以慢生活节奏、亲情化叙事、艺术化生产的方式，构造乡村文化图景，打破城市和农村的壁垒，传播乡村优秀传统文化，并以PUGC+MCN的模式实现商业化运营，带动直播带货、乡村旅游和农村电商的兴盛，助力农民脱贫致富和乡村振兴。"乡村网红"还将在公共外交、跨文化传播上做出独特的贡献。

关键词：乡村网红 传播特征 产业影响 乡村振兴

"乡村网红"是指依托社交媒体和短视频平台进行传播，以展现乡村生活风貌为主要内容，具有较大粉丝规模和影响力的自媒体账号。以李子柒、华农兄弟、巧妇九妹为代表的"乡村网红"们，以手机、相机作为"新农具"，以创作视频内容作为"新农活"，打破了城市和农村的壁垒，助力乡村优秀传统文化传播，促进乡村文化产业繁荣，带动农村脱贫致

* 本文是北京市社会科学基金研究基地项目"北京创新文化的建设路径和传播策略研究"（项目编号：18JDXCB001）的阶段性成果。

** 金韶，博士，北京联合大学应用文理学院新闻与传播系副教授，主要研究方向为影视传播、文化产业；唐佳璐，北京联合大学新闻与传播系2016级本科生，主要研究方向为影视传播、文化产业。

富，成为乡村振兴的主力军和新出路。

一　乡村网红的传播动因

"乡村网红"们在传播上满足了城市居民对乡村生活的好奇心，激发了乡村居民的"集体记忆"和情感共鸣，在政策上契合了国家乡村振兴战略，并受到资本青睐和短视频平台的助力，因而迅速崛起。

（一）技术"赋权"和情感拉动

互联网的"赋权"功能和"去中心化"传播，使城乡之间的数字鸿沟不断缩小。而手机等移动媒体的低门槛和便捷性，使得城市和乡村的网民都能随时随地进行内容生产和传播，进一步打破城乡隔阂。根据 CNNIC 发布的第 45 次《中国互联网络发展状况统计报告》，我国网民的规模已超 9 亿，其中农村网民占 28.2%[①]。网络内容的消费主力迅速从一、二线城市下沉到三、四线城镇和农村地区，网民 UGC 的内容也从反映城市青年的"小资"生活转变为展现乡村的田园风光和乡土风貌。

一方面，城市居民身处快节奏生活、高效率工作、人际关系疏离的压力中，与传统的乡土社会割离，因而对乡村生活产生强烈的好奇和向往心理。以李子柒为代表的"乡村网红"们，通过精短叙事、影像特写和文化符号，渲染出乡村的美食文化、田园风光和淳朴民风，让城市居民们在对充满诗情画意和人情味的乡村"围观"和想象中，得到极大的情感满足和心理慰藉。另一方面，乡村生活是大多数中国人尤其是"70 后""80 后"中青年的"集体记忆"，在当今大批青年背井离乡、在大城市中打拼的社会背景下，建立在土地基础上的"集体记忆"逐渐变得模糊，以乡土为纽带的共有情感也不断被稀释。"乡村网红"们呈现的拟态环境，唤起那些外出打工、定居城市的农村人对于乡村的集体记忆和情感共振。

[①]　数据引自中国互联网络信息中心（CNNIC）发布的第 45 次《中国互联网络发展状况统计报告》。

（二）政策扶持和人才返乡

改革开放以来，快速发展的城市化和工业化解构了乡村传统文化的价值秩序和认同基础，伴随而来的人才流失也带来了乡村发展的一系列难题。2015年，国家提出"互联网+"战略，加强通信业基础设施建设，在农村及偏远地区加快宽带网络建设和普及应用。同年，国务院办公厅发布《关于促进农村电子商务加快发展的指导意见》，提出积极培育农村电子商务市场主体、扩大电子商务在农业农村的应用、改善农村电子商务发展环境等重点任务[①]。2017年，习近平总书记在党的十九大报告中指出，"三农"（农业、农村、农民）问题是关系国计民生的根本性问题，必须始终把解决好"三农"问题作为全党工作的重中之重，实施乡村振兴战略[②]。

在政策红利下，越来越多外出打工的乡村青年回到农村，使用手机和相机，嫁接短视频和电商，卖起家乡的农产品。他们有在城市学习、工作和生活的经历，能够快速学习新鲜事物，能够积极影响和带动身边的人，成为推广农村电商的主力军。比如"80后"胡垂章辞去城里的工作回到农村，在淘宝直播里以视频的方式呈现养蜂过程、蜂蜜制作过程和当地优美风景；北漂回乡的张阳城拉动自己的阿姨一起拍视频，打造了"巧妇九妹"这个山里的网红；家住贵州的"爱笑的雪莉吖"高考后选择留在家乡务农，在快手上直播自己干农活、卖特产，收获了300万以上粉丝，收入由一年两三万提升至二十余万。人才返乡、人才留乡，通过短视频和网络直播方式，营销农产品，帮助同村人致富的案例比比皆是。

（三）资本加持和平台助力

经过互联网公司的资本涌入和跑马圈地，一线城市的市场已趋向饱和，流量获取成本过高，而三、四线城市和乡村用户成为开拓短视频市场的新蓝海，而农村市场的消费需求和消费能力也逐渐凸显出来。企鹅智酷

---

① 国务院办公厅《关于促进农村电子商务加快发展的指导意见》，http://www.gov.cn/zhengce/content/2015-11/09/content_10279.htm。

② 《决胜全面建成小康社会 夺取新时代中国特色社会主义伟大胜利——在中国共产党第十九次全国代表大会上的报告》，http://www.gov.cn/zhuanti/19thcpc/baogao.htm。

发布的《抖音＆快手用户研究报告》显示，抖音和快手用户中，一线城市用户仅占 10% 左右，三、四线城市的用户则占 60%①。快手发展初期，为了避免与抖音的正面竞争，将用户定位在三、四线城市和乡镇青年群体，在短视频的流量分发上也实行"普惠"政策，有力促进了乡村自媒体的涌现和发展。根据快手大数据研究院推出的《2019 小镇青年报告》，每年约有 2.3 亿小镇青年活跃在快手平台，发布超过 28 亿条视频②。

乡村自媒体的崛起迅速受到商业力量和资本的关注。以李子柒为代表的"乡村网红"先行者，凭借艺术化的拍摄手法和乡村图景的展现，向资本市场发出了信号：乡村内容潜力巨大。于是，资本以其敏锐的嗅觉，乘风挖掘和培养出一批"乡村网红"。2019 年，快手平台推出"三农成长计划"，利用流量规模、下沉优势以及社交关系推荐，为"三农"内容的创作者提供培训和变现支持，并在平台内上线"乡村主播快成长学院"，利用流量补贴的方式激发乡村自媒体的创作热情，为"乡村网红"培训拍摄和制作技巧。快手还同步推出"幸福乡村"计划，投入价值 5 亿元流量资源支持，在平台内重要位置长期展示和推广 500 多个国家贫困县的特产，帮助农民们脱贫致富。可以说，快手正是凭借乡村类 UGC 内容的支撑，快速成为短视频巨头公司。

二　"乡村网红"的传播特征

"乡村网红"的传播，以慢生活节奏、亲情化叙事、艺术化生产的方式，构造乡村文化图景，打破城市和农村的壁垒，传播乡村优秀传统文化，并通过对中国特色文化符号的凝练和呈现，用"去政治化"和非语言的传播方式，打开了对外文化传播的大门。

（一）慢生活表达，治愈系画风

一蔬一饭，春种夏耕，秋收冬藏，日出而作，日落而息。三月熬桃

---

① 企鹅智酷：《抖音＆快手用户研究报告》，http：//www.199it.com/archives/734185.html。
② 快手大数据研究院：《2019 小镇青年报告》，https：//www.sohu.com/a/315056413_298418。

胶，四月挖野菜，八月摘黄桃，十一月熏腊肉。四季流转尽在方寸之间。这与如今竞争压力大、生活节奏快的城市生活形成鲜明对比。"乡村网红"的视频，通常并不采用快节奏的剪辑，而是缓缓铺垫，慢慢叙事，表达享受"慢生活"的人生态度。其视频拍摄和制作周期越来越长，李子柒拍摄一碗酱油烧制的红烧肉，从种黄豆开始拍起；华农兄弟制作一份蘑菇汤，从种植椴木香菇开始记录，仿佛在记录时光的慢慢流淌。

"乡村网红"的视频，充分展现世外桃源般的风光、忘我而惬意的劳作过程，营造出治愈系的画风，再配上虫鸣鸟叫的自然环境声响，充分满足了粉丝用户们向往自然、渴望解压的心理需求。"一羹一饭"的制作过程，被刻画和烘托得极具仪式感，粉丝用户们从中收获的不仅仅是美食知识，而是对自然和人生的思考，获得的是独特的心理治愈和情感体验。

（二）亲情化叙事，激发情感共鸣

近年来由于城镇化步伐加快，乡村出现"空心化"，乡村振兴战略的提出使乡村"家文化"的建设重新被重视。"家文化"的"家"可以指一个家庭、一个乡村，乃至一个国家。就乡村而言，"家文化"体现为乡村人重亲情、重互助的生活方式。"乡村网红"与其他网红最大的区别在于其独有的烟火气，突出亲情关系和邻里关系，呈现"乡土中国"的质朴风貌。

"乡村网红"们的视频，大多突出亲情化叙事。华农兄弟因常在视频中采摘朋友家的蔬果而被网友戏称为"村中一霸"，但这背后透出质朴亲密的邻里关系。李子柒在视频中为奶奶泡脚、帮奶奶夹菜、给奶奶做棉花袄，让粉丝们感动和称赞，其背后流淌的是游子们对家乡亲人的思念，以及孝道在人们心中的主要地位。滇西小哥在视频中和弟弟一同捉龙虾，与母亲一起烧农家菜，招呼邻里一起分享，成为其内容创作的一大特色。"乡村网红"视频中的每个元素、人物形象和小故事，都真实地反映了乡村居民生活的场景，表达了乡村居民对于"家文化"的自豪感，激发了城市居民对于"家文化"的精神向往和情感共鸣。

（三）中国文化符号，加强跨文化传播

中华传统文化是我们引以为傲的宝贵财富，但要打开对外传播之门，

还需要找到开启的钥匙。在"乡村网红"的视频作品中，中华传统文化以具象的生活元素符号的形式直观地展现在受众面前，通过"去政治化"和非语言的传播方式，打开了跨文化传播的大门。不同于传统对外传播的宏大叙事，"乡村网红"呈现一个个普通中国人的日常生活，以富有亲和力、平民化的视角，展现中华传统文化的审美元素和独特魅力，获得良好的传播效果。

"乡村网红"的视频，以饮食文化为切入点，将博大精深的传统文化融入大众生活的柴米油盐之中。这些选题与世界各国人民的生活都有着紧密联系，具有共通性，拉近了与海外观众的心理距离。而且，"乡村网红"的视频，多用"动作语言"表达，很大程度上避免了语言不通造成的文化折扣。李子柒穿着蜀绣工艺的传统服饰，一个人安静地劳作，种菜做菜、插花酿酒，用"无声胜有声"的方式，编织出一个与西方工业社会全然不同的东方意境，与外国观众的东方想象巧妙契合，让各国粉丝们如痴如醉地翻看，让中华传统文化在潜移默化中获得海外观众的喜爱。

三 "乡村网红"传播的多重影响

"乡村网红"的传播带来了多方面的积极影响。在政治影响上，响应国家政策，成为脱贫致富的主力军，直接参与和带动乡村振兴；在经济影响上，通过 PUGC+MCN 的模式，打造 IP 品牌和乡村文化产业链；在文化影响上，成为独特的"外交使者"，通过互联网和社交媒体，为国家的对外文化传播做出贡献。

（一）加快脱贫致富，助力乡村振兴

国务院发布的《"十三五"脱贫攻坚规划》指出，打赢脱贫攻坚战，确保到 2020 年现行标准下农村贫困人口实现脱贫，是促进全体人民共享改革发展成果、实现共同富裕的重大举措。当下，脱贫攻坚已经到了冲刺阶段。脱贫攻坚最大的短板在农村，最大的潜力和后盾也在农村。

"乡村网红"，既成为脱贫攻坚的主力军，也为乡村振兴探索新出路。"松茸西施"迷藏卓玛在快手记录高原生活的点点滴滴，一个月内帮助整

个村卖了 30 多万元的虫草，2018 年销售总额达 110 万元，带动了这个国家级贫困县上百户贫困户的增收。2019 年，卓玛被评为"稻城县电商扶贫先进个人"，在县发改委支持下，她与乡亲们成立了农民专业合作社，统一收集、标准化生产冬虫夏草，更好地带动村民一起致富。根据 2019 年的大数据报告，全国贫困县在快手平台上卖货并获得收入的人数从 2018 年的 100 多万人增加到 2019 年的 500 多万人[①]。

（二）PUGC+MCN，IP 品牌打造

"乡村网红"不再是单打独斗的个体，而是由专业化团队来负责策划开发、粉丝经营和商业合作，实现持续化生产和商业化运作。无论是李子柒背后的杭州微念科技有限公司，还是野食小哥背后的苏州大禹网络科技有限公司，近年来火起来的"乡村网红"背后都有 MCN 公司的支撑。在内容创作上，"乡村网红"个人把控作品调性和内容创意，MCN 公司提供拍摄和制作支撑，保证内容的持续生产。在传播运营上，MCN 公司策划和包装网红的"人设"，引导社交媒体的话题传播，并拓展多个传播渠道，通过抖音、快手推内容，通过微博微信制造话题，扩大粉丝规模，为短视频平台导流量。更重要的是，MCN 公司负责广告营销和商业合作，推动"乡村网红"从内容生产、营销传播到商业变现，形成一个完整的产业链，实现团队化、市场化、商业化运营。

以"李子柒"的 IP 品牌为例，其通过 MCN 的专业运作，打造"仙女"人设，确立"东方美食生活家"定位，在积累了较大规模的粉丝后，就在视频里植入式营销各种家乡特产，并与各大品牌进行合作，比如和"故宫食品"合作的"苏造酱"，突出传统文化和匠心手艺，在淘宝上创造了百万元销售额。另外，其将视频广泛投放至微博、B 站、微信、YouTube 等各大平台，形成传播矩阵，并联系网络热点事件提升关注度，比如在意大利品牌杜嘉班纳辱华视频事件爆发后，迅速推出精美礼筷，既借势传播了筷子这一传统文化，又为其 IP 品牌增加了美誉度。"乡村网红"自媒体，通过

[①] 快手大数据研究院：《快手 2019 年内容报告》，https：//tech. sina. com. cn/roll/2020－02－21/doc-iimxxstf3368909. shtml。

视频平台的支持和 MCN 公司的孵化，搭建了比较成熟的乡村文化产业链，形成了 PUGC+MCN 的运营模式，在 IP 品牌打造上不断积累经验。

（三）讲好中国故事，传递中国声音

对外传播是国家形象建构的重要方式，而在自媒体日益繁荣的今天，民间力量在公共外交、对外文化传播中发挥越来越重要的作用。美食博主李子柒和滇西小哥在 YouTube 网站上粉丝数分别突破 1000 万和 500 万，在海外拥有巨大的影响力。李子柒坐高铁去长白山采蜜的视频在 YouTube 网站发布之后，引起许多外国人在视频下面评论和点赞中国高铁。"乡村网红"们的视频中，包含大量中国传统文化的元素，既有中华传统美食，还有旗袍汉服、文房四宝、竹制家具、手工刺绣、桃花酿酒等，他们用形象生动的文化符号和影像表达，讲好中国故事、传递中国声音。

2019 年 5 月 15 日，以"亚洲文明交流互鉴与命运共同体"为主题的亚洲文明对话大会在北京开幕，习近平主席出席大会并发表演讲，而"乡村网红"李子柒也受邀参加了此次大会开幕式。未来，越来越多的乡村网红将成为对外文化传播的使者，吸引各国人民关注中国、了解中国、欣赏中国。"乡村网红"们以独特的视频传播方式，表达了中国对世界的融入以及世界对中国的关注。

四　乡村网红的发展趋势和建议

未来，乡村网红自媒体，可以和县级融媒体中心结合，传播乡村优秀传统文化，传承文化遗产；还可以在地方政府的支持下，积极带动乡村旅游和农村电商营销，促进乡村文化和经济的一体化、产业化发展。

（一）乡村自媒体和县级融媒体的结合

县级融媒体是便利基层服务的重要实践，通过整合地方的媒体资源，集信息服务、政务信息、生活服务于一体。习近平总书记在 2018 年 8 月的全国宣传思想工作会议上首次对县级融媒体中心建设做出重要指示，提出："要扎实抓好县级融媒体中心建设，更好引导群众、服务群众。""乡

村网红"与县级融媒体的融合发展，能够实现优质内容生产、融合互动传播和多元价值共创。一方面，"乡村网红"能给县级融媒体带来更生动的内容和更有活力的粉丝用户；另一方面，县级融媒体的权威性、专业性与技术资源为乡村自媒体进行背书，提供坚强后盾，更好地引导其为乡村建设服务。

县级融媒体建设和多方平台密切合作，拓展用户资源，搭建电商的渠道，结合农民"网红"的影响力，还可以开拓村庄公众号，搭建村庄信息平台，激发群众的不竭创造力，挖掘乡村文化的活力。通过鼓励和指导乡村农民进行自媒体运营，融入当地乡村的历史文化、风俗习惯、价值观念，调动农民的文化主体性和传播主动性，发挥乡村自媒体的文化建设和传播作用。未来，以传统媒体转型为代表的主流媒体、以农民参与内容生产为标志的乡村自媒体、以政府扶持为基础的县级融媒体中心，多元主体的信息传播呈现网络化、协同化发展，将为乡村文化振兴提供助力。

（二）传承文化遗产和发展乡村文化产业

中华文明中许多优质的文化遗产深深根植于乡村。"乡村网红"作为土生土长的乡村人，对本地的非物质文化遗产、乡风民俗、地域传统等有着直接的领会与接触，可以发挥自身特色，探寻乡村中那些被忽视的传统文化，作为主流媒体文化记录的补充，更有力地传承和传播中华优秀文化。如滇西小哥展示麦芽糖的制作，烹饪云南白族特色菜"吹猪肝"；如李子柒在其视频中身着蓝印花布，在院落里酿制桃花酒。中华传统文化中凝结的智慧、匠心和手艺，被"乡村网红"们进行专业化、影视化呈现。他们以亲历者身份传播优秀文化，传承文化遗产，带动乡村文化产业发展。

"乡村网红"不能故步自封，而应积极创新，尝试在家乡特色的基础上，借助更多元化的渠道方式，推出系列化的文化产品，逐步扩大乡村文化产业的发展规模。

（三）"乡村文化+旅游+电商"的产业融合

2019年9月，习近平总书记在河南考察调研时强调："发展乡村旅游不要搞大拆大建，要因地制宜、因势利导，把传统村落改造好、保护好。"乡村旅游，应打破传统，树文化品牌，造文化空间，走文化道路，通过挖掘乡村的文化内涵，改造传统村落，开发传统文化价值，融入创新和科技元素。而"文化+旅游+电商"的产业模式，能够积极利用线上渠道进行营销，节省人力和物力成本，并在很大程度上保护乡村文化资源。

乡村旅游和农村电商，离不开政府的大力扶持、农户的积极参与和互联网平台的运营支持。政府一直在政策、财政、税收上支持乡村旅游和电商产业，而互联网运营商也在平台搭建、流量扶持、营销推荐上举措得力。比如阿里巴巴响应国家政策，扶持"淘宝村"的发展已有10年，淘宝村的数量由2009年的不到10个增加到2020年的4000多个①。农村电商离不开"乡村网红"的传播，"乡村网红"是农村电商的"代言人"和"活招牌"。"乡村网红"既能传播乡村传统文化，促进本地旅游业的发展，改变千村一面的现象；又能通过线上的便捷方式进行土特产营销，为村民创收，加快脱贫致富；还能让乡村青年发挥自己的聪明才干，通过创意和实干，助力家乡建设。

---

① 澎湃新闻：《十年间电商如何改变中国乡村》，https：//baijiahao. baidu. com/s？ id＝1644333516274539648&wfr＝spider&for＝pc。

新时期北京城市影像中的居住空间探析

莫常红[*]

摘　要： 电影是一门艺术，也是一种媒介。有关城市的电影，反映了一个时代一座城市的文化，形塑着人们心目中的城市意象与城市形象。本论文通过研究新时期北京城市影像中的筒子楼、大杂院、商品楼和棚户区等居住空间，从其结构、特点入手，分析居住在特定空间中人群的习性和社会关系。中国计划经济向市场经济的转型、国家配置住房到城市居民自主购房的转变、前现代时期传统礼俗社会向现代都市法理社会的嬗变、城市化进程中城乡对立冲突向和谐共处的发展，都通过城市影像这个"载体"，得以艺术地、拟像地传达。

关键词： 电影　北京　城市影像　居住空间

无论是结巢而居还是逐穴而居，早期人类的居所都由个体选择、建造而成，以满足日落而息、托庇休憩的需要。随着文明的进步和现代化的发展，集中定居的城市逐渐形成并不断扩展，城市的居民不能亲自营构自己和家庭的居所，其住宅的有无、位置、面积、品质等，和一个社会一座城市的社会经济发展水平相关，也与居民所处的社会经济地位、阶级（阶层）密切相关。反过来说，城市居民为角逐有着稀缺性、差异性的住所资源，展开各种各样的竞争，其中体现着政治与体制的影响、政策与权力的

---

*　莫常红，文学博士，北京联合大学应用文理学院副教授，主要研究方向为电影学、纪录片。

贯彻、市场与货币的作用。而寄身于相对独立而自成一体的封闭社区中的居民，又与其他居民发生或密切或疏离的社会关系，产生各具特色的社区文化、城市文化。

电影是一门艺术，也是一种媒介。它利用艺术的手段能动地反映生活，能够用一种比人眼更复杂、更先进的"电影眼睛"，捕捉现实生活中人们居住、工作、活动的环境，表现特定时空中的人物人性和社会关系，创造出一种本质的真实和永恒的艺术价值。同时，影像宛若人体器官和肢体的延长，借助这种或虚构的（故事片）或有过选择的（纪录片）媒介，人们对于城市的感知与经验不断丰富，其心目中的城市意象与城市形象也受到深刻影响。由之，镜头的介入改写了人与城市的关系。"影像与城市的联姻由来已久，影像的透明性与城市的空间形态一拍即合，城市似乎找到了显示自身的最佳载体。"[1]

新时期以来，以北京作为背景拍摄的影片，在展示公共空间的广场、公园、酒店、饭馆、酒吧、街道、胡同等之外，时常呈现主人公吃饭、睡觉和性爱等活动的居住空间。无论是拍摄时搭设的一堂景，还是借用的一处居民点，导演都力图真实地再现特定历史时期住房的外观、内设，以及活动其中的人物和丰富复杂的人性。而中国计划经济向市场经济的转型、国家配置住房到城市居民自主购房的转变、前现代时期传统礼俗社会向现代都市法理社会的嬗变、城市化进程中的城乡对立冲突向和谐共处的发展，都通过城市影像这个"载体"，通过不同时期、不同规制、不同特征的居住空间，得以艺术地、拟像地传达。

一 筒子楼：单位权力的延伸

1981年郑洞天导演的《邻居》和1995年何群导演的《混在北京》等影片，都把镜头聚焦于独具中国特色的住房样式——筒子楼。作为20世纪七八十年代中国企事业单位住房分配制度紧张的产物，国家通过用人单位

---

① 孙玮：《镜中上海：传播方式与城市》，《苏州大学学报》（哲学社会科学版）2014年第4期，第163页。

配置这种有限的住房资源，提供职工生活起居的场所，奏响锅碗瓢盆的交响曲。

筒子楼是兵营式建筑，多由同一单位的职员集中居住。在电影《邻居》中，建工学院的同事，包括学院书记和水暖工，最初都挤住在一起；在《混在北京》中，住户则是一家出版社的青年员工，包括有评论家、诗人、译者和美术编辑等人。筒子楼一般楼层不高，便于人员集合与疏散，也便于管理和控制，但转为单位住房，如果没有领导同住，下水道堵塞问题也长时间得不到解决（见《混在北京》）。为了节省私人空间，公共空间私人化现象蔚然成风，各家都在楼道做饭和堆放杂物，楼道拥挤不堪，有时更是污水横流。既为单位集体宿舍楼房，同事转为邻居，在这个连接着职员私人居所的大环境中，公务活动与生活领域彼此相连，工作中的竞合关系与生活中的私人关系纠缠不清。而一道门和一垛墙壁，并不能真正隔开私人的空间与公共的空间，个人或家庭的隐私几乎都敞露于众。公共厨房和公共厕所，更使得大家为了满足基本生理、生活需要，不得不分享资源，同呼吸，共命运；有时又为少尽义务、多获利益发生各种剪不断、理还乱的纠纷。

筒子楼里面公私不分的状况，反映了20世纪七八十年代的城市生活生态，反映了改革开放初期中国社会住房短缺的现实，更反映了单位制度对民众工作与生活产生的决定性影响。因为单位代表国家对在职职工的住房进行配置，所以房管科在单位中的重要性也就凸显出来，围绕住房困难和分配不均的矛盾与冲突也在现实和影像中得以上演。在《邻居》中，建工学院的党委书记搬离了筒子楼，腾出的那间房间，是用作公用厨房，还是分配给省委宣传部领导的侄子？为了一致的利益，筒子楼原有的住户与房管科发生了激烈的冲突。在《混在北京》中，农村出身的冒守财告发沙新和异地而来的孕妇占用单身宿舍，房产科插手清退，从而引发一场住房风波。

影像中的住房问题，追本溯源，是匮乏时代的遗留，是单位制度的延伸，是官僚意志的体现。权力分配着紧俏的资源，并对不服从分配者实施着严厉的惩罚。《邻居》中，权力的拥有者党委书记最先改换住房条件，搬离了筒子楼。"当带有福利性质的社会资源经过单位进行分配时，极其复杂的控制参数、资源类型与极其模糊的分配标准形成鲜明的对比……成文规则的缺乏，多重的控制参数，就给评判者留下一个相当大的处置权限或自由空间。"① 这里，评判者多为单位的现任领导，在分配住房空间时，拥有非常弹性的空间，给潜规则和官僚腐败留下了滋生的温床。并且，借住房风波，在《邻居》中，权力用布告的方式对犯上作乱者进行规训；而《混在北京》一片，不肯出版所谓畅销的文化垃圾，评论家沙新被出版社"优化组合"下来，带着身怀六甲的妻子怅然离开了北京。

随着单位集资建房，单元楼房为单位职工编织了一个美好的梦想和奋斗的目标。各种参数，包括科层制度中的职务、单位供职的时间和社会声望如职称等，成为配置或改善住房的条件。《邻居》和《混在北京》两部影片人物构成最大的不同，在于后者中留住在筒子楼里的都是最普通的员工。筒子楼，因其长长的通风走廊连接着相同规格的并排单间的形制与结构，暗示着居住于此的是一个平等、近似、同质的群体。因此，影像中呈现出来的筒子楼，寄居着具有相同职业身份的一个熟人群体。这里几乎没有外来者和陌生人，彼此都知根知底，在这特定的居住空间中，人们发展着同事与邻居的双重关系，公众生活与私人生活镶嵌在一起，难分彼此。但筒子楼内部一旦发生变动，对单位内部资源的争夺就会演变为一场没有硝烟的战争。影像中的筒子楼，便见证了社会关系、单位人事的比拼，乃至肢体肉身剧烈碰撞的发生。而最终，单位制度和规训权力发挥着它无所不至、无所不摧的力量。

在《邻居》一片中，学院顾问刘力行是一个老革命，他愿意和筒子楼里的老"邻居"同甘共苦，放弃了分得的一套三居室，将这名额换成筒子楼里的公共厨房。他为大伙儿买菜，打酱油，照看孩子，最后在挫折中醒悟过来，不再赋闲，开始"要权要官"，为民众办实事。影片塑造这种"魅力型的权威"，也寄予了影片创作者对改革事业选贤举能、人尽其才的美好愿望。而刘力行背后有市委书记这一坚强的后台撑腰，还有外国记者朋友报道的国际影响，这个人物的设置也就体现了一定时期深具中国特色的人治背景和改革开放过程中海外传播的国内影响。因此，作为居住空间

① 李猛、周飞舟、李康：《单位：制度化组织的内部机制》，转引自中国社会科学院社会学研究所编《中国社会学》第二卷，上海人民出版，2003，第149～150页。

的筒子楼，成为意蕴丰富的象征，包孕着民众的政治理想，传达着对公平分配社会资源的呼声。其时，改革开放正在热火朝天地进行，落实知识分子的待遇，改善专家人才的处境，揭露官僚体制中权力的腐败，成为一个时代文艺最鲜明的主题。

自然，进入新世纪，当计划经济进一步转为市场经济，当定居城市从单位制转向社区制，解决住房问题不再依赖单位的福利，在职职工在住房改革中失去了排队分房的机会，也因此摆脱了单位的控制，开始通过货币自由、自主地选择居住空间。同时，随着城市中的筒子楼在城建改造中逐渐拔除消亡，除非回顾过去的历史，筒子楼再也不会成为当下城市影像中主人公出入居处的环境。它是历史的产物，且随着时代的演变与进步，这个一度容纳万千城市居民的空间，渐渐淡化为民众记忆中的背景，成为胶片上一道逝去的风景。

二 大杂院：礼俗社会的温情

北京城市影像中，表现大杂院的市民生活最具风姿、最含温情。新时期以来，从《夕照街》（1983 年，王好为导演）、《城南旧事》（1983 年，吴贻弓导演）到《剃头匠》（2006 年，哈斯朝鲁导演），影片讲述着生于斯、长于斯，甚至最终将死于斯的北京原住居民京味十足的生活。从《本命年》（1990 年，谢飞导演）到《有话好好说》（1997 年，张艺谋导演）、《没事偷着乐》（1998 年，杨亚洲导演）到《老炮儿》（2015 年，管虎导演），各色人等都在大杂院里演绎着丰富斑斓的人生。

大杂院一般由原有的四合院、三合院，甚至没落的王府蜕变而成，在革命与共产主义运动中被瓜分，这些独门独户丧失了原先高贵的血统，降格而成几家或十几家共同居住的最普通的民居。"眼下，一个个的屋脊，大大、小小、高高、矮矮，竖的，横的，有的双脊，有的一个大脊带一个小脊，仿佛灰色的宁静的浪。"① 在作家笔下，这些房屋比邻成片，屋脊互相连缀，在这样的"海浪"之中，隐现着人头攒动的芸芸众生，律动着一

---

① 张辛欣：《封片连》，作家出版社，1986。

座城市的节奏与生命。走进那封闭性的自成体系的胡同区域，生活气息和市井味道迎面而来，人们能够真切地感知北京城的呼吸与心跳。

　　和筒子楼清一色的单位职工不同，大杂院最鲜明的特色是"杂"：不同职业、不同身份、不同民族杂居在一起。在影片《夕照街》中，有医生，也有工人，还有待业青年、退休工人、学校教师……有体力劳动者，也有脑力劳动者。这些人土生土长，是真正的北京"土著"。他们操着京腔京韵，吃穿住行无一不践行着北京独特的风俗习惯，在他们身上，体现着一座城市的韵味和特色。"远亲不如近邻"，胡同和大杂院的民众，彼此照顾帮助，发展着源于中国传统文化的礼仪和睦邻关系，混合着家长里短的世俗生活，从而形成浸透着血液与灵魂，且约束规制着这一群落的礼俗社会。

　　受孔孟思想浸染的中国，是众所周知的礼仪之邦，而乡土中国是生长、培育礼俗社会的肥沃土壤。与之相比，城市里大杂院的建筑平面铺展，没有楼层区隔，与大地联系最为紧密，最接地气儿，几乎类同于乡间的村落。虽然并非聚族而居，没有血缘关系，并不呈现差序格局，生活在城市大杂院的人们，却具有浓郁的乡土观念和乡土情怀，发展出一个个温暖而传统的社区。一如《洗澡》一片中澡堂门前所挂的对联——"敦厚宜崇礼，善余总致祥"，他们秉持积极乐观的人生态度（参《没事偷着乐》片名）和善良简朴的人生观，践行着前现代社会的传统道德与伦理观念，以这同一地域空间为纽带，在朝夕相处之际形成遵奉同一传统价值观、以礼俗社会待人处世原则为旨归的社区共同体。

　　表现胡同与大杂院生活的影片，一般注重再现这一建筑群落和区域空间给主人公日常生活与习性带来的影响，呈现亲切真实、温情脉脉的邻里街坊关系，表现铭刻在民众记忆中的老北京生活与风味，并由此给影片蒙上一层浪漫的色彩和浓浓的乡愁。回顾青春成长的影片（如《头发乱了》《阳光灿烂的日子》《十七岁的单车》等），片中主人公爬上屋脊与房梁，白天和黑夜在胡同闲逛，借以消解世代之间的隔膜和释放青春期性的苦闷。在《夕照街》中，近邻之间互相帮助救急，并齐心协力创办服务社，以恢复京味老豆腐的传统手艺；单纯幼稚的小娜姑娘，也在邻居们的教育下，从歧路上返回温暖的大家庭之中。《城南旧事》一片，导演吴贻弓回顾说："我们去寻找旧北京的那种'味儿'，我们用'淡淡的哀愁，沉沉的相思'来作为总基调结构全片，北京的冬阳、骆驼队的铃铛、《我们看海去》的课文以及所有那些人物来表达那种溢于言外的感情，那种'旧'事的感觉一下子便出来了。"①

社会学家滕尼斯以自然意志与理性意志来区分礼俗社会与法理社会："我将自然意志占主导地位的所有类型社会称为'礼俗社会'（Gemeinschaft），而将那些由理性意志为基本条件的社会称为法理社会（Gesellschaft）。"② 在北京城市影像中，在胡同与大杂院的环境中，那些虽然烦琐但由老辈传承下来的礼仪和讲究，那些在胡同中摸爬滚打凝结而成的江湖规矩和哥们义气，都是渗入血脉、情动于中的自然意志。也因此，新与旧，传统与现代，情理与法理的对比与碰撞，构成了《头发乱了》《本命年》《老炮儿》等影片主人公精神不能解脱、命运难以扭转的独特环境与氛围。在《头发乱了》中，郑卫东、雷兵和叶彤等几个孩子在狭窄的胡同度过了他们的童年，但长大成人，郑卫东成为片警，雷兵则从监狱里逃出，两人在打斗中两败俱伤。《本命年》中，从监狱释放出来的李慧泉有意重新做人，但方叉子越狱出来找到他寻求庇护，窝藏还是告发朋友，是摆在李慧泉面前的一道难题。在《老炮儿》中，当年名震京城一方的顽主六爷被时代所抛弃，现在固执地和他几个老哥们守着自己的生活方式。六爷教训问路的年轻人要懂礼貌，要为被警察打耳刮子的灯罩儿赢回尊严，到最后子债父还，单刀赴会，演绎一出悲壮而又滑稽的悲喜剧。

正如《夕照街》的片名，也如《老炮儿》被圈养后逃脱的鸵鸟，更如《百花深处》从瓦砾废墟中找到的铃铛，大杂院这一大"家庭"，因其脏乱差不可避免地遭遇拆迁的命运，而此前融洽亲密、平等和谐的街坊关系必然瓦解而终结。在《剃头匠》中，敬大爷还煞有介事地纠正"拆"字的错误；在《洗澡》里，一边厢拆迁大会锣鼓喧天一边厢老人吐露不再饲养蛐蛐儿的心曲；在《没事偷着乐》中，张五民尸骨未凉，开发商的合同就已经将原定的三居缩减成两居；在《夕照街》的末尾，影片描述了大杂院居

---

① 张悦：《〈城南旧事〉三十年——专访著名导演吴贻弓》，《中国艺术报》2012 年 4 月 13 日。
② 〔德〕费迪南德·滕尼斯：《礼俗社会与法理社会》，转引自汪民安、陈永国、张云鹏编《现代性读本（上）》，河南大学出版社，2005，第 61 页。

民对老屋的缅怀与忧伤，镜头上摇，在城市遥远的天际线下，矗立着一座座栉次鳞比的住宅楼群。

三 商品楼：现代都市的品格

如果说有不少导演着力反映胡同里面大杂院的传统社区，捕捉其中热腾腾的世俗生活，那么，很少有创作者会全面聚焦现代都市里高楼林立的现代社区。毕竟，冰冷的水泥砖石构建的现代居住空间，并不会发生纷繁复杂的邻里关系。涉足这一领地，导演的镜头只能偶然关切楼群间的那块空地；只能仰望高耸入云的建筑，模拟看客围观特异的事件；或者，进入一个单元楼房中一间住宅，深描内部的结构及其房屋男女主人的生活世界。因此，像《有话好好说》（1997 年，张艺谋导演）、《开往春天的地铁》（2002 年，张一白导演）、《手机》（2003 年，冯小刚导演）、《搜索》（2012 年，陈凯歌导演）和《老炮儿》（2015 年，管虎导演），或多或少地讲述了发生在商品楼房旁边、里面的故事，并且，这些故事都只构成了整部影片人物活动的一两个场景。

相对于大杂院，商品楼具有相对于地面的垂直高度，每上一层楼，视野更开阔，居住于此的业主更有无房贷的成就感或有房贷的责任感。开发商为了获得更多的利润，总是力图在单位面积建造更高楼层的住宅楼，以装盛更多的住户与人口。因之，商品楼具有现代化城市一样的品格，人口多、密度大，异质而陌生，自我隐退而具有匿名性。同时，商品楼之为商品，是市场化的产物，人们用货币可以购买居住的空间，金钱关系构成了现代都市最本质的关系。《搜索》中，叶蓝秋与杨守诚之间的关系很长时间都是雇佣关系；《有话好好说》中，张秋生承认，在赵小帅赔他电脑之前，根本就不在乎对方作为独立人格的存在。"货币经济与理性操控被内在地联结在一起。在对人对事的态度上，它们都显得务实，而且，这种务实态度把一种形式上的公正与冷酷无情相结合。"[1] 在胡同与大杂院里，居

---

① 〔德〕格奥尔格·西美尔：《大都会与精神生活》，转引自汪民安、陈永国、马海良主编《城市文化读本》，北京大学出版社，2008，第 133 页。

民了解彼此的个性；而在商品楼里，住户并不认识住在隔壁的邻居。和大杂院里的脉脉温情相比，商品楼格栅一样蜂房一般的单元楼房，天然促成人际关系的距离与冷漠。

"居住方式、居住环境的改变，终将改变北京人的生活方式，尤其是人际关系，人际交往形式——这胡同文化中最足自傲的部分。"而"胡同生态的变动，胡同、四合院文化的消失，公寓楼取代四合院这一注定要影响深远、最终改铸北京文化性格的重大事实"①，已经明显地昭示出来。在《老炮儿》一片中，在大杂院闯荡一生的六爷坐上"三环十二少"的跑车，他承受不了飞快的速度和强烈的刺激，感受到令人窒息的眩晕，他强撑着爬下跑车，蜷曲着身子反胃呕吐。这一身体的生理反应，可谓其精神与心灵遭遇激荡的写照。面对日新月异的变化，旧有的道德观念和价值体系开始分崩离析。同样在《老炮儿》一片中，六爷筹款出来，途经一座住宅高楼，那里围观着一群凑热闹的看客，观看一桩跳楼事件。看客不仅兴奋莫名，还唯恐天下不乱，刺激着悬在高空的男子。其后，六爷心脏病发，倒在街头，而此前的那群看客又在说着冷漠而残酷的风凉话。

和步行、三轮车、自行车这种利用人力的交通方式不同，商品楼里的业主开着私家轿车，从地下车库经电梯直达房间，不必和他人发生任何实质性接触；或者乘坐拥挤的地铁，肉体的接近却彰显了心灵的疏远（在《开往春天的地铁》中，多次注目，总算换回一丝淡淡的微笑）。与手摇电话机、广播找人不同，手机与网络更快速地获得信息，搜索出新闻人物的各种隐私性信息，但不能消除人们之间的误会，不能及时发现表象下面的真相（参《手机》与《搜索》）。把镜头对准商品楼中的一间住房，其中承租的情侣或购买此空间的夫妻也彼此防范，满嘴谎言与欺骗，缺少真诚的交流。难以沟通的城市之病侵蚀爱情，破坏家庭，男女双方同床异梦，各自舔舐着各自的孤独。

在《搜索》一片中，居室之内，赋闲在家的男人杨守诚在用哑铃健身，女友陈若兮则在忙着收拾房间和衣物；餐桌之旁，追逐成功的老总沈流舒自在地享用早餐，而作为妻子的莫小渝则像保姆翠翠一样静候一旁服

---

① 赵园：《北京：城与人》，北京大学出版社，2014，第104页。

伺。"在家庭内部，权力没有完全收手。……家庭并不是一个权力销声的场所，人们在办公室隐匿的面孔并非在家庭中能够自由地展开。对于一个家庭来说，住所并非一个绝对自主的空间。"①《手机》中，面对不能"有一说一"的严守一，沈雪的猜疑自有道理；《搜索》中，沈流舒只就拥抱叶蓝秋做出男权主义的解释，妻子莫小渝委曲求全不成，两人最终渐行渐远。

"有钱有什么用，买不到爱；有爱有什么用，买不起房。"《搜索》里面的这句台词，揭示了人们身处城市之中无法避免的尴尬处境：爱情与金钱，似乎此长彼消，不能两全。购买居住空间的高额代价，使亲情变了味、爱情变了色。而获得居住空间的情侣与夫妻，也在货币关系主导的市场之中，在充满机遇与诱惑的城市之中，相互之间逐渐失去了起码的信任。

如今，高楼大厦之所以成为庇护最多城市居民的居住空间，在于它密度大容积率高，并提供一个相对独立而自由的空间，一个可以保护隐私保障安全的区域。《有话好好说》中，赵小帅狂热地追求安红，遭遇拒绝之后不顾小区的宁静，用扩音器高调介入安红的隐私。《搜索》中，死缠烂打的记者闯入沈流舒的居住小区，最后被保安轰了出来。这两场闹剧从反面说明，商品楼房尽管同形同构城市的弊端，尽管生产着冷漠与疏离，却又令人既恨又爱。拥有一套属于自己的住房，结束"北漂"的生活，或者换购一套更舒适、更宽敞的豪宅，始终是很多城市人矢志不渝的梦想。

四　棚户区：城乡对立的隐痛

北京是一座流动的移民城市，全国各地寻找机会和梦想的人蜂拥入京。从立稳脚跟到安居乐业，往往有着一个漫长而痛苦的蜕变过程。为了节省开支，他们扎入地下室，寄身棚户区，过着不见阳光、远离市区的艰难生活。《上车，走吧》（2000年，管虎导演）、《十七岁的单车》（2000年，王小帅导演）、《世界》（2004年，贾樟柯导演）和《苹果》（2007

① 汪民安：《身体、空间与后现代性》，江苏人民出版社，2005，第163页。

年，李玉导演）都聚焦来北京打工的群体，反映他们卑微而动荡的生活世界。此外，更有一些纪录片人，跟踪拍摄北漂一族，如《流浪北京》（1990年，吴文光导演）、《远在北京的家》（1993年，陈晓卿导演）、《彼岸》（1995年，蒋樾导演）、《高楼下面》（2001年，杜海滨导演）、《危巢》（2011年，季丹导演）等一系列纪录影片，真实地记录他们在狭窄而压抑的生存空间里，咬牙坚持着脆弱的希望与梦想。

来到高楼林立、霓虹闪烁的首都，地下室或棚户区却往往是打工一族最早的落脚点。通过逼仄的楼梯与昏暗的甬道，他们在潮湿而拥挤的地下室放下了行囊，开始过着蝼蚁一样的群居生活。或者，辗转好几趟公交汽车，在远离中心的城乡接合部安顿下自己疲惫的身躯，起早贪黑地为生存而来回奔波。这里，叠床架屋，甚至两个女孩合睡一张床（参NHK纪录片《北漂一族》），人们被挤压在狭窄的空间，彼此偎依互相取暖，有时又为争夺机会大打出手（参《十七岁的单车》）。人们没有稳定的工作，免不了缺衣少食，挨饿受冻；因为没有户口，没办暂住证，经常半夜三更被警察敲门接受盘查。他们宛若没有根的浮萍，是"蜗居"北京、"流浪北京"的"北漂一族"。

在《世界》开头，镜头摇移，在世界公园行驶着的单轨观光列车下面，一列扛着纯净水的保安次序走过，随后，一个背着垃圾的拾荒老人踽踽入画、出画，画面右后方是几幢现代化的高楼大厦，镜头深处，则矗立着缩小版的埃菲尔铁塔。于此，导演有意无意地突出现代与前现代杂然相处的境遇。和鲜亮现代的都市相比，和窗明几净的高楼大厦对照，地下室和棚户区的居住空间龌龊不堪，"北漂一族"和"农民工"过着没有尊严的生活。反映社会边缘群体的城市影像，也就透露出中国现代化、城市化进程中难以消除的悖论：为城市建设作出巨大贡献的建筑工人，却居住在临时搭建的棚户里面；为首都人民提供各种服务的外乡民工，却不能享受城市保障的各类福利与待遇。这种生产者无缘参与消费的矛盾，以及他们美好梦想与残酷现实之间的冲突，反映了在城乡二元体制之下一时难以更改的处境。

在《世界》一片的开头，"谁有创可贴？"的喊声回荡在杂乱的房间。创可贴可以缓解一时的疼痛，却不能抚慰他们内心的伤痛。影片中间，赵小桃穿着那一袭塑料雨衣入睡。塑料雨衣可以暂时遮挡风雨，但却不能遮挡内心深处的寂寞与孤独。"这么大的一个北京城，怎么没有我的容身之处"，"我们注定不属于这层的人"，"咱们永远不可能成为城里人"（参《上车，走吧》）。影片中的主人公在遭遇挫折之后，开始清醒地认识到自己的身份和社会地位。在这座光怪陆离的现代都市，为了生计，他们被迫不断地更换工作、变动住处，对这座城市缺乏认同感与归属感。更有一些人，付出了青春与健康，甚至付出了爱情与生命（参《世界》）。

毕竟，《世界》还是虚构的故事，《流浪北京》关注的只是当时的一群艺术精英，《高楼下面》则把镜头对准在物业公司打工、住在地下四层的阿彬和阿毅。他们整日像虫子一样在地下钻来钻去，"楼上的生活方式多多少少对地下的人们有所影响和触动，出于不同的文化程度、家庭、性格和生活阅历等错综复杂的背景，这种影响在每个人身上又折射出不同的样式。"① 不仅如此，现代都市的分层与裂变，如此触目惊心，对拍摄者本人也产生了很大的影响。在郊区垃圾堆旁拍摄真正棚区的《危巢》的导演季丹说："也从未如此地感觉到如临深渊般的不安。……它打破了以往我自以为对'底层'社会能够接近和融合的幻觉与自我赦免，瞥见了真实的黑暗和裂痕——它们不只存在于我所居住的楼群和他们游弋其中的废墟之间，也存在于我自己的内部。……但是这些孩子，还有我们和他们同处的黑暗近在咫尺，当你发觉了这一点，当你一开始看，就再不能蒙上自己的眼睛假装安宁了。"②

在《十七岁的单车》最后，小贵扛着被摔打变形的自行车，走在人潮人海之中；在《上车，走吧》末尾，刘承强不再驾驶小巴，他改送纯净水，出入于写字楼与住宅楼。面对巨大的生存压力，或许只有执拗的小贵、自信的刘承强才会坚持下来。与之对照，《上车，走吧》里的高明离开了北京，《北漂一族》里的李灿离开了北京，《远在北京的家》里除了谢素平之外的另外三个姑娘也都离开了北京。在雾霾肆虐之前，逃离"北上

---

① 梅冰、朱靖江：《中国独立纪录片档案》，陕西师范大学出版社，2004，第298页。
② 《贫民窟的少女时代：纪录片〈危巢〉放映交流（导演连线）》，https：//www.douban.com/event/26713064/。

广"的运动方式就在切实地进行。而他们离开过后腾出的机会与空间，又很快被新的一批来到北京寻梦的外乡人所占据，从而演绎新一轮有关生存与命运的故事。

五　结语

除了上述几类主要的居住空间，不同阶层、不同身份的人，还占据着城市之中不同地点、不同功能的居住空间：四合院多用于折射逝去的历史；旅馆代表着过客与消费，也代表着诱惑与堕落（参《手机》）；别墅寓示着贵族与身份，它很少作为电影的背景，经常作为电视剧的舞台；而学生宿舍，是一群青年学生的共享空间，是走向社会的过渡地带（参《月落玉长河》）。物以类聚，人以群分。筒子楼、大杂院、商品楼和棚户区，这些城市里不同的居住空间，以其独特的结构、形态、位置和品质，潜移默化地塑造着迥异的习性和人际关系，宿命般地规定了未来的走向和命运。无论如何，"居住空间的差异，最能昭示社会的阶层差异……不同的阶层，一定占据着不同的空间，但是，这种差异的空间本身，反过来又再生产着这种阶层差异。"[①]

其实，影像亦复如此。作为媒介的电影，一方面通过反映客观的世界而为城市影像，另一方面又形塑着人们对这座城市的认知与经验。即便是虚构的影像，它也真实地刻写了一座城市特定历史时期的某些特征。于此空间活动着的形形色色的人物，其个性融入了城市的内涵与精神，多数人的命运也昭示着城市的发展与变迁。同时，无论是初来乍到还是土生土长，每个人都不可能用一己的身体去亲身感知一座城市的众多面貌，只能借助城市影像这个中介与拟像，站在当下，去触摸它的历史，预估它的未来。

---

① 汪民安：《身体、空间与后现代性》，江苏人民出版社，2005，第161页。

青少年亚文化的本质、特点及治理建议[*]

青少年亚文化的本质、特点及治理建议 *

景俊美　刘　斌 **

摘　要： 随着互联网技术的不断变革，青少年亚文化现象正风靡全球，其风格化、抵抗性及互动性特点更加突出。因这些鲜明的特点，青少年亚文化的影响力已经"出圈"并渗透现实世界，有的存在语言暴力，有的引发舆论事件，有的卷款跑路触犯法律底线，成为学界及社会都不可忽视的社会现象。基于当前青少年亚文化发展过程中存在看不见的危害、不利于青少年健康成长、对核心价值教育产生冲击等负面影响，建议强化链环控制，实现网络平台文化传播的可管可控；跟进相关研究，加强学校教育的及时干预与有效引导；完善社会监督能力，跟进立法并提升违法违规成本。

关键词： 青少年　亚文化　主流文化　风格化　社会监督

亚文化又称"次文化"或"副文化"，是与主流文化相对应的非主流的、小众的文化。当代中国亚文化群体众多，且以青少年群体为主体，形成了不同的圈层或亚文化群体。他们建构了自己独特的符号体系，众所周知的嘻哈、弹幕、二次元、杀马特、饭圈、电竞、祖安、cosplay、丧文化、

---

* 本研究为北京市社会科学院智库一般项目"文化安全视域下首都网络舆情治理体系研究"的阶段性成果。

** 景俊美，北京市社会科学院副研究员，主要研究方向为新媒体文化与传播研究；刘斌，北京师范大学新闻传播学院教授，主要研究方向为传播理论、传媒经济等。

佛系文化等，都是不同的亚文化类型。他们基于"趣缘"①而聚集，构筑了自己的文化圈层，形成了一股股不可忽视的潮流。特别是受到互联网与全球化的影响，如何准确认知和定位亚文化并进行有效引导已成为一个迫切而现实的问题。

一 青少年亚文化的本质

（一）一种参与感极强的话语模式

话语本身是一种权力。一方面，青少年因为年龄、身份等原因较少能够获得社会主流话语权，亚文化表达是其参与社会、回应时代的一种方式。在开放性与封闭性冲突的矛盾心理中，青少年一方面希望与家长、朋友、老师进行推心置腹的交流，表达自己的意愿。而出于各种原因，现实往往无法满足他们的这种需求，于是他们通过更便捷的网游、日记、短视频等方式寻找替代，新媒介成了年轻族群的社交场域。另一方面，部分青少年学业压力大、家庭关系不和谐，无意中学会了通过虚拟世界找到认同感或疏解内心怨气的方式。在行为表现上，他们通过反礼仪性的语言表达、装扮行为、消费方式等参与社会文化的重构，实现对话语权的争夺。或者说，亚文化的快速传播是人们对信息、文化、审美的认知获得趋于主动的结果，是一种参与感极强的话语表达。近日，《青春有你3》的"倒牛奶事件"引发热议，其本质便在于平台和运营商利用青少年的不成熟心理和高强度参与感进行牟利。

（二）一种求新求异的反叛表达

亚文化的大部分使用者是青少年，他们身心发育异步，独立性与依赖性并存，由于心智与阅历不足，为外界所谓时髦和流行吸引，产生强烈的求新求异或模仿心理。文身、染发、夸张服饰、网络流行语等现象在他们身上层出不穷。以谐谑、分享、二次创作乃至成为社交货币为特征的段子

---

① 郑天、李文健：《亚文化视角下网络戏仿行为探析》，《青年记者》2020年第15期。

文化，以 ACGN（动画、漫画、有效、轻小说）内容再创作及其文化追随者为主体的二次元文化，以"骂人要有创意，脏话要足够恶毒"为"个性"创作方式的祖安文化等，都是亚文化群体的代表性圈层，有的已经上升为全民舆论场。心智不成熟的青少年很容易被各种形式新奇又能显示"个性"的创作方式所吸引，并进行尝试或模仿。网络、商业和媒体又将在传统社会可能处于边缘的亚文化推到了台前，使这种文化从躲闪与隐匿的状态升格为张扬的个性。

（三）一种高频互动的网络文化

网络对于各种亚文化而言，是一个虚拟的"狂欢广场"。在这个流动的、开放的空间中，传播者与接受者、生产者和消费者都能直接参与其中并进行密切的互动。一些网站或亚文化社区是青少年的聚集地，大量的亚文化创作者都聚集于此，他们在这些网络空间中相互交流、实践，并进行再创作，使得亚文化从"星星之火"迅猛发展，成为青少年群体的一种"流行文化"，引得更多的青少年进行模仿、创作和再传播。网络的自由特性使亚文化群体从虚拟空间中找到支持，其高度的互动性使参与者避免处于孤立状态，是边缘与次生文化得以自由对话的重要途径。

二　青少年亚文化的主要特点

（一）风格化

每一种选择都意味深长。亚文化是一种有意图的信息表达，它表达和宣传的是一种作为拼贴的风格。一套服装的内部包含着一个有差异的系统，亚文化风格就是一种差异的意义的传达。比如"伪娘"的"沉浸式"表演是将身体作为风格展现个体的价值追求，cosplay、洛丽塔、JK 风等则通过亚文化青年身体各个部分装饰的风格总和得以凸显，当然极端者所抵达的是成为一种"行规"的直播露肉。最终，青少年在有共同"风格"的群体中实现身份认同。

（二） 抵抗性

抵抗性也称"反叛性"，这一特点不仅存在于当下的亚文化中。早在20世纪60年代，英国伯明翰学派就曾从社会政治学的角度总结过青年亚文化的所处地位与抵抗逻辑。其主要表现有两点。一是求新求异。异于社会规范，并对社会规范产生或明或暗的冲击，以求突出风格，表现自己。二是冲动性强。越是背离正常的社会道德伦理，越是能够带来快感，于是直播露肉、大谈禁忌话题等流行。亚文化相对主流文化处于次要地位，青少年为了获取更多的关注和话语权，用解构、反叛、去中心化的抵抗方式实现自己的表达。特别是随着技术的不断赋能，更便捷的信息获取或视像传播推动着人的后现代自我意识和个体性审美趣味的觉醒。一方面，强烈的介入冲动使青少年采取在他们可选择范围内的任何方式彰显自我，表达情绪、欲求和思想；另一方面，个性的彰显、自由的沟通背后是价值观的交互，在个体间的自由发声中寻求认同和共鸣，从而聚合成各种新的文化部落。

（三） 互动性

网络时代的文化核心就是互动，青少年亚文化的互动性特征更加突出。比如弹幕文化不同于以往视频网站中的"留言板"或"评论区"，它随着视频的播放可以同时出现在屏幕上而成为视频的一部分。受众在观看视频和弹幕时，可以产生群体共赏的观看体验。弹幕营造出一种"同时在线"的虚拟状态，并且在实时发送弹幕的过程中受众可以进行交流互动，这种交流和互动可以激发受众的情感从而增强归属感和存在感。同时，通过弹幕还可进行有效的群体传播，用户在交流与互动中获得了文化认同和群体间的情感共鸣。不过需要注意的是，社交媒体让青少年容易找到价值观相似的群体，但高频的交互也容易产生群体极化，使原本不明显的意图转化为行动。有研究表明，网络时代特别是社交媒体时代人们对信息的接受与理解，更容易受到情绪与情感的影响[1]，亚文化的互动性延展了这种

---

[1] 喻国明、钱绯璠、陈瑶、修利超、杨雅：《"后真相"的发生机制：情绪化文本的传播效果——基于脑电技术范式的研究》，《西安交通大学学报》（社会科学版）2019年第6期。

影响，体现出价值内涵的延展与重塑。

三　青少年亚文化的不良影响

（一）不利于青少年健康成长

第 45 次《中国互联网络发展状况统计报告》显示，截至 2020 年 3 月，我国手机网民规模达 8.97 亿，比例由 2018 年底的 98.6% 提升至 2020 年 3 月的 99.3%，其中，青少年的占比高达 75% 以上，是移动媒介用户的绝对主力军。[①] 这些主力军中的大多数群体，接触或参与最多的是段子、动漫、电竞、祖安等亚文化。但是很多亚文化，包含着或多或少的性、暴力、不雅内容甚至军国主义成分，这些都会对青少年价值观产生负面影响。加之青少年心智不成熟，对各种亚文化的价值判断力不够、抵抗力不强，越是带有发泄倾向的文化现象越能引起其模仿心理。特别是像祖安文化、PUA、福利姬等，不仅影响青少年身心健康，还会影响其行为处事方式。动漫、网游、电竞等亚文化则以其超现实性、高黏着性等特点为粉丝们构建起一个虚拟世界，一定程度上类似于现实的设定，让有些青少年难以分辨虚拟与现实而沉溺其中，极不利于青少年的健康成长。

（二）对主流文化、核心价值教育产生冲击

亚文化的形式五花八门，但无论哪种亚文化，其内部结构都呈现着共同的特征：每一种形式都隐含着它另类的价值体系。亚文化的成员们十分了解自身的生存世界，无论哪两种亚文化，它们之间的价值体系都是同构的或有联系的。他们都希望自身得到解放，方向得到调转，体制得到消解，对主流文化充满着强烈的反叛性。[②] 调查显示，36% 的人主要讨论微博热搜排行榜上的八卦、娱乐话题，25% 的人会讨论朋友圈话题，仅有 15% 的人会关注国家或政府新闻。亚文化所影响的享受个性表达、狂欢娱乐和随意消费的背后，是对主流文化的挑战与解构。

---

① 马俊：《媒介迁徙：青年亚文化新场景与移动媒介的多维关系》，《编辑之友》2020 年第 7 期。
② 高妍：《"伪娘"亚文化现象的美学解读》，四川师范大学硕士学位论文，2020，第 27 页。

（三）看不见的危害与文化入侵

亚文化对青少年的影响，不止于在个体层面影响他们的精神性或物质性需求，亚文化还影响其价值观，而且通过群体互动、群体认同与群体情感以更潜隐、复杂而深远的方式影响他们的处事方式与行为方式。严重者还会触犯《刑法》《侵权责任法》《关于办理寻衅滋事刑事案件适用法律若干问题的解释》等相关法律法规，引发群体暴力，不仅不利于青少年的个体成长，还会对家庭和社会带来严重后果。国外动漫作品中所承载的是来源国的价值观体系与哲学思想，属于异质文化，当其占主导地位时就会对本土价值观念产生巨大的侵蚀作用。如美国是一个讲究个人英雄主义的国家，《蜘蛛侠》《蝙蝠侠》《钢铁侠》《超人》《速度与激情》等很多电影特别是动漫类影视，以超能英雄为主角，其价值设定与中国儒道哲学中的"抑己从人"、重视集体主义精神相悖。日本动漫文化更是充斥着享乐主义、拜金主义等观念，对中华民族传统的义利观、婚恋观起到抑制作用。更为恶劣的是个别漫画家以动漫为工具歪曲历史，传递反人类的价值观念。典型代表是日本右翼漫画家小林善纪，他的《战争论》要求重新检视日本侵略战争，并认为战后日本不应承认战争罪责，其《台湾论》更是大力美化军国主义，称台湾妇女在二战期间充当日军"慰安妇"是基于"出人头地"动机的自愿行为。从文化安全的角度看，上述现象尤其不能忽视。

四　治理对策及建议

（一）强化链环控制，实现网络平台文化传播的可管可控

随着网络技术的不断发展，各大平台及社交媒体成为亚文化的主要传播平台，那些含有较高异质文化成分的国外动漫、网游、电竞更是如此。从传播学的角度看，拉扎斯菲尔德的 5W 模式①给我们提供了一个管制的

---

① 郭庆光：《传播学教程》（第二版），人民大学出版社，2011，第 55 页。

模式。一则信息的传播需要通过传播者、渠道、媒介，最后才能到达受众，因此，我们可以通过内容控制、渠道控制与传播者控制，最大限度地降低各种危害发生的可能性。

一是分类分级细化亚文化内容，实现内容控制层的无死角。亚文化种类繁多、内容驳杂，可通过分类分级两个层面的细化，实现亚文化的内容管控。在分类上，对正负面影响兼备的实现有效引导，对负面影响严重的直接取缔或禁止。若因技术限制一时难以实现的，法律上必须跟进对色情、暴力等危害严重的亚文化的制度约束。在分级制度上，确定青少年能够接触的亚文化的标准，如以性爱、不雅、裸露、暴力、毒品、粗俗语言等作为内容规制的标准，以区分不同受众群体。目前，国内没有分级制度，中国生产的很多动漫往往只适合给小孩子看，在某些层面来说使得青少年特别是其中的动漫爱好者通过网络接触国外动漫，并受到国外动漫的影响。在调研访谈中发现，一些动漫企业的管理者也希望尽快出台分级制度为他们解缚，因为没有标准他们的制作很容易"踩红线"，制约了内容生产的创造性与主动性，也影响了青少年市场的开发。

二是利用技术限定青少年的渠道获得，实现渠道控制层的精细化。根据用户不同年龄段的心理和认知特点，界定其可接触内容在"不雅"或"暴力"上的程度。在分级的基础之上，可以借用国外经验对渠道进行控制，以降低青少年接触概率。在图书音像方面，可以效仿美国日本，对销售作品进行贴标签分区销售，面向成人的图书影像，只能在特定的区域进行销售，同时还能设立成人影院等，但限制青少年进入。在影视方面，可以通过设立不同的播放时间、时长与频道进行区别对待。目前，国内 IPTV 和手机电视的发展方兴未艾，而影视节目分级系统是实行内容监管的基础之一。在网络方面，利用技术禁止少儿进入。通过这种方式将不适合少儿的作品限定在特定区域内，同时也保护成年人的权利与自由。此外还可以设立专门的儿童或青少年网站，在网站播出适合少儿看的文化内容，这样可以有效减少儿童接触其他网站的可能性。美国就专门创办了 KIDS. US，该网站所有内容均受到核查，不含任何色情内容，也没有聊天室与即时电邮等，更不提供不良地址的链接。

三是明确界定不同管理部门的具体职责，实现媒介控制层的管控合力。对亚文化渠道的物理介质进行控制，在这里主要谈新媒体渠道规制问题。随着信息技术的不断变革，亚文化产品形态日益多样化，动画、漫画、小说、音乐、游戏、直播、短视频、App、虚拟偶像层出不穷，涉及部门越来越多，部门功能重叠，如涉及动漫的主要有中宣部、工信部、广电总局、文旅部等不同部门，每个部门的职责又有所不同，反而难以有效进行规制。建议重新定位，划定不同部门职责。尤其是在新媒体时代，直播、视频、语 C、虚拟偶像等亚文化形式日益增多，谁来主管、谁来协助，需要界定清楚，否则就会出现 A 部门出台禁令，B 部门放任自流的现象。同时，日益增多的亚文化形式也使得越来越多的管理部门被牵扯进来，需要不同部门之间的配合。比如网络游戏由文旅部管理，而具体的网吧、游戏厅由工商行政部门管理，市场秩序又是由综治办管理。只有部门之间的有机配合，才能真正实现对亚文化的有效管理。

（二）跟进相关研究，加强学校教育的及时干预与有效引导

学校教育是当前教育体系的核心。学生教育的重点不仅是知识与技能的提升，更需要关注正确价值观、世界观和人生观的形成，关注思维方式和综合能力的培养。对亚文化流行的青少年群体而言，学校是净化其成长环境的第一道防线，必须研究相关预案进行充分治理。

一是及时干预和引导。对学生群体中出现的祖安体语言形式，要时时关注，正面引导。教师在发现学生行为异常时，要及时关注、关心、引导和疏解，必要时可采取心理介入。

二是准确把握青少年文化需求，实现文化替代。不能简单把亚文化等同于暴力犯罪与色情诈骗，要深层次分析亚文化形成的根本原因，尤其关注新时代社会矛盾变化引起的青少年群体需求变化。比如就祖安文化而言，可以引导学生重读经典，重温经典文化，理解中国语言艺术的精妙之处。深入分析祖安体语言的构词、语法，剖析其不足之处与巨大危害，引导学生进行替代性创新，让青少年以正常渠道表达自己的愿望与个性。

三是实施媒介素养教育。亚文化的流行，一方面是因为青少年心理不成熟，另一方面则是由于青少年的媒介素养能力不足。他们运用媒介的技能比较熟练，但是对媒介信息内容的批判性思维能力、辨别能力相对较

弱。因而，亟须在中小学大力推行媒介素养教育，让青少年批判性地认识到流行的各种亚文化的产生与发展历史、本质特征及巨大危害性。

（三）完善社会监督能力，跟进立法并提升违法违规成本

一是制定更有针对性、更加精细化和可操作性强的法律法规。法律作为约束人的行为的规范，是维护社会秩序的必要手段。互联网发展日新月异，法律必须有效跟进。当前，需要以《宪法》为基本遵循，结合《互联网管理条例》《互联网信息服务管理办法》等行业法规和《未成年人保护法》等专门法，针对青少年亚文化的内容生产和传播方式制定更加细化和更具备可操作性的规章制度。如在电视方面，可以通过立法要求电视生产商加装设备，由家长设定青少年观看的内容等级。

二是强化技术审核，用制度规范平台与媒介行为。对一些网络平台、社交媒体要强化技术规制，应用"大数据+人工审核"的方式对暴力、色情诈骗内容进行有力控制。同时，强化平台与社会媒体责任，提高违法违规成本，促使其强化内容审核。此外，电信业务在亚文化的智能传播、移动传播方面具备比传统的广电、院线、书店更为重要的作用，其业务也早已突破了语音与数据业务而进入内容制作和传播领域，但管理部门仍然将其定位为网络运营商，这也就意味着电信的技术中立特性有可能使其用避风港原则免于规制，因而需要赋予其媒体地位，使其承担相应责任。

三是多方并举鼓励第三方监督。建议政府、学校、科研人员、网络平台和技术人员以及相关公益机构组织建构有效的第三方机构或团体，对网络媒介平台中的流行文化进行监督，发现不良苗头可及时向有关部门反映，将不良的文化现象扼杀在摇篮之中。同时，在分类分级制度的基础上，有效管控平台或媒介的灰色地带与乱象行为。如在网络实名制的基础上设立身份验证框，每次进入相关频道或网络社区专区都会弹出对话框，用户需要输入身份证号或密码，不符合条件则会被拒绝，禁止网站将不良内容传播给未成年人。

总之，亚文化往往与主流文化相伴而生，有时还相互转换、彼此影响。比如，当"90后""00后"等青少年群体渐渐长大而成为未来的消费主力和社会的中流砥柱时，他们所喜爱并消费的产品将会毫无疑问地分割

主流文化空间。因此，对于亚文化，我们既不能惶惶不可终日，也不能任其野蛮发展，积极适时正确引导方是良策。当然，青少年群体不只是社会的重要构成，他们还是国家和民族的希望。通过分析青少年亚文化的本质、特点以及提出危机应对、监管预防等治理策略，我们可以更真切地感受到当下青少年群体的诉求、情感及价值观，特别是在新冠肺炎疫情席卷全球的当下，多重压力之下的丧文化有情感宣泄的层面，更有"以防御性悲观的方式应对生存焦虑和未来不安全感"① 的因由。

---

① 马中红、吴熙倡：《2020 亚文化热词：词源、意义及情感结构》，《青年学报》2021 年第 1 期。

文创综合

实现伟大复兴要有充足的文化底气

郭万超　姜　凯*

摘　要：文化是实现中华民族伟大复兴过程中最广泛、最深厚、最持久的力量。在中国共产党的领导下，中华民族伟大复兴具有充足的文化底气。这种文化底气源自中国文化坚韧的生命力，源自中国特色社会主义优越的文化制度，源自党领导下的国家文化治理的有效探索。

关键词：中华民族复兴　中华文化　文化制度　文化治理

实现中华民族伟大复兴是近代以来中华民族最伟大的梦想，是 1840 年以来面对内忧外患无数仁人志士不断探索与奋斗的一条历史基线。1921 年中国共产党的成立，使得中华民族伟大复兴大业在艰苦卓绝的历史斗争中拥有了坚强的领导核心；1949 年中华人民共和国的成立，为中华民族伟大复兴进程开辟了新的历史纪元；1978 年开启的改革开放和中国特色社会主义建设的高歌猛进，使得中华民族伟大复兴之梦比历史上任何时期都更接近成为现实。中华民族伟大复兴作为全球现代化进程十分重要的部分，需要政治文明、经济发展、文化繁荣、社会稳定和生态优美等多维度的根本支撑。其中，文化是最广泛、最深厚，也是最持久的力量。正是中华文化

---

* 郭万超，经济学博士，北京市社会科学院传媒与舆情研究所所长、清华大学文化创意发展研究院研究员，主要研究方向为当代中国经济、文化产业、互联网与新媒体、城市发展等；姜凯，中央文化和旅游管理干部学院文化事业部助理研究员，中国艺术研究院博士，主要研究方向为公共文化政策、国家文化治理。

不断迸发出的磅礴力量，使中国特色社会主义不断展现出光明的前景。实现中华民族伟大复兴，我们拥有充足的文化底气。

一 实现中华民族伟大复兴的文化底气源自中国文化生命力的坚韧性

作为人类历史上唯一未曾中断的文明，中华文化博大精深、渊源有自，而且能够不断吐故纳新，实现自我革新，展现出无比坚韧的生命力。历经五千余年的传统社会发展以及近代以来的深刻社会转型，在中国共产党的坚强领导下，中国文化成功实现了最新一轮的文化革新。革新的中国文化由中华优秀传统文化、革命文化和社会主义先进文化三个部分有机融合而成，以中国特色社会主义先进文化的面貌呈现于世。

中华优秀传统文化是中华民族几千年文化成果的深厚积淀和民族发展的丰厚养分。在漫长的历史发展过程中，勤劳智慧的中华民族通过一代又一代的努力，创造了璀璨而独特的中华文明。单以思想文化而论，先秦时期便有孔子、老子、墨子、孟子、庄子、荀子、韩非子等诸子各自开宗立派、著书立说，形成了百家争鸣的古代思想高峰期；西汉时期，罢黜百家，独尊儒术，使得儒学思想成为对后世产生深刻影响的千年主流思想；魏晋南北朝时期，佛道盛行，玄学鼎盛，为中国思想文化注入了新的发展养分；隋唐时期，儒教、佛教、道教形成三教并行局面；到宋明以降，三教合流，其间程颐、程颢、朱熹、陆九渊等进一步将儒学思想发展为理学思想，直至王阳明集其大成，创立心学，中国传统思想文化创造了又一座高峰；明清之际，李贽、王夫之等人开始反思儒学思想，提倡经世致用。这些浩瀚精深的思想文化为中华民族的不断发展提供了充足的精神动力和智力支持，是我国优秀传统文化中极为宝贵的部分。

近代之后，传统文化遭受西方文明的极大冲击。基于深刻的民族危机意识，许多仁人志士开始学习和吸纳西方文明中的有益部分来有意识地对传统文化进行改造。1921年中国共产党成立之后，中国人民在艰苦卓绝的民族独立斗争中第一次拥有了坚强的领导核心，中华民族伟大复兴的中国梦开始扬帆起航。中国共产党依靠马克思主义的科学理论，结合中国的实际国情，团结全国各族人民，创造性地实现了革命文化的诞生与发展。革命文化是在中国共产党领导下，灵活运用马克思主义，对中华优秀传统文化与西方先进文化的融合创新，是长期历史革命过程中凝结而成的宝贵文化成果。革命文化主要表现为红船精神、井冈山精神、长征精神、延安精神、西柏坡精神等精神成果以及与之密切相关的革命历史遗存和记忆。

社会主义先进文化是中国共产党在马克思列宁主义、毛泽东思想、邓小平理论、"三个代表"重要思想、科学发展观和习近平新时代中国特色社会主义思想的指导下，在继承、创新和发展既有文化成果的基础上，在中国特色社会主义建设新的历史时期领导全国各族人民为实现中国特色社会主义现代化而开创的新的文化成果，是实现中华民族伟大复兴中国梦的重要思想指导、智力支持和成果展现。社会主义先进文化突出地表现为铁人精神、雷锋精神、焦裕禄精神、"两弹一星"精神、航天精神、女排精神等一系列精神文化成果，凝结出爱国敬业、自力更生、艰苦奋斗、无私奉献、廉洁奉公、服务人民、攻坚克难、开拓创新、团结战斗、勇于拼搏的精神文化特质。

中华文明是四大古文明中唯一延续至今且不断推陈出新的人类文明，中国是近代以来在西方霸权威胁之下唯一保持自身文明特质而且能够与之抗衡的文化大国。中国文化生命力之坚韧、社会主义先进文化发展势头之健旺，已经远远超出了西方国家的理解能力。而中国文化的这种坚韧力量和健旺势头，与中国文化固有的文化特质密切相关。简言之，中国文化拥有开放的姿态、包容的胸怀、革新的勇气和平和的心态。中国文化因开放而不会故步自封、夜郎自大，因包容而能够兼收并蓄、博采众长，因革新而能够革故鼎新、历久弥新，因平和而不会称王称霸、恃强凌弱。

中国文化坚韧的生命力以及文化生命力背后所蕴含的文化特质是实现中华民族伟大复兴中国梦最基本的文化底气所在。

二 实现中华民族伟大复兴的文化底气源自中国特色社会主义文化制度的优越性

中国特色社会主义文化制度优越性主要体现在坚持中国共产党的领导，坚持社会主义核心价值观的引领，坚持以人民为中心的导向，坚持唱响主旋律、弘扬正能量的机制，坚持把社会效益放在首位、社会效益与经济效益相统一的原则。

中国共产党是中国特色社会主义各项事业的坚强领导核心。党对文化事业向来十分重视。1942年，尚处于抗日战争艰困时期的中国共产党便在延安专门召开文艺座谈会，制定了党的文艺方针，并全面开展文艺整风运动。在此次文艺座谈会上，毛泽东同志首次提出了革命文艺工作的中心问题是"一个为群众的问题和一个如何为群众的问题"，并号召文艺工作者深入群众，全心全意为群众服务。这次文艺座谈会有力地推动了根据地文艺事业的发展，一大批优秀文艺作品涌现出来。党的十八大以来，以习近平同志为核心的党中央高度重视文化发展。习近平同志多次在重要讲话中高度评价和肯定了中华优秀传统文化对中国、对中华民族以及对世界的重要价值，指出中华文明对中国社会发展进步发挥了十分重要的作用，通过创新性发展和创造性转化，完全可以为中国特色社会主义发展提供有效服务。2014年10月，习近平同志主持召开文艺工作座谈会，深刻阐述了文艺和文艺工作的地位作用和重大使命，提出了如何解决好繁荣文艺、发展文艺的一系列根本性和方向性问题，并对新时期文艺工作做了全面部署。党对文化事业的高度重视和全面指导，是中国特色社会主义文化制度优越性的重要体现，也是实现中华民族伟大复兴中国梦的文化底气的根本保障。

中国特色社会主义核心价值观是中国特色社会主义先进文化的精髓所在。富强、民主、文明、和谐、自由、平等、公正、法治、爱国、敬业、诚信、友善，短短24个字，高度凝练和集中表达了中国特色社会主义建设过程中当代中国文化精神的本质特征，表达了全体中国人民共同的价值追求，体现了深厚的民族性、鲜明的时代性、内在的先进性、广泛的包容性，是中国共产党领导全体中国人民长期奋斗伟大实践的思想成果，既蕴含中华文化的丰厚内涵，又为中国特色社会主义先进文化指明了发展方向和光明前景。社会主义核心价值观作为社会主义核心价值体系的内核部分，引领着中国文化的建设和发展方向，是构成中国特色社会主义文化制度的重要部分。

以人民为中心的导向是当前我国文化工作的重要出发点和落脚点。以人民为中心的导向是党全心全意为人民服务的根本宗旨在文化建设领域的重要应用实践，是以习近平同志为核心的党中央对中国特色社会主义先进文化发展理论命题的丰富和发展，也是中国特色社会主义建设新时期对毛泽东同志在延安文艺工作座谈会所提出的文艺工作"为了谁?"之问的全新呼应与回答。文化事业建设和发展坚持以人民为中心的导向，就是要突出人民在文化政策制定和实施过程中的重要地位，把人民拥护不拥护、赞成不赞成、高兴不高兴作为推进中国特色社会主义先进文化建设和发展的重要依据。

唱响主旋律、弘扬正能量是中国特色社会主义文化制度的重要特征，既是不断改进和创新文化宣传工作和机制，提升中国文化传播力、引导力、影响力和公信力的必然要求，也是面对西方文化霸权和文化渗透，维护意识形态安全和政治安全，夺取国际话语主动权的现实需要，更是在全国、全社会范围内形成广泛共识、团结人民群众、动员社会文化宣传力量，为实现中华民族伟大复兴而奋斗的题中之义。当前发展阶段，国内外形势瞬息万变，只有唱响主旋律、弘扬正能量，才能牢牢掌握文化宣传工作的主动性和有效性，为中国特色社会主义文化的现代化服务，为实现伟大复兴的中国梦服务。

坚持把社会效益放在首位、实现社会效益与经济效益双效统一，既是遵循社会主义先进文化发展规律的重要体现，又是尊重社会主义市场经济客观规律的重要体现。不同于普通的商品，文化产品除了本身的商品属性外，还具有意识形态属性。文化产品的生产、经营和监管，不仅事关社会主义文化市场的繁荣和发展，也关乎意识形态安全和文化安全。中国特色社会主义文化制度强调以人民为中心的导向，各项文艺创作工作和文化管理工作就必须把追求社会效益放在首位，努力实现社会效益与经济效益的双效统一。这是中国特色社会主义文化制度与其他制度文明的重要区别之一，也是中国特色社会主义文化制度优越性的重要表征之一。

中国特色社会主义文化制度突出强调坚持中国共产党的领导，坚持社会主义核心价值观的引领，坚持以人民为中心的导向，坚持唱响主旋律、弘扬正能量的机制，坚持把社会效益放在首位、社会效益与经济效益相统一的原则，突出展现了中国特色社会主义文化制度的优越性，这是实现中华民族伟大复兴中国梦最核心的文化底气所在。

三　实现中华民族伟大复兴的文化底气源自国家文化治理探索的有效性

国家文化治理是文化建设的重要途径和方式。新时期，我国国家文化治理具有鲜明的社会主义色彩，是对马克思主义关于社会主义许多科学预测的具体实践，也是对以往国家文化治理模式和具体方式的进一步丰富和发展。从1949年中华人民共和国成立到2013年党的十八届三中全会正式提出"完善和发展中国特色社会主义制度，推进国家治理体系和治理能力现代化"的时代命题，我国在60多年的社会主义现代化建设过程中历经了许多曲折，但也积累了更多的国家治理有益经验。要对这些国家治理经验和教训进行系统总结，并探索未来中国特色社会主义发展之路，就必须通过国家治理体系和治理能力现代化来实现。2020年，党的十九届五中全会将基本实现国家治理体系和治理能力现代化作为到2035年要实现的远景目标之一，写入"十四五"规划之中，越发凸显了其必要性、紧迫性和重要性。国家文化治理作为国家治理体系和治理能力现代化的重要构成部分，其探索意义自不待言。国家文化治理探索的有效性突出地表现为文化建设的各项成就。

在宏观管理体制和保障体系方面，2018年新组建的文化和旅游部正式挂牌，文旅融合发展将探索出一条通向"诗和远方"的道路。同年，中央深改委审议通过《关于建设新时代文明实践中心试点工作的指导意见》，为人民群众学习理论政策、丰富文化生活、推动移风易俗提供了新的平台，到2020年试点单位已经从50家增加到500家。

在文艺创作方面，全国国有文艺院团积极响应中央号召，围绕全面建成小康社会、脱贫攻坚、抗击疫情等时代主题，先后创排4000余部优秀现实题材作品；2019年，全国艺术表演团体演出296.8万场，其中赴农村演出171.27万场；2020年，开展全国舞台艺术优秀剧目网络展演，参与互动人次突破11.7亿，观看总人数达8200万。有力地弘扬了主旋律，壮大了正能量。

在公共文化服务体系建设方面，深入推进基本公共文化服务标准化、均等化，公共文化设施网络日益完善。截至 2020 年，全国共建成 3196 个公共图书馆、3326 个公共文化馆、5132 个公共博物馆，共建成基层综合性文化服务中心 56 万个，覆盖率超过 95%。新冠肺炎疫情期间，全国公共文化机构纷纷推出"云讲座"、"云看展"、"云直播"、电子书单、线上培训等，创新了人民群众文化生活方式。

在文物和非遗保护传承方面，在稳步提升保护水平的同时，积极建立文物和非遗与人民群众日常生活的密切联系。银饰、漆器、刺绣等非遗项目的活态保护，为文化扶贫打开了全新思路。"十三五"以来，全国各地共设立了超过 2000 家不同级别的非遗扶贫就业工坊，带动数十万人就业增收。2019 年，随着实证中华 5000 多年文明史的良渚古城遗址列入世界遗产名录，我国的世界遗产达到 55 项，居世界前列。

在文化产业和旅游产业发展方面，新产品、新业态、新模式层出不穷，发展质量和发展效益获得双提升，融合发展效应日益凸显。截至 2019 年底，全国国有文化企业共计 1.9 万户，从业人员 152.1 万人；资产总额 6.4 万亿元，同比增长 21.8%；全年实现营业总收入 1.7 万亿元，利润总额 1533.3 亿元，分别比上年增长 13.1%、2.8%。党的十九大以来全国国有文化企业数量增长 18.7%，年均增长 9%；资产总额增长 40.6%，年均增长 18.6%。全国旅游及相关产业增加值为 44989 亿元，占国内生产总值的比重为 4.56%，比上年提高 0.05 个百分点。当前，我国已有 5A 级旅游景区 280 家、国家级旅游度假区 30 家、全国乡村旅游重点村 1000 个、全国红色旅游经典景区名录 300 处。2019 年，全年国内旅游人数达 60.06 亿人次，比上年增长 8.4%。2020 年上半年，虽然经受新冠肺炎疫情冲击，但数字出版、动漫和游戏数字内容服务、互联网文化娱乐平台、版权和文化软件服务以及其他文化艺术业等文化新业态仍实现营业收入 12939 亿元，增长 18.2%。

在对外和对港澳台文化交流方面，中华文化影响力进一步提升。依托"一带一路"建设，覆盖全球主要国家和地区的中外文化交流合作机制基本建立。"欢乐春节""美丽中国""超乎想象的中国"等文化和旅游品牌效应日趋显著。对港澳台文化交流持续推进，增进了文化认同和情感认同。

文化建设成就的不断取得为国家文化治理探索有效性提供了强有力的佐证，国家文化治理探索的有效性是实现中华民族伟大复兴中国梦最关键的文化底气所在。

新发展阶段下社会主义文化强国建设探析

袁　航*

摘　要： 新发展阶段是我国社会主义现代化进程中的一个重要阶段，也是社会主义文化强国建设的必经阶段，更是中华民族伟大复兴的关键阶段。准确把握新发展阶段在发展主题转换、发展重心转移、发展格局转化、发展焦点转向、发展机遇转变等方面的五大重要特征，深入贯彻创新、协调、绿色、开放、共享等五大新发展理念，以强化文化新基建、激发文化新动能、关注文化新群体、完善文化新空间、繁荣文化新业态等五个方面的工作为抓手，着力构建文化发展新格局，有助于进一步明确社会主义文化强国建设的阶段性中心任务，为不断优化社会主义文化强国建设的路径选择提供基本依据和重要遵循，更好回应社会主义文化强国建设新挑战、开启社会主义现代化文化强国建设新征程。

关键词： 新发展阶段　新发展理念　新发展格局　文化强国

"十四五"时期是我国全面建成小康社会、实现第一个百年奋斗目标之后，乘势而上开启全面建设社会主义现代化国家新征程、向第二个百年奋斗目标进军的第一个五年，我国将进入新发展阶段。[①] 习近平总书记在

---

*　袁航，中央文化和旅游管理干部学院助理研究员，主要研究方向为文化和旅游改革发展宏观政策研究。

① 习近平：《正确认识和把握中长期经济社会发展重大问题》，《求是》2021 年第 2 期。

省部级主要领导干部学习贯彻党的十九届五中全会精神专题研讨班开班式上的重要讲话强调："进入新发展阶段、贯彻新发展理念、构建新发展格局，是由我国经济社会发展的理论逻辑、历史逻辑、现实逻辑决定的。"这是事关我国发展历史方位以及社会主义现代化建设指导原则与路径选择的重大战略判断。

《中华人民共和国国民经济和社会发展第十四个五年规划和二○三五年远景目标纲要》，明确将社会主义文化强国建设列为 2035 年重要远景目标之一，提出要"建成文化强国、教育强国、人才强国、体育强国、健康中国，国民素质和社会文明程度达到新高度，国家文化软实力显著增强"。这表明，文化强国战略愿景，作为党和国家基于历史和现实、着眼全局和长远做出的重大战略决策，自 2011 年在党的十七届六中全会提出后，也第一次在国家规划层面确立了目标时间表，成为未来很长一段时间内文化建设领域最为核心的、真正"管总的"任务，成为新发展阶段下"我国国家文化战略的集中表达"①。

站在中华民族伟大复兴战略全局、世界百年未有之大变局与全面建成社会主义现代化国家新征程的历史交汇点上展望，新发展阶段不仅是我国社会主义现代化进程中的一个重要阶段，也是社会主义文化强国建设的必经阶段，更是中华民族伟大复兴的关键阶段。深入理解新发展阶段的重要特征，正确把握这一阶段的重大机遇与挑战，有助于进一步明确新发展阶段下社会主义文化强国建设的阶段性中心任务，为不断优化社会主义文化强国建设的路径选择提供基本依据和重要遵循。因此，必须在立足新发展阶段、明确新历史方位的基础上，进一步深入贯彻新发展理念、加快构建新发展格局，全面开启社会主义现代化文化强国建设新征程。

一　准确把握新发展阶段的五大特征，回应社会主义文化强国建设新挑战

在百年的接续奋斗中，中国共产党带领中国人民，朝着建设社会主

---

①　傅才武：《推进文化强国建设的重大战略设计》，《人民论坛》2020 年第 31 期。

义现代化强国、实现中华民族伟大复兴的伟大目标不断前进，把一穷二白的旧中国变成了世界第二大经济体，对社会主义现代化建设的认识也不断深化。进入新发展阶段，其实质是从全面建成小康社会向全面建成社会主义现代化强国"升级转段"[①]，标志着我们迎来了从站起来、富起来到强起来的历史性跨越，也标志着我们进入了一个新的重要的战略机遇期，面临着一系列新的重大机遇和挑战。

（一）发展主题转换："保基本"与"促提升"

新发展阶段不同于以往发展阶段的重要特征之一，是经济社会的高质量发展成为新的发展主题，即以质量和效益替代过去的规模和增速，从"有没有""有多少"向"好不好""优不优"转变。按照经济学家罗斯托的经济社会发展"六个阶段"理论，新中国成立以来已成功实施的 13 个五年规划（计划）中，从"一五"到"五五"可视作从"传统社会阶段"转向"为起飞创造前提阶段"，"六五"到"九五"可视作"起飞阶段"，"十五"到"十三五"为"向成熟推进阶段"与"高额消费阶段"，从"十四五"开始，我国进入了"对生活质量追求阶段"，即高质量发展的新发展阶段。从深层次上看，这在中国经济社会发展进程中是一个具有划时代意义的事件，是一个与"起飞"同样重要的"突变"[②]。

具体到文化建设领域，这一转变意味着，文化工作的关注重点也将从原来的"有没有"向"好不好"转变，在"保基本"的基础上更加关注"促提升"。如艺术创作方面进一步从关注作品数量转向关注作品质量，从"高原"向"高峰"迈进的要求更为迫切；公共文化服务方面从重硬件设施建设向重服务品质提升转变；数字文化建设方面从之前的以数字资源建设为主体向全载体、全流程、全终端的智能管理与平台服务转换；文化产业从关注产业规模转向更为关注产业品质等。

---

① 何毅亭：《谈谈我国新发展阶段》，《学习时报》2021 年 1 月 4 日第 1573 期。
② 王东京：《我国进入新发展阶段的理论逻辑、历史逻辑与现实逻辑》，《光明日报》2021 年 2 月 2 日第 11 版。

（二）发展重心转移："供给侧"与"需求端"

新发展阶段不同于以往发展阶段的重要特征之二，是发展重心从强化供给侧改革逐步转变为供给侧改革与需求侧管理并重，即要在不断优化供给结构的基础之上，培育完整的内需体系，通过供需两端同时发力，逐步形成需求牵引供给、供给创造需求的更高水平动态平衡。过去很长一段时间，为了集中力量解决"物质匮乏"问题，我国的生产要素长期集中在中低端产业上，中高端产业一直相对滞后，致使中低端产品过剩而中高端产品短缺。而同时，随着中高收入群体日益扩大、人民对美好生活的需要不断增长，其需求结构也发生了巨大变化。正如美国社会学家罗纳德·英格尔哈特所指出的，随着物质需要得到满足，人们的需要重点开始转向后物质主义，更加注重生活质量、自我实现、政治民主、环境保护等价值目标。[①] 因此，就必须一方面从供给侧发力，不断淘汰落后产能、降低杠杆水平、加快推进产业基础升级和产业链现代化；另一方面从需求端切入，通过完善社会基本保障、降低民生领域的刚性支出，在补足需求短板、刺激潜在需求、引导创新需求的基础上，扩大居民消费规模、提升消费层次，倒逼推动产业创新升级。

具体到文化建设领域，这一转变意味着，文化建设一方面需要改变那些落后、不合适宜的文化生产、创作、服务方式，实现对行业基础设施、生产服务理念以及全产业链的升级重塑，特别是通过科技创新、创意创业、融合发展等，提供更高质量的原创文化、更多样化的文化产业和更丰富的文化服务；另一方面也必须在进一步加强文化领域基本民生保障的同时，逐步引领、扩大、创造新的文化消费需求，避免炫耀性、浪费性的文化消费需求，促进文化消费供需对接，形成文化生产与文化消费的良性互动。

（三）发展格局转化："内循环"与"外循环"

新发展阶段不同于以往发展阶段的重要特征之三，是"以国内大循环

---

① 罗纳德·英格尔哈特：《静悄悄的革命——西方民众变动中的价值与政治方式》，上海人民出版社，2016，第3~5页。

为主体、国内国际双循环相互促进"成为新的发展格局，即既要集中精力搞好国内发展，也要积极参与全球治理，为国内发展创造良好环境。一段时间以来，世界动荡变革频频，经济全球化遭遇逆流，我国面临的外部环境不稳定性不确定性较大。而从内部环境看，我国社会主要矛盾产生了根本性的变化，各项改革逐步进入"深水区"，经济社会发展也面临着极为复杂的局面。基于此，党的十九届五中全会做出了要"构建新发展格局"的重大战略抉择——一方面强调打通国内循环，立足国内超大规模市场，通过降低循环成本、畅通循环渠道，解决区域差距、城乡差距、行业差距等问题；另一方面也强调国内与国际并重发展，促进国内与国际规则体系的全面对接，通过高水平对外开放，倒逼国内大循环效率和水平提升，同时以高质量的国内循环吸引、带动和拓展国际循环。

具体到文化建设领域，这一转变意味着，一方面，文化工作的格局将逐步从"条块分割"状向"协同一体"化转变，文化建设的区域一体化、城乡一体化、产业一体化程度将进一步提升，各类文化资源、文化要素的大范围循环流动将更为顺畅；另一方面，文化发展中的文化安全问题将更为凸出，国际文化产品特别是高端文化产品对国内同类产品的冲击将更为严峻，而通过"讲好中国故事"不断提升中华文化吸引力和中华文明向心力的任务更为艰巨，通过文化交流推动国际交往、改善外部环境的责任也更为重大。

（四）发展焦点转向："补短板"与"去堵点"

新发展阶段不同于以往发展阶段的重要特征之四，是随着改革不断进入"深水区"，以及国际形势的日趋复杂，发展的重点难点开始聚焦于"补短板"与"去堵点"，攻克"卡脖子"问题、重塑创新链，着力打通生产、分配、流通、消费各个环节，成为各项工作的重中之重。近年来，我国各方面改革发展突飞猛进，自主创新能力大幅提升，为经济社会发展注入了强劲动力。但同时，也仍然存在基础研究、共性技术研究、战略性前瞻技术研究滞后，创新生态系统的开放协同性不足，技术研发与产业化等不同要素环节间链接转化不畅，某些关键领域特别是科技领域被其他国家"卡脖子"等现象，因此需要充分发挥我国新型举国体制优势，开展重大项目集中攻关，补齐创新链缺失，提高成果转化率，实现各类要素在国内各区域间的自由流动，打通区块、省域、城市、城乡等不同区域空间尺度之间的循环①。

同样，目前我国文化发展在一些方面也还存在一些短板和堵点，如文化服务在精准对接群众需求、更好惠及社会民生方面还存在一定短板；文化产品在不同区域间、城乡间、群体间的供给还不够均衡；土地、资金、人才等资源要素对文化发展的保障还不充分，特别是一些地区的文化发展主要依靠政府投入，而地方政府配套又存在"分而不担""投入缩水""投入梗阻"等现象；文化行业还缺少成熟的市场主体，与市场对接的体制机制还未普遍形成，缺乏通过市场竞争做大做强的内在动力；等等。因此，进入新发展阶段后，文化领域需要进一步发挥市场在资源配置中的作用，把政府的作用和市场的作用更好地结合起来，通过破除行业垄断、优化要素配置，构建系统完备、成熟定型的文化体制机制，解决当前我国文化建设发展中存在的碎片化、欠公平和不可持续等问题，提供版本更新、质量更优的文化产品和服务，从而不断满足人民对美好生活的新向往和新需要②。

（五）发展机遇转变："进场景"与"入云端"

新发展阶段不同于以往发展阶段的重要特征之五，是场景化与数字化成为新的发展机遇，而数字技术赋能场景应用创新，更是为业态创新、业态融合带来重大利好与无限可能。近年来，芝加哥社会学派为了解释后工业化时期的经济、社会和文化现象，提出了"场景理论"，认为"场景"作为一种由消费、体验、符号、价值观与生活方式等相关要素组成的文化空间，通过特定的社区范围、显著的实体建筑、特定的人群以及特色活动等要素综合形成象征意义的表达，进而传递着相应的文化和价值观，并在无形中影响着个体的消费心理和行为③。场景理论很好地诠释了我国进入

---

① 张占斌：《构建双循环新发展格局应把握好几个重大问题》，《国家治理周刊》2020年8月第3期。

② 王道勇：《新发展阶段人民需要的变化趋向》.《中国党政干部论坛》2021年第2期。

③ 特里·N·克拉克：《场景理论的概念与分析：多国研究对中国的启示》，《东岳论丛》2017年第1期。

新发展阶段后正在进行的某种转向，即传统的以生产为导向的经济社会发展方式，正在向以消费为导向的发展方式转变，随之发生的是整个文化生产消费逻辑的重构，具体来说就是在进行文化建设时，必须考虑到场景化的需求，无论是文化遗产资源还是文化产品与服务，都需要通过一种"场景转换"与活化利用，进入现代社会生活。

同时，数字化、网络化、智能化技术的发展正对我国经济社会与产业结构产生深刻影响。从文化领域看，数字化一方面直接对文化产品和服务进行了重构，各种"云展览""云演艺"以及短视频等数字文化娱乐内容产业，正在改变文化生产方式、参与模式和消费习惯；另一方面，又通过大数据、物联网、可穿戴设备以及AR、VR等新技术手段，对"场景"进行了"再定义"，在真实物质世界的现实场景之外，构造出现实增强性场景、虚拟性场景、交互式场景，对文化建设发展提出了诸多新的课题。这就要求我们在新发展阶段，更加重视文化建设发展的场景维度、数字维度，通过"进场景"和"上云端"，推动文化业态的创新与融合，为文化繁荣发展找到新的增长点，让文化建设更有"烟火气"、更具现代感。

二 深入贯彻五大新发展理念，明确社会主义文化强国建设新要求新方向

"坚持新发展理念"是党和国家事业发展必须长期坚持和全面贯彻的基本方略，文化强国建设也不例外。坚持创新发展、协调发展、绿色发展、开放发展、共享发展，是关系我国发展全局的一场深刻变革。几年来，新发展理念引导我国经济社会发展取得了历史性成就，进入新发展阶段，更需要我们加倍重视"五大理念"的统一贯彻、一体推进，不能再简单以国内生产总值高低论英雄、不能再以牺牲环境为代价、更不能回到粗放式发展的模式上去，而应当通过更加深入全面地贯彻新发展理念的指向要求，更为扎实地推进社会主义文化强国建设。

（一）贯彻创新发展理念，注入文化强国建设的根本推动力量

习近平总书记强调，"创新始终是一个国家、一个民族发展的重要力

量，也始终是推动人类社会进步的重要力量"①。而文化则是创新活力迸发的领域，是高质量发展的重要支点。可以说，文化的根本活力在于创新，而创新的坚实根基又在于文化。

我国进入新发展阶段后，要更多地依靠创新驱动，通过动力变革推动质量变革与效率变革，实现更高质量、更有效率、更加公平、更可持续、更为安全的发展②。对于新发展阶段下的文化强国建设而言，也更需要通过深入贯彻创新发展理念进行一场"动力变革"。

一是要坚持传承中创新的理念，不断焕发中华文化生命力。细数中华文化发展的脉络，正是由于对自身文化秉持返本开新的态度，不断地革故鼎新、返本开新、传承创新，才能历经数千年的变迁依旧焕发强大的生命力，始终在世界舞台中保持第一梯队。2021 年 3 月 22 日，习近平总书记在武夷山市朱熹园调研时提出：如果没有中华五千年文明，哪有什么中国特色？如果不是中国特色，哪有我们今天这么成功的中国特色社会主义道路？因此，新发展阶段下文化强国建设，要处理好传承与创新的关系，在创新的同时也要保持住中华文化的底色。

二是要坚持创新中发展的理念，不断提升文化创作生产力。正如习近平总书记反复强调的"创造性转化、创新性发展"，只有依靠创新创造才能带动文化发展与提质升级。因此新发展阶段下文化强国建设一方面要积极吸收利用相关领域的前沿科技研究成果，加快推进文化发展的理念创新、机制创新、技术创新、模式创新、业态创新，激发文化创新创造活力；另一方面也要大胆探索现代化的管理方式、运行机制、组织形式、产品形态，深入实施创新驱动、"智慧+"、数字文化、文化精品工程等重要战略，不断提升文化创作生产力。

三是要坚持文化促进创新的理念，不断提升国家文化软实力。近年来，我国不断完善文化管理体制机制，建立健全现代文化市场体系，构建现代公共文化服务体系，提高文化开放水平，推动文化体制改革在新的起

---

① 习近平：《为建设世界科技强国而奋斗——在全国科技创新大会、两院院士大会、中国科协第九次全国代表大会上的讲话》，《科学论坛》2016 年第 6 期。

② 王东京：《我国进入新发展阶段的理论逻辑、历史逻辑与现实逻辑》，《光明日报》2021年 2 月 2 日第 11 版。

点上纵深拓展，文化生产服务水平大大提升，人民精神文化生活不断丰富，全民族文化创新创造活力持续激发。然而，文化生产创新与文化消费仍然相对割裂，文化要素还未整体融入国家创新链条，文化创意还未成为相关产业提质升级的核心驱动力量，特别是鼓励创新、支持创造的文化氛围还不够浓厚。因此，新发展阶段下文化强国建设不仅要注重文化的创新，更要注重打造创新的文化，全面夯实社会主义强国建设的文化软实力根基。

（二）贯彻协调发展理念，构建文化强国建设的整体联动格局

协调发展理念重点关注处理局部和全局、当前和长远、重点和非重点等关系，力求解决发展中不平衡、不协调、不可持续的问题，包括区域协调、城乡协调、物质文明精神文明协调①、发展和安全统筹、软实力与硬实力兼顾，等等。2020 年 9 月 22 日，习近平总书记在教育文化卫生体育领域专家座谈会上阐述了新发展阶段下文化建设在国计民生中的"坐标"②："统筹推进'五位一体'总体布局、协调推进'四个全面'战略布局，文化是重要内容；推动高质量发展，文化是重要支点；满足人民日益增长的美好生活需要，文化是重要因素；战胜前进道路上各种风险挑战，文化是重要力量。"③ 可以看出，新发展阶段下文化建设的定位，已经不局限于文化产品、文化服务、文化行业本身，而与社会主义强国建设的发展全局、战略布局，与经济社会发展的方方面面有了更为深刻的关联。因此，新发展阶段下的文化强国建设，也应当更加注重整体性协调性，坚持高站位谋划、大格局推进。

一是要坚持系统整体观念，建立文化与相关领域统筹发展的格局。即树立起文化强国不仅是"文化强"的国家，更是"因文化"而强的国家的意识，在"五位一体""四个自信"的高度推进文化强国建设，统筹好文化与经济社会发展、与相关产业发展之间的关系，真正发挥好文化的支点

① 习近平：《深入理解新发展理念》，《求是》2019 年第 10 期。
② 傅才武：《推进文化强国建设的重大战略设计》，《人民论坛》2020 年第 31 期。
③ 习近平：《在教育文化卫生领域专家代表座谈会上的讲话》，《人民日报》2020 年 9 月 23 日。

作用，为社会主义文化强国建设提供文化要素支持和文化力量支撑。

二是要坚持城乡区域协调，完善文化发展的空间布局。落实城乡一体化战略、区域协调发展战略等要求，依托国家文化公园体系，以及各类文化带、文化走廊、文化网络，串珠成链、以珠带面推动文化空间布局从点状向带状、网状甚至虚实结合状发展，为文化强国建设奠定坚实的国土空间布局基础与设施空间保障。

三是要坚持要素优化配置，优化文化均衡发展全局。我国现行体制架构是按照行政区划和层级分区分级进行文化建设，所以容易出现某种程度的"小而全""散而弱"，而很难形成强有力的文化生产创作主体与文化品牌。因此必须进一步推进相关资源整合与要素优化配置，促进生产、流通、消费等各个环节文化要素的流动，以及各类资源要素在不同区域文化建设、不同主体文化机构、不同类型文化样态、不同层级文化需求间的流动，促进文化均衡发展。如艺术创作生产，要引导有限的资源向不同主题、不同门类的作品创作流动，做到主题间、艺术门类间的平衡；公共文化服务要考虑不同群体间的均衡、基本服务与品质服务的均衡；宏观文化建设要注重事业与产业的均衡、传统文化保护与现代文化创造的均衡等。

（三）贯彻绿色发展理念，擦亮文化强国建设的生态文明底色

人与自然之间的关系是人类社会最基本的关系。马克思主义认为人与自然是统一的有机整体，彼此相互影响、相互制约、紧密联系、不可分割。文化一方面是由人所创造的，另一方面也作为社会实践和传统的基石，提供着认同感和持续感，强烈地影响塑造着人们的精神结构、价值观念、个体行为、生活方式、消费模式，以及人与自然的互动关系。因此可以认为，人与自然的关系归根结底是文化与自然的关系。新发展阶段要贯彻绿色发展理念、推进生态文明建设，加快经济社会发展全面绿色转型，对我国全面建设社会主义现代化强国具有重大意义。新发展阶段下文化强国建设也必定不能离开绿色这个底色，不能离开生态文明这个母题，需要在生态、绿色、可持续的理念和背景下进行。

一是要持续保护文化生态。文化生态是由与文化相关的人、物、空间、要素等构成的生态系统，保护文化生态，既要对历史文化积淀丰厚、

存续状态良好、价值特色鲜明的文化形态进行整体性保护，又要保护孕育发展该文化的人文环境和自然环境①，即不仅要保护文化活力、还要保证文化安全。联合国教科文组织《保护非物质文化遗产伦理原则》明确指出："社区、群体及地方的、国家的和跨国的组织，还有个人，对可能影响到非物质文化遗产的存续力或实践该遗产的社区的任何行动的直接和间接、短期和长期、潜在和明显的影响都应仔细评估。"可以说，无论是社会主义先进文化建设，还是文化安全问题，乃至于社会主义文化强国建设伟大目标的实现，都离不开良好文化生态的支撑，如何做好文化活力和文化安全之间的辩证法，更是文化强国建设必须解决好的关键问题之一。

二是要繁荣发展生态文化。今天我们遭遇的种种生态危机，与长期以来高投入、高能耗、高排放、低效益的粗放式发展模式有关，而这种粗放式发展模式又主要孕育于一系列陈旧的文化观念之中，如人类中心论、人与自然二分对抗论、经济增长神话论、GDP 至上论等。新发展阶段下，要转变发展方式、调整产业结构、淘汰落后产能，也需要从文化深层根源上进行自我检视，特别是要破除那些经过长期积淀、成为集体无意识的旧的文化观念，而代之以生态的文化观念②。事实上，中华文明曾孕育了博大精深的生态文化，中国古代就有"天人合一""道法自然""仁爱万物"、"与天地参"等观念。2015 年联合国通过的《变革我们的世界：2030 年可持续发展议程》，也将文化纳入发展的维度，明确强调文化有助于推动社会、经济和环境三个支柱的可持续发展。可以说，生态文化体现了一种对人与自然和谐发展的追求，它"通过确立人与自然交往的生态理念、价值取向和行为规范，维护和增强生态系统的可持续发展功能，是推动绿色发展的原动力和思想基础"③。因此，新发展阶段下文化强国建设也需要积极繁荣生态文化，普及绿水青山就是金山银山思想观念，发展新时代的天人合一文化，"增强生态文化的引导力和感染力，为改善人与自然关系、推

---

① 中华人民共和国文化和旅游部：《国家级文化生态保护区管理办法》，索引号：0000143 48/2018-00947。

② 刘湘溶：《文化生态学与生态学思维方式》，《求索》2016 年第 3 期。

③ 江泽慧：《拥抱生态文化的春天》，《人民日报》2015 年 4 月 13 日。

进经济社会转型和生产生活方式转变提供思想资源和精神支撑"。①

三是要注重文化建设工作的可持续性。文化建设因其软性、非量化性、长期性、难以评估等固有特性，容易沦为面子工程、形象工程，容易不循规律、只走过场。特别是大型文化设施建设，常出现脱离实际、贪大求洋的情况，进而沦为城际竞争、政绩比拼的牺牲品。因此，注重文化建设的可持续性，就是要多做长期规划、长远规划，力戒"新官不理旧事"，不搞文化领域的大拆大建，少做所谓"文化地标"工程，多考虑既有设施空间的"微改造"和"精提升"。

（四）贯彻开放发展理念，形塑文化强国建设的交流互鉴平台

改革开放以来，我国积极融入世界发展潮流，取得了举世瞩目的发展成绩。进入新发展阶段，构建社会主义文化强国，需要进一步深入贯彻开放发展理念。一方面要坚持在更高水平上开放，不再单一、割裂地"引进来"和"走出去"，而是推动文化领域的高水平对外交流与高水平自独立自主发展并进、高水平开放与高水平改革互动；另一方面要坚持在更高层次上开放，讲好中国故事、展示好中国形象、传播好中国声音，积极参与全球治理和公共产品供给，增强我国在全球治理中的制度性话语权，推动文化地缘布局与构建人类命运共同体共振。"中国建设文化强国，必须建立有中国特色的文化地缘大格局，重点是立足于中国的特殊国情，包括超大型的人口规模，超广阔的国土海域，超深厚的历史积淀，超多样的文化融合……以构建既高度统一又包容多样，既突出中国文化优势，又与各国互联互通的文化强国之地缘大布局。②

一是要坚持在开放中互鉴。习近平总书记指出："一切生命有机体都需要新陈代谢，否则生命就会停止。文明也是一样，如果长期自我封闭，必将走向衰落。交流互鉴是文明发展的本质要求。只有同其他文明交流互鉴、取长补短，才能保持旺盛生命活力。"从历史上的佛教东传、"伊儒会通"，到近代以来的西学东渐、新文化运动、马克思主义和社会主义思想

①　江泽慧：《拥抱生态文化的春天》，《人民日报》2015年4月13日。
②　花建：《迈向世界文化强国：新里程·新动能·新地缘》，《中华文化论坛》2018年第3期。

传入中国，再到改革开放以来全方位对外开放，中华文明始终在兼收并蓄中历久弥新①。因此，在文化强国建设过程中，我们既要致力于本国文化的传承与发展，也要坚持开放包容、交流互鉴的理念，以海纳百川的胸怀不断汲取其他文明的养分。

二是要坚持在开放中传播。不仅要吸收外来文化为我所用，更要不断丰富文化传播形式，讲好中国故事、展好中国形象，将中华优秀文化传播出去，扩大中华文化的影响力和辐射面。通过创作更多体现中华文化精髓、反映中国人审美追求、传播当代中国价值观念、又符合世界进步潮流的优秀作品，打造易于为国际社会所理解和接受的话语体系、概念范畴、标识表述，通过饮食、服饰、建筑、民俗、庆典仪式、展览赛事等媒介，将富有时代意蕴的中华文化推向国际舞台，向世界展示真实、立体、全面的中国②。

三是要坚持在开放中"立言发声"。文化强国不仅强在国内文化的繁荣兴盛、强在全体国民的文化自信，还强在一种文化的"溢出效应"，即通过不断优化国家文化形象、文化影响力而获取的国际话语权与国际影响力。习近平总书记指出，"要形成同我国综合国力和国际地位相匹配的国际话语权，为我国改革发展稳定营造有利外部舆论环境，为推动构建人类命运共同体作出积极贡献"。精神和文化上的疲软会束缚一个国家的话语底气，只有不断做强自身文化，让中华文化以鲜明的中国特色、中国风格、中国气派屹立于世，更好构筑中国精神、中国价值、中国力量，努力推动中华文化阔步走向世界舞台中央，坚持对外"立言发声"，才能避免成为他人文化的附庸和他种文化的"朝贡者"，才能建成真正意义上独立自主的强大国家，才能为人类命运共同体构建提供中华文化思想资源、精神力量和特色方案。

（五）贯彻共享发展理念，坚守文化强国建设的为民价值归宿

过去我们对共享的理解往往停留在经济与物质层面，对文化层面的共

① 高晓虹、赵希婧、田香凝：《加强对外文化交流和多层次文明对话》，《光明日报》2020年12月17日。

② 李潇君：《推动中华文化走出去增强国家文化软实力》，《光明日报》2021年6月16日。

享还关注不够。实际上，"对于一个国家的文化而言，只有在真正为人民群众所共享，而非成为少数人的私享品之时，也才能彰显文化自身的价值，才能成为自信的源泉"①，进而成为社会主义现代化强国建设的支撑。

贯彻共享发展理念，一是要坚持以人民为中心的文化建设立场。社会主义文化是人民属性的文化，以人民为中心是中国共产党百年来领导文化建设的根本立场。毛泽东同志提出："我们的文化是人民的文化"②。邓小平同志强调："人民需要艺术，艺术更需要人民"③。习近平总书记文艺工作座谈会讲话指出："人民既是历史的创造者、也是历史的见证者，既是历史的'剧中人'、也是历史的'剧作者'。"因此，贯彻共享发展理念要始终坚持文化建设为人民服务的根本宗旨。毛泽东同志在延安文艺座谈会上指出："为什么人的问题，是一个根本的问题，原则的问题。"新发展阶段下文化强国建设，以人民为中心、以人民为主体也是一个"根本的问题"、"原则的问题"。

二是要力戒"体制空转"式的文化发展方式。一方面，文化建设要避免自说自话、自娱自乐，不能使文化设施、文化机构、文化活动成为文化系统、文化工作者自我满足甚至追求福利的的渠道和工具，也不能使其成为仅为评奖、评优、甚至显示"风雅"、彰显"与众不同"的"异变"。比如目前相当多的艺术院团都是以参加评比获取奖项为主要创作生产目的，不仅忽视观众的实际需求，也未经过市场的真正检验。另一方面，要突破文化发展的内卷困境，不能使文化建设沦为单一同质、低水平重复的应付差事，即低水平重复或者说"体制空转"。要突破内卷困境，就需要调动各方面的积极性，激发不同群体的理性人意识、主人翁意识、共同体意识，激活政治家精神、企业家精神、科学家精神④。目前文化建设领域普遍还没有形成与市场对接的体制机制，新发展阶段下文化强国建设，也需要坚持循环而非空转，要从体制内循环转为社会大循环，引入社会力量参与文化建设，用外力倒逼改革，用主动作为拒绝被动平躺。

---

① 项久雨：《新发展理念与文化自信》，《中国社会科学》2018年第6期。
② 毛泽东：《毛泽东选集（第三卷）》，人民出版社，1991，第1012页。
③ 邓小平：《邓小平文选（第二卷）》，人民出版社，1994，第211页。
④ 王文娟：《新发展格局的深刻时代内涵》，《国家治理周刊》2020年11月第1期。

三是要坚持文化共建共享"共富"的发展目标。共享发展成果是社会主义的本质要求，只有坚持文化建设中人民的主体地位、充分尊重人民的首创精神、保障人民的文化参与权利、调动广大人民的积极性主动性创造性，才能实现文化共建共享，才能不断增强人民群众的获得感和幸福感，最终实现人民群众精神富足与文化共同富裕，并以此促进全社会共同富裕和全体人民全面发展。

三　从五个方面着力构建文化发展新格局，开启社会主义文化强国建设新征程

习近平总书记指出，"进入新发展阶段明确了我国发展的历史方位，贯彻新发展理念明确了我国现代化建设的指导原则，构建新发展格局明确了我国经济现代化的路径选择。"① 新发展阶段下文化强国建设，应当在应对新发展阶段机遇挑战、贯彻新发展理念战略选择的基础之上，有针对性地抓住重点、练好内功，构建好文化强国建设的新发展格局，具体可从以下五方面破题。

（一）强化文化新基建

党的十九届五中全会强调，要进一步统筹推进基础设施建设、系统布局新型基础设施（即"新基建"）。目前，国家发改委界定的新基建主要有三种类型：一是基于新一代信息技术演化生成的基础设施，即5G、物联网、工业互联网、卫星互联网以及人工智能、云计算、区块链等新技术为代表的的新技术基础设施和算力基础设施；二是融合基础设施，即利用互联网、大数据和人工智能等推动基础设施转型升级；三是创新基础设施，如重大科技和产业技术创新基础设施等。新基建与文化建设联系紧密，不仅是引领文化创新理念和方向的前端数字技术底座，也是文化产品和服务

---

① 习近平：《把握新发展阶段，贯彻新发展理念，构建新发展格局》，《求是》2021年第9期。

型应用场景塑造的依托①，有助于文化数字化、网络化、智能化发展特别是文化产业领域新旧动能转换与全面转型升级。如 2020 年 5 月中宣部启动的国家文化大数据体系建设，就属于数据中心类文化新基建，不仅能够建立网络化、知识化、共享化、智能服务化的文化资源基础，而且能够通过打造文化资源库、重塑文化空间平台，推动文化内容生产者创作适应新型传播形式的文化产品和服务。新发展阶段下文化强国建设必须高度重视文化相关领域的新基建建设，并及时建立健全新基建环境下文化建设相关政策保障体系，提升相应的文化治理能力，以促进传统文化业态的现代化转型、新兴文化业态的培育，推动文化产业各行业间、文化产业与其他产业间的产业融合发展变革②。

（二） 激发文化新动能

文化强国建设需要更高水平的文化生产力，这就必须不断激发新动能，扬弃旧动能。"过去的旧动能，包括大规模初级要素粗放投入、大规模房地产开发、大规模的模仿型扩张产能、大规模的低端产品生产等内容。而所谓新动能，则包括采用质量效益型目标导向、创新型主体驱动、可持续发展的制度设计、新兴和高端产业发展、中高端要素配置、智能化生产管理模式、互联互通的全球化联接等内容。只有通过不断激发新动能，大量创造出文化新科技、新内容、新模式，才能形成中国文化成果对世界文化潮流的引领作用。"③ 因此，新发展阶段推进社会主义文化强国建设，必须坚持以创新驱动、改革激发注入发展新动能。

一方面要用好"文化+"和"+文化"，通过文化与其他相关行业的融合发展、特别是文化和旅游的融合发展，激发行业碰撞产生的融合动能。另一方面还要用好相关科技创新成果，包括"互联网+"以及重大文化科技创新等，利用文化领域与科技创新领域的创新势能，推动文化建设创新升级。当前，数字经济已经成为全球经济发展的新动能，不仅相关产业之

---

① 刘艳红、黄雪涛、石博涵：《中国"新基建"：概念、现状与问题》，《北京工业大学学报》（社会科学版）2020 年第 6 期。

② 黄永林、余欢：《5G 技术助推文化产业创新发展》，《理论月刊》2020 年第 4 期。

③ 花建：《迈向世界文化强国：新里程·新动能·新地缘》，《中华文化论坛》2018 年第 3 期。

间释放出强烈的能量，而且对系统之外发挥广泛的辐射作用，成为综合国力竞争的前沿制高点。所以，新发展阶段下建设文化强国，也必须推动包括数字经济在内的文化与科技融合，进而实现在全球文化产业价值链、文化品牌服务链、文化资源供应链中的攀升。

（三）关注文化新群体

文化新群体是新发展阶段文化建设需求的新变数，同时也是国家文化实力提升的新增量，关注文化新群体的特点、需求，用好文化新群体的文化创作生产活力，对于推进社会主义文化强国建设有着特殊作用。文化新群体主要包括两个部分。

从文化消费主体上看，一方面新生代（Z世代、"00后"乃至"10后"）逐渐步入主流，文化建设需要更好引领他们的精神成长、更加符合他们的接受特点、消费偏好和实际需要。《2020年度中国网络文学发展报告》显示，Z世代已经成为网络文学的主要消费群体，其对作品质量的高要求以及强劲付费能力，拉动了网络文学阅读趣味的变化，也促进了网络文学读者群体的整体性成长；另一方面，随着中国走上世界强国之路，不仅面向弱势群体、少数族裔的文化建设需要得到更多关注，以更为国际化的视野看，包括新归化国民乃至"一带一路"沿线国家的民众，也日益成为中华文化新的文化受众群体，因此也需要考虑设计提供相应的文化产品和输出方式。

从文化生产主体看，各种文化类社会组织以及包括独立作者在内的新文艺群体的角色越来越重要，创造力和影响力都日益增加，需要被纳入文化强国整体战略中去考虑，特别是对文化工作者的管理方式应当逐步适应从"管团体"向"管个体"转变。习近平总书记在文艺工作座谈会上曾提出，"网络作家、签约作家、自由撰稿人、独立制片人、独立演员歌手、自由美术工作者等新的文艺群体十分活跃。这些人中很有可能产生文艺名家，古今中外很多文艺名家都是从社会和人民中产生的。"[①] 另一方面，新社群的影响力越来越大，亚文化圈、粉丝圈层、网络社群等对文化的传播

---

① 习近平：《在文艺工作座谈会上的讲话》，《光明日报》2015年10月15日第1版。

推广、二次生产作用越来越大。特别如"汉服圈""帝吧""二次元"等，对于年轻群体的影响力和号召力非常强，文化强国建设也需要将这些有生文化力量吸纳如强国建设队伍中，使之更好发挥作用、贡献力量。

（四）构建文化新空间

"文化空间"的概念是由法国学者列斐伏尔的《空间的生产》引申出的概念，指的是基于由民族历史文化遗产和现代生活场景组成的物理空间以及其象征符号系统集合而成的特定文化场域——体现为一种由象征意义系统和城市几何形态空间共同构成的文化综合体，一个由现在、过去、未来三种时间维度构成的"实体空间+意义空间"。[①] "文化空间"不仅是文化生产的空间，而且是文化交往的空间，还是文化消费的空间，可以说贯穿着文化建设的各个环节，因而对于文化强国建设具有基础支撑作用。以世界金融中心、国际大都会纽约为例，中央公园、百老汇、林肯艺术中心等高识别度的核心文化空间与遍布城市各个区域的近万个博物馆、图书馆、影剧院、艺术画廊、公园等文化、艺术与休闲娱乐设施场所，共同构成了纽约城市文化发展的"基座"与载体。当前，我国部分地区进行的城市书房、文化驿站、主题书咖等新型文化空间建设，对于区域文化发展也产生了重要的影响和促动作用。因此，新发展阶段下，推进文化强国建设，也必须关注文化新空间的构建。首先，要进一步强化文化空间基础设施建设，构建城乡设施新空间、大型文化场馆、国家文化公园等组成的体系化文化阵地。其次，要推动文化空间的场景化，更好回应业态融合、机构改革、需求变化对传统文化空间提出的转型升级要求和挑战。最后，要构建网络文化新空间，营造新型的文化消费体验模式与良好的网络文化氛围——既包括文化空间的新建，又包括传统文化空间的更新，还包括虚拟文化空间的新设，这样才能为文化强国建设提供能够负载文化生活和交往行为、能够寄托文化意义和集体记忆、能够贯穿政治、经济、文化各系统并推动生产与消费融合发展的综合性载体。

---

① 傅才武：《文化空间营造：突破城市主题文化与多元文化生态环境的"悖论"》，《山东社会科学》2021 年第 2 期。

（五）繁荣文化新业态

文化领域涉及面广、带动性强、开放度高，容易在经济社会发展中发挥"乘数效应"。近年来，我国各类文化新业态不断涌现，从文创商店、特色书店、实景演艺到在线直播、数字艺术、沉浸式体验，还包括当前年轻群体中影响巨大的剧本杀、密室逃脱、云观展等，对于激发多元文化样态、促进居民文化消费、丰富人民休闲生活，起到了重要作用。特别是不断涌现的文化新"夜"态，不仅成为经济发展的新增量，而且与城市文化氛围产生了密切的关联。很多国家的夜间经济汲取了其特色文化优势，开发出多样的商业模式，如音乐会、戏剧等文艺演出，文化节庆活动、博物馆、美术馆、图书馆的夜间开放，24 小时书店等，受到了广泛的欢迎，也取得了良好的经济效益。据统计，2016 年以来，中国夜间经济快速增长，2020 年规模已经突破 30 万亿元，2022 年预计可能突破 40 万亿元。这将为文化建设提供广阔的空间。进入新发展阶段，随着社会保障体系日益健全，人民群众的收入普遍增加，文化需求愈加丰富，特别是品质化、个性化的文化消费需求越来越旺盛，对多元文化业态发展提出了更高要求。再加上经济社会发展以及科学技术赋能带来日益丰富的文化场景，将为丰富文化供给提供有利条件。因此，应当主动出击，积极对接新型文化需求、丰富文化消费模式、补齐新型消费短板，通过手段新颖的文化服务、具有新意的艺术作品与艺术形式以及与相关业态的创新融合，做强文化新业态，以新业态供给、新模式引领，加快新型文化消费发展，为文化强国建设提供新的增长极。

2018 年 12 月 18 日，习近平总书记在庆祝改革开放 40 周年大会上指出："建成社会主义现代化强国，实现中华民族伟大复兴，是一场接力跑，我们要一棒接着一棒跑下去，每一代人都要为下一代人跑出一个好成绩。"习近平总书记还反复强调："为了不断满足人民群众对美好生活的需要，我们就要不断制定新的阶段性目标，一步一个脚印沿着正确的道路往前走"。进入新发展阶段、贯彻新发展理念、构建新发展格局，是我国在面对中华民族伟大复兴全局和世界百年未有之大变局的重要战略判断和主动选择。在新发展阶段下，文化强国建设应当立足当代中国现实、结合时代条件，用新作为推动各项工作迈上新台阶、实现新发展、夺取新辉煌。只要我们保持强大的战略定力，按照科学的规律，一步一个脚印办好自己的事情，文化强国建设目标就一定会实现，也一定能实现。

参考文献

[1] 毛泽东：《毛泽东选集（第三卷）》，人民出版社，1991。

[2] 邓小平：《邓小平文选（第二卷）》，人民出版社，1994。

[3] 习近平：《正确认识和把握中长期经济社会发展重大问题》，《求是》2021年第2期。

[4] 傅才武：《推进文化强国建设的重大战略设计》，《人民论坛》2020年第31期。

[5] 何毅亭：《谈谈我国新发展阶段》，《学习时报》2021年1月4日第1573期。

[6] 王东京：《我国进入新发展阶段的理论逻辑、历史逻辑与现实逻辑》，《光明日报》2021年2月2日第11版。

[7] 罗纳德·英格尔哈特：《静悄悄的革命——西方民众变动中的价值与政治方式》，上海人民出版社，2016。

[8] 张占斌：《构建双循环新发展格局应把握好几个重大问题》，《国家治理周刊》2020年8月第3期。

[9] 王道勇：《新发展阶段人民需要的变化趋向》，《中国党政干部论坛》2021年第2期。

[10] 特里·N.克拉克：《场景理论的概念与分析：多国研究对中国的启示》，《东岳论丛》2017年第1期。

[11] 习近平：《深入理解新发展理念》，《求是》2019年第10期。

[12] 刘湘溶：《文化生态学与生态学思维方式》，《求索》2016年第3期。

[13] 江泽慧：《拥抱生态文化的春天》，《人民日报》2015年4月13日。

[14] 花建：《迈向世界文化强国：新里程·新动能·新地缘》，《中华文化论坛》2018年第3期。

[15] 高晓虹、赵希婧、田香凝：《加强对外文化交流和多层次文明对话》，《光明日报》2020年12月17日。

[16] 李潇君：《推动中华文化走出去增强国家文化软实力》，《光明日报》2021年6月16日。

[17] 项久雨：《新发展理念与文化自信》，《中国社会科学》2018年第6期。

[18] 王文娟：《新发展格局的深刻时代内涵》，《国家治理周刊》2020年11月第1期。

［19］习近平：《把握新发展阶段，贯彻新发展理念，构建新发展格局》，《求是》2021年第9期。

［20］刘艳红、黄雪涛、石博涵：《中国"新基建"：概念、现状与问题》，《北京工业大学学报》（社会科学版）2020年第6期。

［21］黄永林、余欢：《5G技术助推文化产业创新发展》，《理论月刊》2020年第4期。

［22］傅才武：《文化空间营造：突破城市主题文化与多元文化生态环境的"悖论"》，《山东社会科学》2021年第2期。

［23］习近平：《在文艺工作座谈会上的讲话》，《光明日报》2015年10月15日，第1版。

［24］习近平：《在教育文化卫生体育领域专家代表座谈会上的讲话》，《人民日报》2020年9月23日。

［25］习近平：《为建设世界科技强国而奋斗——在全国科技创新大会、两院院士大会、中国科协第九次全国代表大会上的讲话》，《科协论坛》2016年第6期。

博物馆、文化遗址的
知识产权保护与运营之探讨

刘　蕾[*]

摘　要： 近年来，在博物馆、文化遗址引发热潮的同时其商标被抢注、专利发生纠纷等事件也时常发生。博物馆、文化遗址知识产权已经成为新时期影响其发展的重要事项，博物馆、文化遗址及其衍生品知识产权保护与运营亟待加强。博物馆、文化遗址选择的知识产权策略，直接关乎其未来文创产品的开发战略，是其市场化经营的必要条件，也是其推陈出新、保持吸引力的客观需要，还是其应对知识产权困境的必要手段。除了防止在热点时间被抢注、发现侵权及时维权，更有必要尽早进行专门的研究进而开展全面布局，从长期规划角度对商标、专利实施综合保护与运营。

关键词： 博物馆　文化遗址　知识产权

近年来，伴随国内各大博物馆探索自身特色、发掘文创产品引起消费浪潮，新的文化遗址考古成果不断出现吸引大众眼球，与博物馆、文化遗址有关的商标事项也成为热点。2021 年河南卫视春晚舞蹈节目《唐宫夜宴》、元宵晚会《元宵奇妙夜》节目，受到全国人民称赞，河南博物馆申请注册"唐宫夜宴""唐宫小姐姐"商标却发现早有公司在其之前抢先申

---
* 刘蕾，法学博士，北京市社会科学院法学所助理研究员，主要研究方向为知识产权。

请了"唐宫夜宴""唐宫小姐姐"商标;"三星堆"文化遗址再现重大考古发现,与此同时,"三星堆"相关商标被人抢注,后续走向也令人关注。据媒体统计,2021年3月20日以后三星堆商标被抢注超200个。事实上,除了商标,与博物馆、文化遗址及其文创衍生品有关的专利事件也不少,博物馆、文化遗址及其文创衍生品知识产权保护与运营已经成为新时期影响其发展的重要事项。博物馆、文化遗址选择的知识产权策略,直接关乎其未来文创产品的开发战略,除了防止在热点时间被抢注、发现侵权及时维权,更有必要尽早进行专门的研究进而开展全面布局,从长期规划角度实施综合保护与经营。

一 博物馆、文化遗址及其衍生品知识产权保护与运营亟待加强

根据世界知识产权组织2007年公布的《博物馆知识产权管理指南》,博物馆的知识产权包括版权、商标权、专利权、网络域名和工业设计。本文的研究为与我国知识产权体系相一致,将工业设计计入专利权下的外观设计专利权加以研究。

(一)博物馆文创热潜藏知识产权纠纷风险

博物馆及其衍生品受到公众的欢迎,与近年来博物馆文创产品的开发和创新受到重视有着密不可分的联系。国家有关政策、文件的出台,提升了博物馆行业对创意产业的认识,引导它们重视文创产品的作用,促使它们从各方面寻找博物馆文创产品的创新点,持续开发新产品。2015年3月20日施行的《博物馆条例》提出:"国家鼓励博物馆挖掘藏品内涵,与文化创意、旅游等产业相结合,开发衍生产品,增强博物馆发展能力。"2016年3月4日发布的《国务院关于进一步加强文物工作的指导意见》强调:"大力发展文博创意产业。深入挖掘文物资源的价值内涵和文化元素,更加注重实用性,更多体现生活气息,延伸文博衍生产品链条,进一步拓展产业发展空间,进一步调动博物馆利用馆藏资源开发创意产品的积极性,扩大引导文化消费,培育新型文化业态。"伴随各类博物馆馆藏资源

的深度开发，博物馆文创产品的种类和形式得到扩展且富于变化，消费者的选择面也进一步拓宽。

与此同时，随着生活水平的提高，人们对参观博物馆获得体验的期待也日益增强，消费升级带来的新型消费方式直接反映在对于博物馆及其文创产品的消费中。博物馆文创产品具有的设计感与特性，体现出个性与特色，正符合消费者释放个性的需求，自然容易受到消费者欢迎。这些设计感与个性能得到保护有赖于博物馆版权保护。无论文创产品如何富有设计感与个性，其呈现需要依托具体的载体，即将博物馆的文化价值植根于商品形态的文创产品，这就涉及工业生产，此时商标和专利的保护就显得极为重要。博物馆本身并不具备生产产品的能力，对文创衍生品的开发也多限于设计创意的提出，至于实现从创意到产业化的生产，只能采取合作开发和委托授权的方式，这就潜藏了后续发生专利、商标纠纷的风险。加上博物馆受本身性质所限，在专利、商标的申请、保护与运营方面，既缺乏专门的人才与团队，也缺乏经验与经济实力，很容易处于被动应对相关纠纷的境地。

（二）考古事业受其他文化产品传播影响，激发社会各界各种动机的关注

近年来，各类考古工作的最新成果不断涌现，新闻报道借助现代传播技术，将考古过程完整呈现，吸引了一批受众。而与考古、文物修复有关的网络文学作品及其改编的影视剧的传播，更是揭开了考古工作的神秘感，使得社会各界对文化遗址的发现、发掘都有一定程度的关注。网络媒体技术介入考古开发和利用，更使得公众不论是对文化遗址本身还是对其出土的文物都不再是绝对陌生的，其中新的名称或者标记很快被传播，这也在一定意义上成为文化遗址及其文物元素商标被"有心人"抢注的一个因素。相对于抢注者的敏锐，博物馆和文化遗址在知识产权管理经验上的缺乏，使其在知识产权申请的策略上具有局限性。以商标为例，有学者对我国国家一级博物馆注册商标的情况进行了研究，认为"从现有统计的数据来看，目前我国国家一级博物馆注册商标的情况不容乐观，注册商标意识相对薄弱"，"各馆之间已注册商标数量也极不均衡"，"馆藏物品的形

象，在商标注册方面利用得更是有欠充分"。① 知识产权的申请仅是其保护和运营的第一步，大量文博商标在此阶段被人出于各种动机抢注，对后续的文创衍生品开发极为不利。

（三）商标抢注、囤积与专利非正常申请的不良风气影响

时下在知识产权领域存在的抢注、囤积商标以及专利非正常申请的不良风气也波及了博物馆、文化遗址知识产权的保护与运营。我国商标法对申请主体的限制很少，自然人也可以注册商标，使得申请商标注册的门槛较低，以至于出现了以抢注商标为职业的一类群体。博物馆和文化遗址在知识产权方面客观上存在一些缺陷，多数缺乏知识产权保护与运营的经验，使得其在知识产权的申请、运用和管理等环节处于较为被动的境地，无力对抗这类缺乏诚信的知识产权申请行为。尽管近期知识产权管理部门重拳出击，治理商标抢注、囤积行为，但由于商标抢注、囤积活动已经持续多年且形成规模，要彻底清除其造成的影响，仍需要博物馆和文化遗址自身多做投入。此外，我国商标注册管理制度中，没有规定在申请注册文物商标时需要征求文物主管部门的意见，使得这类抢注行为无法受到文物部门的审核且在申请之初就受到规制。

二 博物馆、文化遗址知识产权保护与运营的必要性

（一）博物馆、文化遗址及其文创衍生品市场化经营的必然要求

博物馆、文化遗址开发的文创衍生品，最终需要以商品的形式进入市场，通过市场销售情况来检验其开发成效。因此，这些文创产品的经营必须按照市场竞争的规律与规则运作，不可能受到特殊的保护而发展壮大。尤其是在各地博物馆、文化遗址纷纷发展文创产品，文博市场形成激烈竞争的互联网经济时代，知识产权的保护和运营就是博物馆、文化遗址文创衍生品经营不能回避的短板，必须投入力量、形成专业能力，保证博物

---

① 陈淑卿：《国家一级博物馆商标注册情况初步分析》，《博物院》2018 年第 1 期。

馆、文化遗址能够利用自身具备的特色为产品增值，同时不被随意模仿，更不因为质量低劣被淘汰。这是因为，"在网络经济时代，知识产权活动贯穿于价值链的各个环节，而价值链的布局越来越具有国家或全球的内涵。这样，创新发展的实现就不再仅仅取决于知识产权资源本身的积累，还取决于对知识产权活动的组织和知识产权资源配置机制的优化。不仅要增加知识产权创造、运用、转化、保护、管理各个环节的能力，更要加强知识产权价值链的整体协同，形成知识产权价值链的整体竞争力。"① 博物馆、文化遗址开发文创衍生品的活动，是一项长期持续性的活动，它不只追求眼前受到公众的"追捧"，更要考虑在长期经营中如何保持对公众吸引力，同时不断实现自身品牌价值的增加，传播自身的文化价值。

（二）博物馆、文化遗址及其文创衍生品推陈出新、保持吸引力的客观需要

当前的博物馆、文化遗址文创衍生品竞争已经较为激烈，而且存在一定的同质化趋势，新的创意一经产生，很快就有类似竞争产品蜂拥而上。想要在当前的市场竞争中保持特色并有持续的新鲜感，除了保留和提升文创衍生品已有的品质与文化特色外，更需要通过提供多样化、有吸引力的产品以及提高生产效率、降低生产和交易成本来提高竞争力。如果发展文创衍生品时缺乏持续的技术和设计支撑，产品开发活动更多会表现为偶发的、临时性的创意开发，体现不出艺术与文化沉淀于其中的特点，也容易造成文创衍生品偏离博物馆特色、盲目跟风，反而失去吸引力。但和其他领域文创衍生品的开发一样，博物馆、文化遗址文创衍生品的开发并不是简单的已有产品的重复性生产活动，而是若干新创意的集合，涉及多种创意的保护。而且，当下博物馆、文化遗址文创衍生产品的消费者日趋精致且精明，简单的图案粘贴复制模式生产的普通产品日益失去市场。这一趋势对博物馆、文化遗址管理者在文创衍生品开发上的创新能力和对自身知识产权的保护与管理能力提出了极高的要求，需要从产品的设计、生产到销售、宣传各个环节注重创意的采纳，并持久投入关注，如果不注意对这

---

① 贺化主编《中国知识产权区域布局理论与政策机制》，知识产权出版社，2017，第15页。

些凝聚了创意的活动采取适当的知识产权保护方式加以保护，任由其流失，将影响文创衍生品的持续、稳定开发，这也是博物馆、文化遗址单位无形资产的另一种流失。

（三）应对博物馆、文化遗址及其文创衍生品知识产权困境的必要手段

对博物馆、文化遗址来说，在发展文创衍生品方面的知识产权困境是其亟须建立知识产权保护和运营体系的根本原因。具体而言，一方面是自身知识产权种类不多、数量偏少，开展知识产权许可、运营业务有限；缺乏专门资金满足知识产权申请、保护所需经费；没有建立专人负责、专门部门管理的知识产权管理制度；整体知识产权规划并不明确，缺乏远期知识产权规划。另一方面则是抢注者、侵权者虎视眈眈，稍不注意就会出现知识产权漏洞，为将来的文创衍生品开发埋下隐患。

三　博物馆、文化遗址知识产权保护与运营建议

当前学界对博物馆、文化遗址知识产权的研究多集中在数字博物馆方面，具体的博物馆知识产权研究中商标权的研究又明显多于专利权，但在笔者看来，博物馆、文化遗址文创衍生品的知识产权保护与运营，除了对版权予以重视外，还要充分考虑商标问题、重视专利问题，在知识产权保护与运营策略制定时，需要兼顾多种权利。

（一）博物馆、文化遗址商标权保护与运营建议

近期的新闻热点，使得博物馆、文化遗址商标保护问题进入人们视野，在谴责抢注者的同时，理性看待博物馆、文化遗址文创衍生品商标权并实施保护与运营，才是冷静而有效的举措。

1. 现有商标的清点与管理

博物馆、文化遗址管理者想要有效保护和运营自身商标，需要首先了解商标的"家底"，对现有商标进行清点和梳理，对相关情况建立具体的

管理档案，并保持对现有商标法律状态的监测。这是商标保护和运营的第一步，直接决定着后续的商标申请、监测和维权策略。只有了解现有商标的数量、种类、许可情况，才能够发现现有布局的不足，并寻找解决之道。

2. 新商标的注册申请与维护

在了解现有商标状况的基础上，制订新商标注册申请计划，积极开发新的商标并及时申请注册。对新商标进行注册是一项需要前瞻性的工作，也是一种基于整体规划的布局工作。不仅要对使用或拟使用的商标进行注册，还要结合业务长远布局考虑对一些近似商标和相似类别进行注册，以形成有效的商标体系，防止发生纠纷。

新商标的注册申请与维护需要尽量考虑以下方面。

（1）积极防止商标被抢注。一旦商标遭到抢注，想要夺回就必须面临一场旷日持久的"战斗"，无论是金钱还是时间方面都需要极大的投入与消耗。

（2）在保证核心类别商标注册的同时，扩大相关类别的申请，避免日后需要时被动。在相关类别上的注册能够扩大商标权人原有的排他权，以保护核心商标不受侵犯，避免别有用心者攀附商誉、混淆市场，也可以为企业日后在其他相关领域的拓展奠定基础。考虑到博物馆、文化遗址的知识产权预算有限，建议在条件允许的情况下，至少注册的类别应覆盖博物馆现有业务和项目范围，同时尽量扩大商标注册类别的范围。

（3）约定商标标识设计的著作权归属，避免纠纷。一件独创的富有美感的商标标识也可以构成著作权上的作品，获得版权保护。无论是内部职员所设计的商标，还是与设计人签订了委托合同设计的商标，商标标识的著作权归属都必须以明确而有效的合同条款来约定。对于委托设计，还要注意保留创作底稿、委托创作合同，并通过版权登记、时间戳或者电子邮件、邮局发信函等方式固定创作内容和创作时间，以明确著作权的成立时间、作者、权利人和作品内容。

（4）进行密切的事后监测。成功获得注册商标权之后仍然不可掉以轻心，必须加强事后监测，定期定时查阅《商标公告》，一旦发现他人在相同或类似商品上申请注册与本商标相同或类似商标的情况，要及时向商标局提出异议，防止商标权遭到侵犯。通过商标监测，还能及时有效地获得商标续展与权利状态信息，防止商标因过期未续展而被注销，或者未经商标权人同意冒名转让或许可行为的发生。现在网络销售已经成为重要的文创衍生品销售渠道，所以商标监测还要做好电商平台内的监测，发现是否有其他店家冒用博物馆商标，侵犯博物馆权利，以便及时通过电商平台等渠道进行维权。

（5）建立商标的使用证据档案。博物馆的注册商标，如果连续三年未使用，也可能被他人以此为由申请撤销，所以要重视商标使用证据的收集和保留。商标使用证据档案包括商标宣传资料、广告资料以及销售资料等。因为无论是商标驳回、异议、无效还是在撤销程序中，都需要提供商标使用证据，在商标权遭遇侵犯时更能为维权提供证据支持，从而有效打击侵权行为。

（6）利用商标国际注册制度。有对外开展国际交流项目的博物馆，应当及时做好国内、国际商标注册两方面的工作，用好国际注册工具，在博物馆业务和工作可能涉及的国家和区域注册。

3. 商标授权需慎重，立足文化传播与教育

商标的授权使用，是指注册商标所有人允许他人在一定期限内使用其注册商标。博物馆、文化遗址管理者在进行商品授权使用时，要有选择地与具有较高设计能力的机构合作，注重文创衍生品的商标商誉提升。同时，不仅要注意经济效益的获得，更要注重文化传播与文化教育作用的实现，不能盲目追求经济利益而无节制地进行商标授权。

（二）博物馆、文化遗址专利权保护与运营建议

专利权对于博物馆、文化遗址及其文创衍生品的开发而言的，在真正以设计理念和现代技术结合进行博物馆、文化遗址文创产品开发的领域，专利权的获取无疑具有重大意义。原因在于，无论是新技术的运用，还是新材料的选取，抑或是新设计元素的引入，都可以产生出专利权，也因此会有相应的保护与运营问题。

1. 改变对博物馆、文化遗址文创产品开发与专利权关系的认识

这一认识的改变，对博物馆、文化遗址文创产品开发中的专利挖掘、布局具有基础性作用。文创产品开发所需的创意并不都是宏大壮观、无法触及的，相反，正是一个个具体、细微却又巧妙的细节实现着创意。专利保护对于创意产业的发展非常重要，一个重要的体现就是专利对于创意"细节"予以保护，能够让抽象的创意想法变得具体，让权利人对创意想法的权利主张变得可以概括、可以行使。无论是产品外型设计的变化还是功能效果的增加，创意产品之所以能够丰富多样，无疑都因为其拥有了某些细节。这些细节，为创意产品带来了各种新变化，增强了创意产品的吸引力，使得创意产品能够有更多购买者。只要博物馆、文化遗址能够多发掘自身细节，就能够为文创衍生品找到更多的切入点与吸睛之处。

文创产品开发与专利权的关系，实际体现了文化与科技融合的趋势，"文化与科技融合就是通过将各类文化元素、内容、形式和服务，与科学技术的原理、理论、方法和手段有机结合，提升有关产品的价值与品质，形成新的内容、形式、功能与服务。"① 如我们所见，在很多博物馆、文化遗址的文创衍生品开发方面，产品在整体外观设计上的进步空间已经很小，产品外观设计的创新更多地体现在了其局部或细节的改进上，如利用博物馆特色藏品的艺术工艺。而且这种改进如今可以通过局部外观设计制度获得保护，可以让每一份关于细节的贡献都得到知识产权的确认。

2. 从整体和长远规划的角度建立起专利管理体系

博物馆、文化遗址因科技利用、转化不足导致的创新不足，是其发展文创衍生品的直接压力。无论是产品设计还是技术、工艺改进，创新都没有达到一定的高度，这使得开发的文创衍生品吸引力有限。在某些通过委托开发、设计、加工等模式运作的场合，甚至出现因受托方存在专利问题而导致产品不能正常上市的情况，如当年的故宫文创娃娃事件。

对于博物馆、文化遗址的专利管理，不能与对生产制造企业用同一种标准，而应当从博物馆、文化遗址自身具有设计能力却不具生产能力，需

---

① 陈振旺、郭磊：《文化科技融合时代的产品形态及融合方式》，《南京理工大学学报》2013年6月。

要借助外力生产的角度出发，选择更切合实际的策略。首先，对于博物馆、文化遗址自行设计的文创衍生品，要考虑是否采用著作权和外观设计专利双重保护。因为，外观设计的保护期有限，博物馆、文化遗址如果要把某一产品作为长期经营的产品，就还需要辅以著作权保护，以便在外观设计专利期满后，仍能对产品主张权利。其次，对于委托开发、设计的文创衍生品，需要约定其中产生专利的归属；委托加工制造产品的，要约定专利侵权责任承担方，以免在发生专利侵权时博物馆、文化遗址被追究责任。最后，提前预防和检测，积极进行线上线下维权。

乡村振兴背景下文化促进
长效脱贫的机制创新

徐春晓[*]

摘　要： 2020 年后我国进入从解决绝对贫困问题转向缓解相对贫困的阶段，巩固脱贫成果，防止出现规模化返贫，促进脱贫攻坚与乡村振兴战略的衔接成为下一个阶段的主要任务。在该背景下，需要通过机制创新，推动文化扶贫向文化促进长效脱贫的转变，形成文化促进长效脱贫的机制，其内涵主要包括：一是过往的文化扶贫项目可以稳定持续运转，促进脱贫人口的稳定增收，帮助其实现长效脱贫而不返贫；二是在整体的防返贫机制中更加突出文化的功能，更加重视文化贫困问题，发挥文化在治理相对贫困、激发脱贫人口内生动力、培养脱贫人口发展能力等方面的作用。对此，须在巩固多元主体参与机制、建立帮扶资源稳定投入机制、强化文化资源可持续开发机制、增强脱贫地区文化产业竞争力以及完善保障机制等方面实现文化促进长效脱贫的机制创新。

关键词： 文化　长效脱贫　乡村振兴　机制创新

2020 年我国如期完成了现行标准下贫困人口全部脱贫、贫困县全部摘帽的艰巨任务，这是我国扶贫事业的重要里程碑，但现有标准下脱贫目标

---

* 徐春晓，博士，北京印刷学院教师，主要研究方向为文化产业、文化政策。

的完成并不意味着我国贫困的消除和扶贫工作的终止。

一方面，我国深度贫困地区的脱贫成果还具有一定的脆弱性，仅初步达到脱贫标准的低收入人口存在返贫的风险，脱贫水平还较低，需要继续采取措施巩固脱贫成果，促进长效脱贫，防止规模化返贫。巩固拓展脱贫攻坚成果已经出现在多个关于"三农"发展的长期战略规划中，如在2021年中央一号文件中就提出了"持续巩固拓展脱贫攻坚成果""设立衔接过渡期"等内容，要求对脱贫县设置从脱贫之日起五年的过渡期，在过渡期内保持主要帮扶政策的总体稳定。

另一方面，我国由绝对贫困主导进入相对贫困主导的贫困阶段，农村脱贫人口收入与平均收入相比差距依然较大，农村精神贫困、文化贫困问题依旧突出。因此，巩固脱贫成果，建立脱贫长效机制，实现更高质量的发展将成为未来一个阶段农村贫困治理的主要任务。同时，乡村振兴将会接续脱贫攻坚成为我国农村发展的基本战略。2018年《乡村振兴战略规划（2018~2022年）》发布，标志着乡村振兴战略有了第一个阶段的实施蓝图。同样作为推进"三农"工作的国家战略，乡村振兴与脱贫攻坚之间具有紧密的联系。中共十九届五中全会提出要推动乡村振兴与脱贫攻坚有效衔接，并将其作为"十四五"时期经济社会发展和乡村发展的重要内容。可见，脱贫攻坚是乡村振兴的重要内容，脱贫攻坚任务的完成为乡村振兴打下了基础，而乡村振兴的全面推进可以更好地促进长效脱贫。

当脱贫地区的政策导向从扶贫向乡村振兴转变、贫困治理的任务也从消除绝对贫困向缓解相对贫困转变时，文化扶贫则应该通过创新机制来达成文化促进长效脱贫的效果。

一 2020 年后文化促进长效脱贫的基本背景

（一）我国全面进入乡村振兴战略时代

党的十九大提出打好脱贫攻坚战、实施乡村振兴战略是实现全面建成小康社会的标志性目标和重大战略，是党的"三农"工作的总抓手。经过全国不懈的努力和奋斗，我国的脱贫攻坚战取得了胜利。如果说脱贫攻坚解决了"三农"领域某些短板问题，那么乡村振兴则是实现"三农"更高形态、更佳状态发展的现实路径。2020年中央农村工作会议就明确提出脱贫攻坚取得胜利以后，要全面推进乡村振兴，以乡村振兴来巩固和拓展脱贫成果，从而确保欠发达地区和农村低收入人口全面跟上社会主义现代化国家建设的步伐，这是"三农"工作重心的历史性转移。

2018年，《中共中央关于实施乡村振兴战略的意见》（下文简称《意见》）、《乡村振兴战略规划（2018～2022年）》接连出台，乡村振兴战略有了具体的规划蓝图和阶段性实施计划，乡村振兴战略开始实施。《意见》对乡村振兴的战略地位和重要意义做了定调，乡村振兴战略是"决胜全面建成小康社会、全面建设社会主义现代化国家的重大历史任务，是新时代'三农'工作的总抓手"。

乡村振兴战略的提出背景在于我国农村的发展不平衡不充分问题非常突出，农村与城市在基础设施、公共服务等方面的差距加速了农村资源和要素的流失，加剧了城市膨胀和农村凋敝，很多村庄因此更加落后和贫困。实施乡村振兴战略是破解城乡发展不平衡、农业农村发展不充分的根本途径。

作为国家对"三农"问题的战略部署，脱贫攻坚为贫困地区的发展打下了基础，乡村振兴战略则在新的历史阶段促进农村向更高水平迈进，两者不仅具有制度层面上的衔接意义，在现实实践中也具有接续关系。脱贫攻坚在基础条件、产业发展、工作机制、人才培养等方面积累的经验为乡村振兴提供了坚实的基础，乡村振兴则通过促进产业扶贫、文化扶贫、生态扶贫等进一步巩固脱贫成果，实现稳定脱贫。

（二）2020年之后我国将从绝对贫困进入相对贫困阶段

党的十九届四中全会提出"坚决打赢脱贫攻坚战，巩固脱贫攻坚成果，建立解决相对贫困的长效机制"的目标任务，意味着我国的贫困治理在2020年以后会进入相对贫困治理的新阶段。绝对贫困是指收入水平或者物质资本满足最低生存需求的标准线，是一种生存临界状态，可以通过客观的数字进行测度。相对贫困则是与社会平均水平相比的落后和低水平状态，不仅限于收入层面，还包括了社会心理需求，是一种相对剥夺。虽然我国在 2020 年后进入了相对贫困阶段，但是我国深度贫困地区依然存在部分绝对贫困人口。相对贫困与绝对贫困的划分表明了贫困是动态的和相对的，随着度量贫困的标准——贫困线的调整，新的贫困群体又会产生。因此，相对贫困会长期存在，绝对贫困也会阶段性出现，相对贫困与绝对贫困会叠加出现。并且在经济发展水平较低的社会阶段，相对贫困者往往与社会平均水平差距较大，会有很大一部分群体的收入水平徘徊在贫困线上下，依然不能实现进一步发展的需求。因此，未来潜在贫困群体和转型贫困群体将会成为新的扶贫工作目标群体。相对贫困的常态性要求我国的贫困治理需要与国家阶段性发展战略紧密结合。

（三）部分地区和人口面临返贫风险

脱贫任务的完成是党和国家对人民作出的郑重承诺，事关党和国家的命运，因此我国一直采用高动员、高投入、高压力的扶贫工作机制，以确保可以如期实现在 2020 年建成全面小康社会、全部贫困人口脱贫的目标。但"运动式"的扶贫策略下取得的脱贫成果是否具有持续性还有待考证。不排除部分地区为了完成硬性目标而操作"数字脱贫""假脱贫"的现象。再加上深度贫困地区的发展基础过于薄弱，虽然通过大量输入扶贫资源的方式在 2020 年实现了脱贫，但尚未建立起可持续的产业扶贫体系，低收入人群人力资本较低。尽管脱贫人口收入暂时达到了脱贫标准，但文化等造成贫困的结构性要素并未消除，未产生足够的自我发展能力和内生动力，巩固脱贫成果和减少新增贫困人口的压力依然很大。因此，巩固脱贫成果、建立长效脱贫机制、阻断贫困代际传递，使成功脱贫的人不再返贫是未来我国贫困治理的主要任务。党的十九届五中全会通过的国家"十四五"时期和 2035 年远景目标的规划中明确提出要"巩固拓展脱贫攻坚成果"。应建立起农村低收入人口和欠发达地区的帮扶机制，继续保持财政投入，持续推进脱贫地区的发展，做到"摘帽不摘帮扶""脱贫不脱资金"。同时还要健全返贫预警监测机制，对脱贫对象施行动态监测，对具有高返贫概率的人口做到及时发现、及时帮扶等。

（四）我国脱贫水平还较低，部分脱贫地区距离全面小康社会还有较大差距

一方面，我国的脱贫还处在较低水平。2020年以前，我国着重解决的是收入不足导致的温饱性问题，是现行贫困标准下的脱贫。我国采用的2300元人均年纯收入贫困线对标的是国际赤贫标准1.9美元/天。虽然我国制定了到2020年稳定实现"两不愁、三保障"的脱贫攻坚目标，使我国的农村脱贫标准比国际赤贫标准高，多出了国家福利的内容，但现有的贫困线依旧处于较低水平。很多深度贫困地区虽然实现了脱贫，但由于社会经济条件与其他地区差别太大，与全面建成小康社会还有较大差距。

另一方面，脱贫并不等同于致富，脱贫只是使我国人口不再受到温饱的困扰，但从脱贫到致富还有很长的距离。目前的脱贫并不完全依靠自主发展或者经济手段实现，但致富则必须建立在较强的自主发展能力基础上，并且通过经济手段实现。从脱贫到致富是进一步巩固脱贫成果的必然，从而实现更高质量的脱贫。2020年以后，农村从脱贫到致富的转变对文化的扶贫命题提出了更高的要求。

二　乡村振兴背景下文化促进长效脱贫的主要任务

（一）发挥文化在减少相对贫困方面的作用

随着经济的发展，在消除绝对贫困的同时，收入差距和地区发展差距逐渐拉大，相对贫困问题凸显。虽然我国实现了全面脱贫，但脱贫群体与中高收入群体甚至一般收入群体之间的差距还很大，在比较之下，他们的"贫困感"依然非常明显。扶贫并不是要抹平群体之间的收入差距，而是要使所有人可以共享经济发展成果。但目前我国不同群体之间的收入差距过大，刚刚脱贫的人口依然是我国收入最低的群体，以社会整体的发展水平来看，这部分群体依然是贫困群体。无论是绝对贫困还是相对贫困，很大程度上是缺乏发展条件和发展能力导致的发展不充分造成的。相对贫困更与区域发展不均衡有关。因此，相对贫困阶段的扶贫政策应以缩小群体和区域之间的发展差距为主，通过营造发展条件，创造发展机会，缩小区域发展差距和城乡公共服务水平差距。另外，相对贫困治理要更加注重脱贫人口的内生动力培育和精神文化水平提升，实现物质层面与精神层面的双重提升。

就地区来说，文化是很重要的公共服务内容和区域优势资源，可以帮助欠发达地区实现后发赶超；就个体来说，文化消费是个体的发展型需求，文化资本是个体很重要的发展型能力。因此，进入相对贫困治理阶段，一方面要继续加大欠发达地区农村的公共文化供给力度，缩小城乡之间、区域之间的供给差距；另一方面要通过发展特色文化产业实现区域的比较优势，以此来吸引资源要素的汇集和流动，缩小区域发展差距。

（二）促进稳定脱贫，巩固脱贫成效

稳定脱贫是指已经脱贫的群体不再返贫。稳定脱贫的必要条件包括很多：一是贫困人口具备脱贫内生动力；二是贫困人口具备基本的生计能力；三是国家扶贫产业项目可以为贫困人口提供稳定的岗位和稳定的收入；四是扶贫人口有较完善的社会保障来兜底。在稳定脱贫的几个关键条件中，与文化扶贫相关的，一是脱贫的内生动力，二是脱贫人口基本的生计能力，三是扶贫项目。提高贫困人口的内生动力和基本能力，实施产业扶贫是重要的脱贫举措。但在脱贫攻坚阶段，内生动力建设和基本能力建设方面还有很大的提升空间。这是因为内生动力和基本能力建设相对于直接提供物质支持来说，需要更长的时间才能见效。目前已脱贫人口中，依然有部分人口过于依赖国家的扶贫政策，自身尚未形成长效脱贫的能力。一旦国家的扶贫支持力度降低或者退出，就会返贫。因此，需要加强脱贫人口在内生动力和基本能力方面的建设。根据文化扶贫的三个作用层次——扶智、扶志和扶业——在脱贫任务完成以后，依然要继续发挥文化在精神脱贫、能力脱贫和产业脱贫方面的作用。脱贫地区和脱贫人口的文化建设要作为一项具有巩固脱贫成效的任务长期推进。文化促进稳定脱贫、巩固脱贫成效主要在于以下两个方面。

一是通过文化教育，增加贫困群体的社会文化资本，增强并拓展其能

力，改变以往对单一职业技能的追求局限，全方位认识自我、发展自我、提高自我。实现"要我脱贫"到"我要脱贫"的思维变化，即在观念改变与能力提高的基础上将脱贫内化为行动，并且这一行动强调过程和结果的双重属性，注重脱贫过程与脱贫效果的双达成，是真正的长效脱贫。这不仅是贫困群众对权利贫困和能力贫困的一拳重击，更是重新掌握主导生活能力的过程。

二是文化可以促进脱贫地区产业兴旺。产业兴旺是一个地区长效稳定脱贫的根本和物质基础。在未来，文化在发展特色经济、推进三次产业融合上的作用会日渐突出。在我国日渐回归传统文化、找寻乡村文化之根的趋势下，更多的城市资本、个体精英资本会流入农村，这种基于乡村文化的乡村价值的重新挖掘是使农村焕发长久活力的根本。

（三）推动文化发展，促进乡村振兴

文化促进长效脱贫的原理是使脱贫地区在进一步巩固和提升文化建设水平的基础上实现脱贫效果的可持续，而脱贫地区文化建设水平的提升又是推进乡村文化振兴的根本途径，还可以促进乡村产业振兴、人才振兴，在促进脱贫地区文化发展的过程中实现了巩固脱贫成果和乡村振兴的有效衔接。

"产业兴旺、生态宜居、乡风文明、治理有效、生活富裕"是乡村振兴的总体要求。脱贫地区的文化发展包括传统文化的保护与传承、文化产业发展、公共文化服务体系建设以及农村精神文明建设。这几个方面不仅可以有效推进乡村文化振兴，还可以实现政治、经济、社会等多重价值和功能，有利于乡村振兴总体要求的实现，有利于实现农村经济、文化、政治、社会、生态全方位发展。

文化的产业扶贫，促进了农村文化产业以及文化和其他产业融合发展，有利于促进脱贫地区产业兴旺，实现农民生活富裕。在推进文化长效扶贫的过程中，政府会继续加大对脱贫地区公共设施建设、文化产品供给的投入，不断输送现代文化资源，为实现乡村文化振兴打下基础。文化扶贫的关键是改变贫困地区落后的文化氛围，剔除落后的价值观，在社会主义核心价值观的引领下，挖掘传统农耕文化中优秀的思想观念、道德规

范，培养文明乡风，提供积极示范，营造一种积极向上、文明和谐、淳朴有序的乡土文化氛围，帮助农民养成"自立、自主、勤勉"的思想观念，从而促进实现农村乡风文明和治理有效。

三 乡村振兴背景下文化促进长效脱贫的机制创新策略

（一）文化促进长效脱贫的内涵

文化扶贫是文化发展推动精准扶贫的过程。自脱贫攻坚任务完成以后，一方面要发挥文化在实现长效脱贫方面的优势和作用，另一方面要推进脱贫地区文化振兴。脱贫攻坚后的防返贫工作、巩固脱贫成效不是一项简单的收尾工作，需要在未来通过建立常态化的防返贫机制来实现。文化是常态化贫困治理机制的重要组成部分，尤其是其在"扶人"方面的重要作用，决定了文化在阻断贫困代际传递、促进人的现代化和全面发展方面不应该以是否完成脱贫攻坚任务为分界线。无论是地区的发展还是人的发展，都是外力与内力结合的结果。我国过往的扶贫经验总体来说就是靠强大的外力输入来尽快补足贫困地区外在条件的匮乏，但内在素质和能力的改善非一日之功，也非外力灌输就可以迅速产生效果的。贫困地区呈现物质层面的匮乏和精神层面的落后空洞，是贫困经济与贫困文化相伴相生的局面。虽然贫困文化是与落后的生产方式相适应的上层建筑，是长期的贫困经济的后果，但贫困文化一旦形成就会具有相对独立性。这意味着即便经济不再贫困，但文化变迁的滞后性依然会使文化发展落后于经济发展速度。而根据贫困的成因和文化对经济的反作用力规律，在贫困文化的"拉扯"作用下，经济暂时的增长可能会出现回落。因此，在我们消除了大范围的绝对贫困以后，应该更加关注脱贫人口精神和文化方面的提升，如脱贫地区精神文化建设、移风易俗、乡风文明建设等。

文化促进长效脱贫有两层基本内涵。一是过往的文化扶贫项目可以稳定持续运转，促进脱贫人口稳定增收，帮助其实现长效脱贫而不返贫。二是在整体的防返贫机制中更加突出文化的功能，更加重视文化贫困问题，发挥文化在治理相对贫困、激发脱贫人口内生动力、培养脱贫人口发展能力等方面的作用。因此，文化促进长效脱贫的机制是为了实现以上目标所要建立和形成的运行方式。该机制并不是脱离原有的文化扶贫机制而重新建立起的一套新的工作方式，而是在原有机制框架的基础上，针对未来的贫困问题，在脱贫攻坚与乡村振兴衔接背景下，通过创新文化扶贫机制，实现文化促进长效脱贫和促进脱贫地区乡村振兴。

脱贫攻坚的成果来之不易，如何通过机制创新实现脱贫效果的长效化，是我国从"集中作战式"扶贫转向"常态化"帮扶的必然要求，也是推进脱贫地区乡村振兴的必然要求。乡村振兴战略作为未来国家推动"三农"工作的总抓手，必定会吸收大量的注意力和资源投入，而帮扶工作仅仅是乡村振兴战略中的一项内容。随着绝对贫困人口的减少，国家对后续帮扶的投入力度、关注程度都会有所降低，而促进长效脱贫又是一项需要长期投入、需要经历一定过程的事业，尤其是在对人的"改造"方面。若要使贫困人口在思想、行为、能力和认知水平上有一个较为明显的提升，更要经过一个漫长的过程。贫困改变的"慢"与我国扶贫战略的"快"之间形成了一定的张力和矛盾，因此政府在脱贫攻坚任务完成以后，要通过设立帮扶过渡期、建立返贫动态监测和长期帮扶机制等方式，确保脱贫地区可以平稳度过贫困反复期，不出现大规模返贫现象。

（二）文化促进长效脱贫面临的困境

一是多元主体长期参与问题。扶贫是基于多主体参与的政治经济行为。虽然政府在我国扶贫开发中一直占据主导地位，但扶贫工作的开展，如果缺少了企业、社会组织、社区、个体等其中任何一个主体，扶贫工作都难以进行下去。政府是扶贫资源的主要提供者、扶贫战略规划的制定者、扶贫政策的执行者、社会力量的组织动员者和扶贫过程的监督把控者等。可以说没有政府的主动作为，地方扶贫工作就难以开展和进行下去。即便是企业主导下的扶贫开发，也需要依赖政府提供的相关制度设计，以及在政府所规定的扶贫规范下运作。当然，政府难以解决所有问题，比如政府难以解决需要由市场提供的服务。这时就需要企业、社会组织等社会力量的参与。在脱贫攻坚任务完成以后，对脱贫地区的多元帮扶体系能否形成，需要关注以下几个方面。

第一，在脱贫攻坚完成后各类主体是否还会积极参与扶持农村。国家为了构建"专项扶贫、行业扶贫、社会扶贫等多方力量、多措并举有机结合和互为支撑的扶贫格局"，通过建立压力型、激励型导向机制来引导多元主体参与。在国家大力推进扶贫开发的历史时期内，各类社会主体在政府营造的扶贫氛围和提供的各类激励措施下，积极投入扶贫攻坚。扶贫是一项超常规的政治性战役，随着脱贫攻坚任务的完成，社会主体参与帮扶的积极性是否还能持续，社会主体是否会选择在脱贫攻坚完成以后退出已经建立起来的扶贫开发项目，都是主体长期参与机制需要解决和关注的问题。

第二，在消除绝对贫困阶段，我国的多元主体协同机制尚不完善。一方面，在我国的"大政府、小社会"环境下，社会组织力量较为薄弱，发展存在较多问题，比如独立性不强，行政化明显，资金、人才、技术不足等，影响了扶贫作用的发挥。另一方面，社会组织参与扶贫的外部环境不佳，非官方扶贫活动还没有完全得到政府的认可，影响了社会组织参与扶贫的积极性，减弱了扶贫参与动力，没有发挥出社会组织应有的作用。除了社会组织，社区与居民在扶贫主体协同网络中也处于缺位状态。这些问题都会影响多元主体协同帮扶机制的形成。

第三，扶贫资源稳定投入问题。资源投入的可持续性是实现稳定脱贫的关键。贫困并非一个可以在短期内彻底消除的、静态的状态，具有一定的持续性和动态性。它的顽固性也是我国在扶贫开发过程中出现几次较大规模返贫现象的原因。贫困是运动的、变化的，这就需要我们的资源投入不能结束在某一个明确的时间节点上，依然需要在脱贫攻坚向乡村振兴过渡的时间段内保持扶贫资源的持续性投入。扶贫的资源系统中，有不同主体提供的各类资源，如政府提供的资金资源、制度资源、人才资源、物质资源等，企业提供的资金资源、物质资源、技术资源、信息资源、渠道资源等，社会组织提供的资金资源、技术资源、创意资源、信息资源等。对于政府来说，尽管政策话语方向有所变化，但对脱贫对象的支持力度依然会在一定时间内维持，体现为"送上马、扶一程"。但对于企业和社会机构来说，其资源投入是否有持续动力还具有不确定性。目前，政府尚未明确已经建立起来的扶贫制度体系如何与乡村振兴制度体系相衔接。如贵州丹寨开辟了"企业包县"的扶贫形式，万达集团依靠雄厚的资金实力，负责整个县域的脱贫任务，通过打造万达文旅小镇、职业技术学院和扶贫基金三大主体项目带动整个县域的发展。其中扶贫基金是将万达所获得的收益以一定的比例直接发放给贫困人口。目前所有项目的开发都依靠大量的资金投入，以营利为主要目标的企业是否会减少公益性的扶贫投入甚至退出扶贫项目，是很多类似丹寨的脱贫县需要思考的问题。

第四，文化资源开发的可持续性问题。基于地方文化资源开发的扶贫项目已经成为很多地方的脱贫途径，"文化搭台，经济唱戏"不仅可以成为贫困地区人民脱贫增收的途径，还可以使一些沉寂的传统文化重新活跃起来。它的本质是文化的开发性保护，在开发中实现多重效益。但在实际开发中，很多地方过于追求商业利益和政绩，将"开发性保护"变成了"开发性经营"，对地方文化生态造成了损坏，破坏了地方文化的原真性，包括伪文化的出现、文化的过度开发、文化的异化和庸俗化以及自然生态的破坏等。一些民族地区在进行旅游化开发的过程中，为了满足旅游者求新求异的心理，在不尊重地方风俗习惯的情况下通过各种方式将文化搬上"舞台"供游客凝视。如贵州朗德村寨将铜鼓作为民族表演的重要内容，但铜鼓对于苗族百姓来说不仅是一种爱好，更是一种信仰。铜鼓只能在盛大的节日中表演，如苗年、芦笙节等，寄托了人们对美好生活的希望。但现在铜鼓已经被很多村寨广泛用在吸引游客的场景中，打破了苗族铜鼓文化本身的禁忌。又如岜沙的树神崇拜习俗，体现了人与自然相通，寄托了人们对"天人合一"的向往，这种民族内部文化活动是团结族人、实现民族认同的重要仪式，在族人心中具有举足轻重的地位。但现在为了吸引游客，就会进行对外展演，对民族仪式的文化属性进行了消解和破坏。除了对原生态文化的破坏，还有部分地区复制其他地区的文化，刻意打造文化符号，失去了文化的独特性。这些行为，虽然抓住了游客的猎奇心理在短期内吸引了游客的注意力，获得了一定的经济收益，但文化内涵的破坏会使游客最终因为文化失真而失去长期兴趣，留给地方人民的也只是缺乏内涵的文化空壳，不利于文化生态的可持续发展。文化能够成为生产要素和发展资本的唯一立足点就在于其独特性和稀有性，一旦文化因为过度物质化和庸俗化，失去了文化本身的功能和长久的吸引力，就不再具有资本的特性，地方特色文化经济发展的可持续性就受到威胁，相应地会影响脱贫的稳定性。

除了文化开发失当外，还存在文化失衡的现象。文化开发的碎片化和部分性使地方文化发展失衡，那些没有成为旅游资源的文化要素缺乏关注，面临消亡的风险。另外，文化失衡的原因还有社区内大部分居民对文化的保护和开发漠不关心，无意参与到村落文化保护和开发中来。尤其是地方政府只对村落文化保护提出了要求，当村民无法从村落文化保护中获得实在的经济效益的时候，村民的积极性就会大大降低。

文化扶贫不是单纯地挖掘文化资源的经济价值，而是"借助贫困群体的参与发掘风土人情、传统习俗等异质性资源禀赋，在贫困地区自有的文化圈层内找到一种社会发展新的自我适应，推动贫困地区社会空间与产业结构的双重转型，实现贫困群体历史记忆和文化再造的互动"。① 因此，建立在文化可持续发展基础上的扶贫，才具有长久的、本质的脱贫效应。

第五，文化扶贫项目脱贫长效性问题。文化扶贫项目主要是基于文化资源开发的扶贫项目，如各类文化旅游产业扶贫项目、文化保护传承项目等。这些文化扶贫项目取得了较为显著的成效，但仍然存在一定的问题，发展后劲有待加强。一是扶贫产业项目同质化。产业扶贫要建立在地区特色资源禀赋的基础上，而不是在政策号召下蜂拥而上，复制、移植其他地区的文化扶贫项目，发展缺乏特色的文化扶贫项目。扶贫项目同质化会使项目缺乏长期发展的生命力，导致后期发展无力甚至项目夭折。二是扶贫项目资金的持续投入问题。一般较大的文旅扶贫项目都需要在前期有较大的资金投入，尤其是产业设施建设方面需要大量的资金和人力。但产业项目的经营是长期的，市场经济的不稳定会给扶贫项目带来巨大的风险，尤其是文旅经济受市场需求波动的影响极大。而欠发达地区的地方政府往往没有足够的资金持续投入，与政府合资的企业也会在趋利避害的动机之下做出符合自己利益的行为，使扶贫项目难以持续下去。产业扶贫项目难以为继，脱贫的稳定性就会受到极大的影响。

---

① 章军杰：《中国文化扶贫四十年：从专项扶贫到精准文化扶贫》，《甘肃社会科学》2019 年第 2 期，第 52~58 页。

（三）乡村振兴背景下文化促进长效脱贫的机制创新路径

1. 进一步促进主体多元的协同治理格局的形成

在完成脱贫攻坚战以后，贫困问题会成为国家治理领域的常态化治理问题，"治理是一种以共同目标为支持的活动，这些治理活动的主体未必是政府，更无须单一依靠政府的强制力量来实现"。治理思维的特点之一就是要多元主体协同，2020年后的贫困治理，应该促使贫困治理从传统政府主导式治理向多元主体共享信息、分担责任和协同治理转变，避免因政府能力不足导致的贫困治理的中断，促进社会力量的持续深入参与，形成政府、企业、社会组织、社区、个体等多元主体协同共进的帮扶格局。

一是建立起"利益共享、风险共担"的利益联结机制。在文化产业扶贫路径下，合理可行的利益联结机制是贫困地区扶贫产业可持续发展、贫困群众持续增收的基础。无论是脱贫攻坚阶段还是相对贫困、乡村振兴阶段，多元主体协同关系的形成都是建立在合理的利益共享机制上的。只有能够达到利益平衡的利益联结机制才能为主体的长期参与提供源源不断的动力。在由政府、企业、社会组织、社区和个体共同构建起的多元主体协同网络中，个体处于最弱势的地位，利益联结机制的设计会使大部分收益流向政府与企业，农民由于缺乏议价能力，无法享受加工、销售等延伸产业链中的价值增值，只能获得较低的回报，难以实现利益共享。如果农民长期无法获得较为可观的收益，也会对扶贫参与产生懈怠感，背离扶贫项目的初衷和目的。市场机制引入后，需要通过政府制定相应的政策来满足扶贫各方对利益的需求，在合作共赢、平等对话的基础上实现利益共享、风险共担。建立低收入群体保护机制，保护扶贫对象的基本权益，对缺乏诚信、弄虚作假的企业和个人进行严厉打击。增强集体组织建设，提升扶贫对象与企业合作和对话的能力。创新农民、集体经济组织、企业的合作方式，以资金、闲置资产、土地、技术入股分红、岗位就业等方式将帮扶对象以股份制形式纳入产业链条，确保扶持对象可以随着产业实体经济的发展实现稳定增收。总之，只有建立有效的利益共享机制，才能保障文化精准扶贫的长效性。

　　二是进一步规范、引导和激励社会组织的参与。首先，解决社会组织参与农村帮扶的外部环境问题。增强政府和公众对社会组织在促进农村发展方面的外部认可，承认社会组织的社会价值和功能。借助法律、行政和宣传等多种手段，明确主管部门，加强监督，营造法治、规范且有活力的外部环境，增强社会组织参与扶贫的获得感和荣誉感。其次，政府要在文化扶贫工作的开展中主动引导各类社会组织有序、有效地参与，创新"政府+社会组织"合作扶贫的方式，加强对社会组织在意识形态、价值观等方面的培训，对社会组织的人员构成、技术水平和运营资质严格把关。再次，出台相关激励引导政策，以税收优惠、荣誉奖励等方式，提升社会组织参与文化扶贫的积极性，对农村文化发展做出较大贡献、取得明显扶贫成就的社会组织予以现金奖励等。最后，避免政府直接指挥和参与社会组织的扶贫活动，在专业性的发挥上给予社会组织足够的空间，将精力放在对社会组织参与扶贫的成效监管上，尤其是对于承接政府购买项目的社会组织，要在程序和成果上进行严格监管，防止出现损害公共利益的问题。

　　2. 建立脱贫后续资源稳定投入机制

　　首先，将脱贫攻坚阶段形成的资源投入的有效经验通过制度固定下来。为了在有限的时间内尽快完成脱贫任务，政府以各种方式向贫困地区输送了大量资源，通过创新社会资源调控方式推动各类资源由城市向农村、由发达地区向落后地区传递，在这期间从中央到地方都形成了大量灵活的资源配置机制。如在脱贫攻坚过程中发挥过很大作用的"结对帮扶"机制和"东西协作"机制是促进东部地区、发达地区向贫困地区和落后地区要素流动的有效方式。自1996年全国"东西协作"启动以来，参与的东部省市增加到18个，向贫困地区提供政府援助资金，用于基础设施、产业开发、文化教育等方面。还有很多沿海省份动员社会力量捐款捐物，引导企业到对口地区进行投资，或者派驻干部、技术人员等到对口地区挂职。虽然"东西协作""对口帮扶"是在扶贫攻坚时期形成的优化资源配置、促进区域协调发展的有效机制，但在脱贫攻坚任务结束以后全面开启乡村振兴的时代，更加需要"东西协作"这种方式来实现东西部资源的整合和优化配置，弥补地方政府资源投入不足。因此，应该将类似的工作机制固定和延续下来，并使其成为乡村振兴发展的资源配置机制。

其次，加强文化建设的可持续性投入。第一，要将文化资源纳入脱贫地区农村发展资源优化配置的格局。政府要进一步调整帮扶资金、农村建设发展资金的使用向度，加大文化资金在农村发展总体资金中的投入力度。尤其是我国全面推进乡村振兴后，必定要投入大量的资源进行乡村振兴建设。文化是"五位一体"建设的重要组成部分，应该不断加大在文化方面的资金投入和使用力度。第二，要完善多元文化投资制度。目前，文化扶贫资金多来自政府。要通过建立一系列文化投资制度，充分发挥政府在文化投资中的主渠道作用，并实现非政府组织在文化投资中的辅助作用，扩大文化投资来源，确保脱贫地区文化投入的可持续性。

3. 建立文化资源开发可持续机制

一是树立正确的文化资源可持续开发的战略思想。建立可持续发展意识，树立经济、社会、文化、生态全方位发展观，培养地方政府决策者、开发商、社区、居民的可持续开发意识，努力在可持续开发的基础上实现经济效益与社会效益的双效统一。在文化资源开发时，对文化资源进行梳理和评估，严格区分文化资源的不同层级和类别，根据层次和类别选择适合商业化开发的文化资源，保证文化资源产品化和商业化开发不对文化内涵本身造成扭曲。建立地方文化资源所有权意识和文化遗产产权意识。地方文化的所有者是本地居民，外来融资者和开发者应该尊重本地居民对地方文化的表达权、阐释权、参与权和收益权。在地方文化资源开发的过程中，必须切实维护本地居民的权利和利益，以不损害地方文化生态为前提。

二是要建立文化资源开发补偿机制，坚持"谁破坏谁补偿""谁受益谁补偿"的原则。尽管保护性开发的原则深入人心，但在地方文化资源开发的过程中还是避免不了对文化的破坏。尤其是在对原生性程度较高的传统村落的开发中，由于缺乏整体保护的意识和科学合理的规划意识，经过多年积累形成的文化生态遭到了破坏。开发商在文化开发的过程中，对地方居民的补偿多集中在收购土地、房产等物质性资产方面，而对非物质性的文化生态的破坏则鲜有赔偿。因此，开发商作为主要的受益方，应该将部分收入直接补贴给当地老百姓，提升整体的文化保护意识。还要加强文化资源产权化，促进文化资源的权益分配。为避免文化借用、文化滥用、文化剽窃等严重侵袭居民文化资源产权的情况，地方政府应尽快通过顶层设计促进文化资源的产权化，保护特色文化地的居民权益。并在文化资源产权化的基础上，以特色文化资源参股的形式来保护居民的合法效益，使企业配置文化资源股本红利，部分用于村民分红，部分作为文化传承基金，推动特色文化的保护与发展。

三是建立农村文化保育金等社区文化保护基金。文化保育是近年来兴起的概念，在部分地方已经有了实践。社区文化保育本质就是文化保护传承的社区行为，致力于保存集体记忆、历史建筑以及各种社区文化等，增强人们对社区文化的认同感。贵州省地扪村就开展了村落文化保育的实践。地扪村成立了"村路文化保育和社区发展公共基金"，将地扪生态博物馆的运营利润以一定的比例分配给参加劳作的村民，帮扶地扪村的公共文化事业，支持村寨文化传承和社区公共服务，开展各类文化传承活动，很好地起到了"以文养文"的效果。当村民的文化获得感得到提升，村民享受到了文化发展带来的便利和实惠，其参与文化保护的积极性和文化自觉性就会进一步加强。因此，村落在进行文化开发时，可以借助文化保育金制度，增强居民和开发商的文化保护意识。利用文化开发获得的经济效益反哺文化，是一种文化保护的正向激励机制，有利于实现文化资源开发的长效性。

4. 增强脱贫地区文化产业市场竞争力

扶贫产业能够在市场中具有长期发展能力是产业扶贫长效化的关键。当扶贫产业成为地区支柱产业或者主导产业时，贫困人口与扶贫产业是捆绑在一起的。扶贫产业的发展成效决定了脱贫人口能否获得稳定的收益，能否凭借产业不断发展壮大实现收入的稳步提升。因此，为了实现长效脱贫，巩固脱贫成果，扶贫产业要更加壮大，提升内生发展能力和外在竞争实力。

第一，要延展完善文化产业发展链条。文化产业是准文化产品在产业市场、产业链条上的延伸和拓展。与其他类型的产业相比，文化产业是链条式产业，对产业链条的完备性要求十分严格，链条上每一个环节的缺失、不健全甚至中断都会影响文化产业的正常运转。欠发达地区的文化产业发展尤其如此。因此，欠发达地区发展文化产业，关键是在文化产业链条建设上做文章、下功夫。一方面，立足于欠发达地区文化产业发展困难的实际，坚持全链条完整性的发展思路，在总量约束的前提下，以存量换增量，重点建设文化产业的核心链条和关键环节，让文化产业整体运转起来，并通过前期收获成果支持其他链条建设，有序推进文化产业可持续发展。另一方面，根据贫困地区文化产业发展的阶段性，持续延展文化产业链条，不断拓展文化产业发展空间。着力打造优质文化产业品牌，强化落后链条淘汰退出机制，适时推进文化产业转型升级，以文化产业链条建设支撑文化产业健康发展。

文化产业链条还有价值分配功能，通过将贫困人口整合进产业链条中，实现贫困人口分享不同环节的价值增值，增强他们参与市场经济的能力，实现脱贫。因此，文化产业链条的拓展不仅可以实现产业链整体效用最大化，体现产业链条创造价值的能力，还能为贫困人口创造更多的生计空间，更加有利于贫困人口通过在产业链上的分布获取更多的价值。通过产业链的纵向延伸、横向整合和外部拓展，实现文化全产业链发展，促进文化与三次产业的融合。创意农业借助创意产业的发展理念，以农业和生态资源为依托，融合文化、创意、科技等要素，延伸农业产业链，实现价值增值。

第二，推动产品结构升级，创新农村文化新业态。市场竞争归根结底是产品的竞争，并且中介是要以产品作为其基础和保障的。优化农村文化产品结构，是文化资源产业化持续发展的关键。我国农村文化产品存在创意转化滞后、融合类产品质量不高等问题，难以满足市场的多样化需求，会影响产业经济效益，从而影响稳定脱贫。因此，要以市场需求为导向，以提升产品竞争力为目标，创新文化产业业态，优化产品结构生态。可以从以下三个方面推进。一是提升文化产品的创意性。目前我国农村文化产品开发同质化严重，质量低劣，创意元素含量低，文化产品外形过时。需要加强文化产品的创意化开发，尽量对标现代人对文化产品在质量、符号和创意性上的需求。二是加强文化产品与现代生活的衔接。目前现代农村传统文化产品的设计与功能还是更加符合本地人的需求，需要加强传统文化产品与现代生活的衔接，从产品造型到产品功能，都要更加符合市场的需求。

第三，进一步优化脱贫地区文化产业发展环境，夯实产业发展基础。农村基础设施条件的改善、产业环境的优化，对产业发展在人才吸引、资金支持上具有很关键的作用。贫困地区之所以贫困，很大程度上就是基础发展环境难以满足产业发展的需求。尤其是像文旅产业之类的服务型经济和体验型经济，对交通、住宿、餐饮、购物、休闲娱乐等的要求更加严苛。虽然在贫困地区进行文旅扶贫项目开发时，会对基础设施进行改善，但前期建设设施也会面临后期更新问题。因此，要提高欠发达地区产业发展的效率，就要进一步优化扶贫产业发展的环境，在原有基础上提升公共服务水平和基础设施水平。文旅产业是一种在地消费型经济，外地游客与本地居民共享某地的基础设施，感受文化氛围。因此，要推进本地文化设施与外地游客共享，并在文化旅游地增加公共文化设施，使本地居民也可以享受开发福利。如贵州丹寨的万达小镇中，由万达集团投资建设的丹调图书馆就是同时对本地居民和外地游客开放的，不仅成为外地游客的文化景点，也成为本地居民读书学习的场所。除了传统意义上的交通、水电等，大家对互联网的普遍需求使网络基建成为不可缺少的项目。欠发达地区通网率普遍较低，不利于农民利用互联网发展文化经济，也会对外来游客的体验产生影响。因此应该解决欠发达地区网络设施建设薄弱问题，破除产业发展的瓶颈。

第四，培育脱贫地区文化市场，壮大地方文化龙头企业。繁荣地方文化市场，既可以为当地老百姓提供更加丰富的精神文化产品，又可以提升地方文化产业的竞争力，吸引更多的要素聚集。在利用文化产业进行扶贫的过程中，企业尤其是龙头企业的带动作用是至关重要的。根据现实中的实践案例可以发现，龙头企业可以通过设置扶贫公益岗位、捐助物品和资金、签订兜底订单、提供技术和创意指导等方式进行帮扶，更重要的是企业的生产能力、组织能力和管理能力对农民来说是更为稀缺的资源。企业开拓市场的能力很大程度上决定了在企业带领下的产业发展的规模和前途，也就决定了农民与企业建立的合作和帮扶关系能否持久。因此，政府通过各种措施提升龙头企业的实力，是实现稳定脱贫、长效脱贫的有力保障。

5. 完善保障机制促进文化长效脱贫

一是加强脱贫地区文化建设的法治化。2020 年后，国家要进一步加强社会主义法治化建设。首先，要更好地践行和落实《公共文化服务保障法》等法律法规对农村地区、欠发达地区公共文化建设的要求。我国文化建设的实际水平要大大滞后于国家在制度层面的要求，由于脱贫指标体系内的文化指标内容较少，且不具备强制性，大部分脱贫地区并不会严格按照文化扶贫政策的要求进行文化建设，因此脱贫地区的文化建设依然较为落后，需要将欠发达地区的文化发展纳入立法规划，明确各级政府在公共文化服务、文化资源开发、文化产业产值等方面的责任和要求，严格落实低收入群体文化权益保障和文化成果共享的法治机制。其次，应尽快拟定欠发达地区和脱贫村庄文化建设的后续推进计划。政府应尽快组织力量对脱贫县和脱贫村的文化建设状况进行总结和评价，根据实际情况以及国家对文化扶贫的具体要求，分类分批地制订不同脱贫地区文化发展的后续推进计划。如对于文化发展水平依然很低的地区，要加大外部文化资源的供给使其达到我国农村文化建设的平均水平；对于已经达到我国农村文化建设平均水平的脱贫村，要加强落实供需匹配机制，提供更加多元化的文化内容，提升文化自我生产能力。

二是加强评估反馈机制的建设。评估反馈机制以评估考核为方式，及时掌握帮扶项目在运作程序、资产管理、运作长效等方面是否符合帮扶规范，以及农民在其中是否获得了应有的利益，这是有机系统运转的必要条件。首先，要在脱贫地区政府考核指标中突出文化相关指标。地方政府政绩考核体系以经济发展的各项指标为主，政府资源大量投入经济建设领域，并且主要是能够集中体现政绩、增加政治资本的项目中。在扶贫政绩的考核中，文化扶贫的情况常常被忽视。若要对地方政府在文化建设方面形成压力，就有必要对政绩考核指标进行改革。其次，要在政府主导下成立脱贫地区帮扶项目绩效评估小组或通过第三方机构来对帮扶项目的长期脱贫效果进行阶段性评估，根据评估结果及时调整帮扶策略，从而加强对帮扶项目的管理。

　　三是加快脱贫地区专业人才队伍的培育。加大人才培养力度，是实现文化脱贫持久的关键。要坚持农村传统型人才培养与创新型人才引进相结合。一方面，坚持培养农村传统型人才，将文化本土人才的培训、培养作为重点。乡村文化的繁荣发展，离不开本地人才的创造和支持。"自力更生，艰苦创业"是农村文化发展的立足点。另一方面，加强创新型人才的引进。完善相关人才引入体制机制，创设人才成长的良好环境，充分发挥引入人才的才华和模范带头作用，有效利用文化产业发达地区的经验、模式和路径，实现脱贫地区文化产业繁荣发展，促使脱贫地区文化产业成为促进乡村产业兴旺的重要支柱。

场景视域下城市公共空间
表演艺术的社会监管研究[*]

古珍晶　邹沁园[**]

摘　要：城市公共空间为表演艺术提供了重要的展示平台。近年来，城市的街头、商场、地铁等公共空间出现了形式多样的公共表演，一方面促进了文化的交流与传播、丰富了城市精神；另一方面也带来了噪声危害、社会治安及交通混乱等问题。如何平衡公共空间表演艺术创作与社会监管之间的关系，在鼓励艺术表演创作的同时又能维护社会秩序，是城市发展面临的必然问题。本文通过对悉尼、纽约、伦敦、新加坡、香港五个世界著名城市的公共空间表演艺术监管实践进行分析，深度阐释艺术与监管的关系，以期为内地城市公共空间表演艺术的有效监管提供合理化的对照与试行路径。

关键词：公共文化　表演艺术　城市空间　社会监管

现代新型城市的形成和发展是地理区位、经济环境、历史人文等多种因素综合作用的结果，对区域经济格局与全球化进程影响也越来越深远。

---

[*]　本文为西藏高校青年教师创新支持计划"西藏民间工艺品品牌构建影响因素研究"（QC2015-50）、2011西藏文化传承发展协同创新中心"西藏特色文化品牌构建影响因素研究"（XT-ZB201608）的部分研究成果。

[**]　古珍晶，深圳大学文化产业研究院博士研究生，主要研究方向为制度创新与文化创意经济；邹沁园，博士，贵州民族大学讲师，主要研究方向为民族文化产业、艺术人类学。

当前，全球城市发展在突出城市经济、文化、创新等功能的同时，更加关注共享、协调等理念，不断强化宜居、生态、包容等现代城市功能。[①] 全球城市理论认为城市空间结构对于人们具有持续的影响力，随着人们对于美感和艺术消费追求的不断兴起，城市公共空间中的表演艺术迎合了现代都市人群的文化需求，带动了城市文化娱乐经济的发展。公共表演艺术也是城市文化创意的重要组成部分之一，理查德·佛罗里达（Richard Florida）指出，创意型城市必须具备"3T"要素，即技术（Technology）、人才（Talent）和包容性（Tolerance），它们相互补充，是现代创意型城市形成的充分必要条件。其在《创意阶层的崛起》一书中，特别强调了文化创意产业对于城市发展的重要性，从根本上看，城市的高速发展依靠的是文化创意产业资本的投入产出和文化创意阶层的崛起。[②] 通常公共表演艺术以其丰富多样的艺术形式带动了城市品牌形象的树立和城市文化的可持续发展，城市公共表演艺术的文化审美价值也直接促进了城市的现代化转型，激发了都市文化创意产业活力。

然而，世界城市公共表演艺术缺少统一的监督与管理，给城市公共空间的艺术创作带来诸多问题。通常情况下，城市土地规划并未给公共表演艺术设定合法区域，在公共艺术表演过程中常常出现噪声扰民的问题，人数较多的情况下还会影响到城市公共交通的正常运营，甚至还会制造冲突和混乱等一系列社会治安问题。基于此，秉持肯定与包容的原则，不同的世界著名城市开始采取适当的法律措施开展合理有效的监管。如2014年10月，上海市静安区在中国内地率先实施街头表演"持证上岗"的管理办法，为8名街头表演者颁发了演出许可证，标志着内地街头表演合法化管理的开始；随后长宁区也跟进街头表演持证管理办法。一时间上海城市公共空间表演艺术合法化管理探索引发热议，成为现代城市建设管理的重要议题。而对于如何平衡艺术活动与有序监管之间的关系，本文将通过分析悉尼、纽约、伦敦、新加坡、香港五个国际著名城市的相关实践，总结通用经验，为内地公共空间表演艺术的发展与实

---

① 肖林：《上海建设全球城市对全球城市理论的发展与贡献》，《科学发展》2016年第2期。
② 〔美〕理查德·佛罗里达：《创意阶层的崛起》，司徒爱勤译，中信出版社，2010。

践提供有效建议。

一 城市公共空间表演艺术助力城市场景营造

美国全球科技领域资深记者罗伯特·斯考伯（Robert Scoble）和技术专栏作家谢尔·伊斯雷尔（Shel Israel）最早提出场景概念，"场景"是指人与周围景物的关系总和，其核心是场所与景物等硬要素，以及空间与氛围等软要素。[①] 当代芝加哥学派提出"场景"这一概念用以解释空间中的文化内涵。他们认为，"非物质的、以文化形式表现的要素对于后工业社会具有重要作用"，"这些要素与一定阶层、种族、性别等社会身份相适应，体现一定价值观的文化设施集群，称为'场景'（scenes）"。[②] 场景理论为当下的城市经济发展提供了一个新的研究视野，通过城市公共空间中的文化艺术表演形式，场景将具有相似生活方式的群体汇聚，并且分享其审美理念和文化品位。城市中各种文化设施及其内容构成了场景，不同的场景内容代表着不一样的文化需求，体现了一定区域内文化消费的重要价值，公共空间表演艺术作为"场"内的一种"景"，对于研究公共空间文化演化具有一定的启发。需要特别指出的是，公共空间表演艺术中的街头表演所形成的场景是城市文化创意产业发展的重要组成部分。

公共艺术以市民生活为基础，以公共空间为依托，作品体现出民主、开放、互动、共享的价值体系，并具有与之相适应的制度和程序保障。它是可以借助建筑、雕塑、绘画、景观、水体、表演、影像、多媒体等各种载体，针对和适应各地域或社区环境实施的一项全新的综合艺术。[③] 其中，公共空间表演艺术在城市发展中的作用也日渐凸显，但是公共艺术表演的公开性也使得它的秩序遭遇挑战，政府部门采取相应措施进行监管，主要有严格监管、放松管制和因地制宜三种不同管理方式。

---

① 邰书错：《场景理论的内容框架与困境对策》，《新闻与传播研究》2015 年第 4 期。
② 徐晓林、赵铁、特里·克拉克：《场景理论：区域发展文化动力的探索及启示》，《国外社会科学》2012 年第 3 期。
③ 张静赞：《公共艺术与城市空间》，《艺术科技》2015 年第 12 期。

街头表演或街头艺人表演，是城市公共艺术表演最重要的类型之一。目前对于街头艺人，国内外学界还没有准确的界定。一般可简单理解为在街头卖艺、从事文艺活动的各类社会个体或群体。他们在街头伴奏演唱、弹奏乐器、跳舞、表演小丑，或者进行其他具有戏剧性的艺术表演活动，在公众艺术创作的同时获得来自观众的捐赠回报。美国学者帕特丽夏·J.坎贝尔（Patricia J. Campbel）1981 年在《戴帽子：美国街头艺人的生活》（*Passing the Hat*：*The Life of Street Performers in America*）一书中将街头艺人理解为在街头等公共场所为公众表演拿手绝活的艺人，包括一些音乐家、画家、行为艺术家等，他们通常是为了取悦路人并获得捐赠，其表演形式繁多，如演唱、乐器演奏、作画、表演杂耍等。东西方城市都存在街头艺人的表演，他们的表演又被称为街头表演。① 街头表演不同于街头艺术，它更加强调一种表演过程和观众的互动参与，香港对于街头表演的理解是在街上及公共空间进行的文化艺术活动表演，表演类型不限，并有可能涉及打赏。街头表演作为城市公共空间文化内容的一种，为城市再生、社会、政治、文化发展均带来积极影响。城市街头表演艺术已经发展为城市独特的文化景观，市民和游客驻足观赏街头表演活动，降低了文化消费的准入门槛，大大增强了大众文化的参与。

二　世界著名城市公共空间表演艺术的监管实践

伴随文化及相关产业的迅猛发展，世界文化发展进程不断加快，以大城市为核心的都市文化圈也呈现出多元发展态势，公共空间表演艺术便是表现之一，其中以纽约、伦敦、悉尼、新加坡、香港发展最为典型。

（一）纽约：设立专业机构，实施宽松管制

美国宽松自由的文化氛围使其文化艺术和文化产业发展较快，如好莱坞、迪士尼都处于世界领先地位。美国也存在形式多样的公共艺术，

---

① Patricia, J. Campbel, *Passing the Hat*：*The Life of Street Performers in America*, New York：Delacorte Press, 1981：24.

包括博览会、公益演出、画展等。文化产业的领先地位使得美国政府更加重视文化艺术领域的实践活动，公共空间表演艺术在纽约随处可见，纽约市政府也逐渐重视并进行实践管理。1904 年，美国地铁法律禁止地铁内卖艺、乞讨现象，但城市规章在街头卖艺监管方面基本处于空白状态，MTA① 规定 80 年内不准许街头表演和公共场所内的非法表演。随着非法表演的不断出现，1985 年 MTA 创立 MUNY② 机构对街头艺人表演进行监管。MUNY 项目最初的规则内容是定点选取 8 个地铁站台，制定较少的规章制度，不对街头艺人表演审核。宽松的环境，使得街头艺人的数量由 20 人发展到 140 人，1986 年 1 月因 MUNY 资金短缺项目暂停。1987 年 GEF③ 投资 75000 美元雇佣场地，组织咨询管理机构，MUNY 项目重新启动。1989 年地铁禁止表演的规定被废除，街头表演得到合法化确认。纽约 MUNY 项目将卖艺权给予具体的艺术家，他们被要求到达指定地点，在规定时间表演、卖艺，这是一种具有排外性的个人私人产权形式。MUNY 成员的挑选主要依据表演的质量、内容多样性等因素，每年要求 60 名申请人表演 5 分钟左右，入选的将收到 MUNY 颁发的资格证。目前 MUNY 大约有 350 多名成员，他们进入 30 个固定演出位置，实现安排演出的章程。针对非 MUNY 的街头表演，卖艺权是公共的，非 MUNY 项目的街头表演者没有固定的地铁场所，采用无形的产权法律"谁先发现谁占有"原则。④

如今，出于公共安全或者噪声防治考虑，美国居民区及医院附近禁止街头表演，合乎法律规范的街头表演活动获得认可。美国街头表演监管办法的多样化丰富了自由的美国文化，一个良好宽松的文化空间有利于提升街头表演活动的质量，美国政府提供了规范的表演空间与形式，让市民更加容易接受街头表演活动。

---

① MTA，全称为 Metropolitan Transit Authority（大都会运输署），是美国的公共交通管理机构，这一时期街头艺人表演对于公共交通的影响归属于大都会运输署管理。
② MUNY，全称为 Music under New York，该机构对获得资格证的人群进行管理，确保定时、定点进行街头表演。
③ GEF，全称为 General Electric Foundation，美国通用电气公司。
④ James Graham Lake："Demsetz Underground：Busking Regulation and the Formation of Property Rights"，*New York University Law Review* 10（2012）：1124–1130.

（二）伦敦：重点区域严格管控、普通地区宽松自由，实施持证演出制度

在英国，在 18 世纪初的城市化中，街头是唯一可以听到公共音乐演出的场所。19 世纪伦敦公共空间表演活动曾引起过一些市民、商业团体和市场贸易组织的投诉，于是政府开始实行由 LLAA① 负责监管的街头表演管理办法。管理规定指定的 7 个区域内的街头艺术表演者需要持证表演，目地是减少当地居民和商业组织的不便，而其他地区的街头表演活动则不受到该管理规定的限制。②

首先，授予证书，坚持持证上岗原则。伦敦公共空间表演管理由国家艺术委员会颁布细则，颁发上岗证，分配表演场地，规定时间和表演类型等，规定表演的场地不能距离市场太近，并设置了一个督导点进行监管。星期五和星期六需要持证才能开展表演活动，表演时间从早上 10 点到晚上 6 点，通常每 70 分钟需更换一个场地，一天大约更换六次，但不是示范城市是没有时间限制和持证要求的。LLAA 免除一些持证上岗的要求，如一些试点地区以外的区域或重大事件活动，如私人场所、宗教会议等，只需要获得私人场地所有者同意即可表演。

其次，细化表演资格证的申请程序。申请资格时需要递交申请书、表演项目细节、执照费，表演 6 个月所需费用为 15 英镑，需要缴纳公共义务保险等。街头表演证书的有效期一般是 6 个月。所有的街头表演许可证依据表演的内容进行审核，如果申请人以前被撤回过证件、不遵从章程、有犯罪问题等不会获准；如果表演活动对于公共安全等造成一定威胁、表演者对公共安全构成威胁，警察、委员会有权力撤销资格证。

最后，对表演资格证的使用进行严格规范。表演时所有演出者需要佩戴演出证和相关证件并在规定的时间、噪声范围和公共场所进行表演。伦敦对街头表演严格进行规范，如表演证书不得转移或者交由其他人使用、

① LLAA，全称为 Latina/Latino Alumni Association，总体是为了平衡街头艺人表演的权利问题。
② The Royal Borough of Kensington and Chelsea, *Street Entertainment（Busking）Policy of Draft Proposal for Busking Policy*, 2003, pp. 2-3.

音乐和演奏表演不得造成混乱和安全问题，不得阻碍公共交通，不得涉及化学和火种等元素，街头表演进行贸易需要开出收据，不得饮酒后进行表演等。如果街头表演没有遵从政策规定，如无证在试点地区进行表演，其错误的行为将会面临 1000 英镑的罚款。委员会当局有权力修改章程的细则。①

发展至今，伦敦的街头表演更加规范化与制度化，颁发了一系列街头表演相关资格证书，也允许街头表演者售卖有利于满足文化需求与发展的文化产品。管理条例适用于存在干扰和投诉的地区，其他地区在街头表演监管上实行自由放任的政策。伦敦的严格管控方式，不仅发挥了街头表演对城市文化氛围的充实作用，还有效地解决了重点区域街头表演与市民之间的冲突和社会治安问题。

（三）悉尼：财政分类扶持，利用许可证严格管控，保护本土特色文化和移民文化发展

澳大利亚政府积极倡导本土的特色文化和移民文化发展，认同多元文化的存在，街头表演如今已经发展成为具有悉尼特色的公共文化表现形式。19~20 世纪悉尼的街头表演对公共秩序造成干扰，当时街头表演监管主要依据公共秩序法。进入 21 世纪，悉尼街头表演的地位由模糊不定到法律明确支持，政府确定许可证制度，在时间、声音、表演场地等方面进行审查和监管。为了保护街头表演的合法权益和减少其带来的不利影响，澳大利亚率先对街头表演实施持证上岗的管理办法，对街头表演实施法制化监管。

在悉尼，公共空间表演者是一种非常正式的职业，他们通常由巡警进行管理和监督，管理和监督的内容包括表演规范性、治安危害、零售商品品类等。在表演资格审查方面，悉尼街头表演需要持当地工作许可，如澳大利亚的税号或公司注册号，并且需要本人向当地的市政厅申请卖艺许可证。悉尼表演许可证有标准卖艺许可证、特殊卖艺许可证、涉及危险材料

---

① The Royal Borough of Kensington and Chelsea, *Street Entertainment（Busking）Policy of Draft Proposal for Busking Policy*, 2003, pp. 6~18.

使用的许可证三种，在有效期限内持有这些证书需要缴纳一定费用，13 美元维持 3 个月，47 美元维持 12 个月。[1] 警察对于固定场所的表演进行身份登记，并收取演出收入税金。悉尼的公共演出场地管理严格、数量较少且呈现不断下降的趋势。街头表演者申请表演场地需要得到当地委员会和公共娱乐许可机构的批准，且收费较高，这种严格的申请制度还需要律师、检查工程师、公共责任保险公司等许可，所有这些都要求表演者投入金钱，这对于新入行的表演者来说是一大障碍。因此，许多表演团体依靠酒水、衍生产品获得收入，而澳大利亚对于酒水的销售需要获得专门销售许可证。同时街头表演仍然面临着噪声、安全、监管等问题，这些都需要专门的人力、设备、资金的投入。以上情况的存在大大削弱了澳大利亚整体城市文化活力。

悉尼对城市艺术发展的财政主要用于高雅艺术或者明确规定的演出行业，如悉尼委员会 40% 以上的资金用来支持管弦乐队等高雅音乐，没有得到官方认可的艺术形式很难获得财政补助。[2] 因此，悉尼在重视街头表演权利和自由的前提下建立当地表演监管机构，形成宽松革新的文化环境，悉尼街头表演在很大程度上是一种志愿或者半志愿的活动，政府提供相对宽松的管理办法，保护城市公共空间中艺术表演个体的活力，与表演者共筑城市文化特色。

（四）新加坡：成立国家艺术委员会实施总体监管

新加坡政府推进自由贸易的经济政策促进了人才的引进和科技的发展，完善的法律制度使得新加坡这座城市走上可持续发展道路。20 世纪以来，新加坡街头表演者日益增加，吸引了更多游客带动新加坡旅游产业的发展，文化旅游产业的发展又拉动了消费，改变了单一的商业气息，为城市旅游地创造艺术活力。但是新加坡的城市密度非常大，公共空间相对有限，交通或噪声等社会问题本就严峻，公共空间表演艺术的存在给城市管

---

[1] Julia Quilter and Luke Mcnamara："Long May The Buskers Carry On Busking：Street Music and the Law in Melbourne and Sydney"，*Melbourne University Law Review* 1 （2015）：541-549.

[2] Julia Quilter and Luke Mcnamara："Long May The Buskers Carry On Busking：Street Music and the Law in Melbourne and Sydney"，*Melbourne University Law Review* 1 （2015）：41-549.

理带来更大的考验，影响了城市的可持续发展。因此，1998 年底新加坡政府成立了国家艺术委员会监管街头表演活动。

　　新加坡获得公共空间表演资格过程较为复杂、审核较为严格。在申请人资格方面，需是新加坡国籍或拥有永久性居住资格的居民，留学生申请表演资格证需要学校书面推荐，外国居民申请需要就业证明或者大使馆的证明。另外，街头表演资格申请无年龄限制，但年龄低于 17 岁的申请人需要家长或者监护人的同意。人员数量方面，申请人员大于 1 人不超过 10 人的演出团体填写 A2 表格，其余单个演出申请者需要填写 A1 表格，演出申请者随后将填写完整的申请表格发送给相关机构。申请一般会在 6 个工作日内受理，由相关机构核对申请信息和内容。申请无需费用，只需要通过电子邮件或者纸质邮件的形式交一份申请表格。如果证件遗失需要缴纳 20 美元重新补办。[①] 在审查内容方面，街头表演申请者需要在指定地点预审，主要考察申请人对于街头卖艺指导章程的认识。需要申请人带够自身的器材和设备展示 5 分钟表演内容，对于扩音设备只允许使用充电器材，要求申请人必须进行现场表演，不得使用录像等设备代替。团体申请者需要至少两个人到场进行预审，目的是考察表演的效率与观众参与度情况，这一部分的审查标准主要为申请人的演出能力和技巧、自信度和表现能力、观众互动情况、创新性等方面，它是最为严格和关键的一个环节。一般申请人会在 4 周内获得申请材料结果，街头表演资格证书是确认演出合法性和获取观众认可的凭证。[②]

　　总之，新加坡的国家艺术委员会目标在于为街头表演者提供更多在公共场所表演的机会，使民众有更多机会接触艺术。虽然新加坡国家艺术委员会不断地对街头表演进行严格审核，其管理办法较为严格并不断进行着调整，但是新加坡的街头表演者仍然充满热情。新加坡的法制氛围增强了街头表演者的信心和城市的可持续发展能力，将街头表演打造成新加坡的一张城市名片和旅游景观，彰显城市文化品位。

①　Humairah Bte Zainal："Power, Place and Space in a Sustainable City：A Case Study of Buskers in Singapore's Orchard Road", *CAAS 4th International Conference at NUS*（2013）：75-86.

②　Humairah Bte Zainal："Power, Place and Space in a Sustainable City：A Case Study of Buskers in Singapore's Orchard Road", *CAAS 4th International Conference at NUS*（2013）：75-86.

（五）中国香港：倡导适度管理，总体发展较为缓慢

香港是一座中西文化交融共生的现代城市，香港的街头表演群体主要是一群富有创新精神和热情的留学年轻人。从 1920 年开始，香港庙街聚集许多卖唱、卖艺和表演粤剧等的人，他们主动索要钱财，这个是香港街头表演雏形，即庙街时期。1997 年尖沙咀活动中心出现街舞，具有表演和社交的意味，当时的街舞表演者会被管理员驱赶，没有政策支持他们的活动自由。2000 年香港特区交通运输署设立行人专用车道，2003 年街头表演者聚集在行人专用车道进行表演，但是该行为引起部分市民和路人不满，并将街头表演告上法院，但是法院最终驳回上诉，因为依据《香港基本法》第 34 条的规定，香港市民有文化活动自由的权利。[①] 香港的街头表演有明确的管理标准和衡量准则，通过《噪音管制条例》对街头表演声音进行限制，对表演空间和时间也明确划分，如不同表演者在同一空间需保持适度距离以免相互干扰。从根源上讲，解决香港街头表演问题还应划分足够的表演空间并合理开发新公共空间，提升街头表演者自身素质，增进理解与支持。

总体来看，香港街头表演的发展较为缓慢，并无明确的规章制度。一方面公众对于街头表演的欣赏停留在表演者的技能，较少考虑创新和趣味性；另一方面街头表演者群体面临场地冲突问题，街头表演所带来的交通阻塞、噪声、财力和精力的损失都会对街头表演群体造成影响。街头表演监管需要从长远考虑，为街头表演提供更多的发展空间和机会。大部分的香港街头表演者支持适度的管理，认为管理有助于提升表演质量和自身的身份认同，香港至今依然没有表演许可证的问题也亟待解决。

（六）其他城市表演监管

目前世界上其他许多地区也都开始探索街头表演监管实践，例如比利时对街头表演的管理极其复杂，在表演时间、场所、同一区域表演限时等方面都做出了详细规定，平衡了市民、政府、表演群体等各方利益。巴西对于街头表演持宽松的管理办法，没有具体的管理条例，但是随着街头表

---

① Street Performance in Hong Kong: Policy Recommendation Paper, 2016, pp. 6-7.

演的不断增加，也出现了一系列社会和环境交通问题。俄罗斯莫斯科认为街头表演是一种非法群体性活动，对于街头表演实行严格的惩罚措施，但是莫斯科仍然不断出现街头表演。西班牙马德里对于街头表演实行严格的管制，包括一系列审查系统、禁止扩音设备的使用、严格的惩罚措施。中国台北街头表演管理实行资格证制度，由专业人士对申请者进行审核，审核一年两次，表演类型分为视觉类、艺术类、创意工业类，目前共有70多个表演场地。美国芝加哥有街头表演执照和运输管理局表演执照，一般在4个隧道和市中心进行表演，规定声音不得高于80分贝。美国洛杉矶没有资格证制度，一般表演时间是早上10点到下午7点，在住宅区或者其他区域不得使用扩音设备。旧金山在有牌照和无牌照街头艺术管理方面有所差异，有牌照的表演者可以表演4个小时，无牌照的表演者依据先到先表演原则只能表演半个小时，同时街头表演者需要购买保险，在噪声和区域方面也有所限制。荷兰阿姆斯特丹则是有牌照可以表演40分钟，无牌照表演30分钟，下午11点之后不可以进行表演，不得使用扩音设备和一些危险设备。① 不同国家或城市的实践为共筑国际共通的公共空间表演艺术监管机制提供了丰富参照，无论是政府严格管控型，还是放任自主型，抑或是有限监控型，都应尽可能地结合地方文化实际，摸索出符合自身特点的监管机制。

三 城市公共空间表演艺术的差异及对中国的启示

（一） 城市公共空间表演艺术监管的差异分析

1. 法律完善程度不一

我国内地至今没有形成完整的法律和制度来进行街头表演管理和监管，相较于中国内地，纽约、悉尼、新加坡的街头表演监管法律形成较早，管理办法也各有独特之处。美国有大量涉及街头艺人表演权利的法律

---

① Paul Simpson: "Street Performance and the City Public Space, Sociality, and Intervening in the Everyday". *Space and Culture Review*4 (2011): 415-430.

法规，大多数法律都体现了艺术自由权利，街头卖艺是艺术自由权利的一种，应当受到保护。悉尼1860年爆发了反对街头表演的运动，政府对于街头表演的限制进一步加强，街头卖艺被看作乞讨现象并且被明确禁止。19世纪末20世纪初，悉尼市政府通过管理措施调控噪声、公共设施、道路贸易与健康问题，减少街头表演产生的负面影响。1970年街头卖艺属于非法现象，一经发现，警察给予街头艺人足够的时间撤离以避免罚款。进入21世纪澳大利亚政府颁布了《澳大利亚·悉尼街头艺人管理办法》，条文规定街头艺人申请资格和资格证书类别。① 新加坡国家艺术委员会1997年制定《表演管理条例》，主要从街头表演的时间、地点、声音、内容和零售等方面进行规定。

2. 监管目的不同

纽约、伦敦、悉尼、新加坡、香港这五个城市的街头表演监管都有各自的出发点。纽约是街头表演最多和最自由的城市，只要街头表演没有制造社会问题和犯罪问题，当局对于街头表演的态度就较为宽容。相较于纽约，英国伦敦街头表演实行因地制宜的管理办法，依据不同环境，设置不同的持证管理区域，一些医院附近或者需要噪声隔绝的居民区域不在定点演出范围，防止附近居民受到噪声影响。悉尼市政府将街头表演考虑进政策制定和实施的过程，目标是发挥街头艺术对于城市公共空间发展的创造力。澳大利亚颁布许可证制度的先驱实践是为了调控而非禁止街头卖艺活动，目标在于增加城市文化空间生机。新加坡政府通过培育创造性团体和个人，发挥街头表演塑造街道特色和丰富城市生活的作用，打造全球性城市。香港特区政府则希望通过街头表演创造一个平台，展现雅俗共赏的表演和推广香港文化，形成一个多元、有特色的社会，而不单单是购物天堂。每个城市的监管初衷都不同，这主要取决于国家或地区的文化调控态度和城市的特色文化氛围。

3. 监管风格各异

不同城市会根据城市发展程度、社会政治和文化因素，对街头表演实

---

① Julia Quilter and Luke Mcnamara：“Long May The Buskers Carry On Busking：Street Music and the Law in Melbourne and Sydney”，*Melbourne University Law Review*1（2015）：541-549.

施不同的管理办法，形成不同的管理风格，如严格监管、宽松管制和因地制宜等。纽约自由宽松的街头表演管理促进了文化的多元性和包容性，完善了美国相关的法律制度。英国伦敦采用"二分法"标准管理城市街头表演，保护了特色文化的活力与创新力。澳大利亚悉尼率先对街头表演实施持证管理，激发了城市文化活力，为其他城市街头表演管理做了示范。新加坡依托法治文化对街头表演实践进行可持续管理。中国香港希望通过适度管理街头表演树立城市文化品牌。总之，城市化程度较高的城市对街头表演的态度倾向于肯定其对城市活力与包容度有正向促进作用，能够重塑社会网络，构建舒适自由的城市公共空间。

（二）与中国内地公共空间表演艺术监管的比较与启示

相比较西方资本主义国家，中国内地实施的是中国特色社会主义制度，在街头表演管理方面将社会效益置于首位，旨在发挥街头表演在城市公共空间的积极影响，丰富市民文化活动内容，激发城市活力与生机。首先，经济较为发达的国家在街头表演监管方面已经有着较为丰富的经验，已经成立了专门的管理机构和安排专项资金，有着较为完善的法律支撑，又有强有力的经济支持，能够不断完善街头表演监管内容。我国对于街头表演监管开展时间较晚且不成熟，没有专项资金进行扶持与帮助，街头表演活动规范有待健全。其次，中西方民众的思想观念差异也是导致街头表演监管差异的重要因素。西方国家民众认可和尊重街头艺人，愿意主动打赏，而我国民众对街头表演还存在一些刻板印象。最后，社会文化的包容性也是对街头表演观念差异的一大要素。西方发达国家的社会文化环境相较于中国更为开放多元，对待街头艺人更为包容和支持。

在街头表演监管上，内地至今没有独立的法律法规，街头表演监管能动性较差制约了街头表演的发展。对此，内地在街头表演监管实践中可以制定表演时间、场地、声音分贝、售卖与空间规划等相关规定。参照以上城市的经验，结合中国内地自身特点，可以试行以下一些具体举措。一是成立专门的街头表演管理机构，拨付街头表演管理专项资金，向社会公开招募专员进行演出的策划和管理，防止责任不明和资金不足、人力短缺等问题。二是规范街头表演内容管理制度、内容管理细则，以严格的措施保证团队整体艺术水平。三是实施持证上岗制度，划定合法的演出场所并加以维护，给予表演者更多的尊重与理解。四是走经纪化运营，可将街头表演当作一个经营性演出，通过联合演出团体和演出承接方成立专门的演出经纪公司，为街头表演提供专业化运营渠道，推进演出协作化发展。五是成立第三方机构对演出进行专业化评估，如以人流量、掌声、笑声、打赏、停留时间等为标准评估表演效果。

　　总之，街头表演或其他形式的城市公共艺术表演者不同于城市中的乞讨人员，他们是一群通过自身的表演给观众带去轻松与享受、缓解城市压力的群体。他们通过形式多样的表演内容增添城市文化气息，成为都市休闲的重要部分。无论监管制度如何实施，其宗旨都应是让表演艺术成为城市活力的增加器，促进城市开放包容，提升居民归属感、幸福感。

红色文化元素融入现代服饰设计的策略探析

熊海峰　仝　凡*

摘　要： 红色文化是指由中国共产党领导中国人民在革命、建设与改革开放过程中所形成的物质和精神财富的总和，是社会主义先进文化的核心组成部分，具有深厚的历史内涵与当代价值。本文围绕红色文化元素如何融入现代服饰设计这一主题，深入分析了红色文化在当代的多元价值，以及融入现代服装设计中的具体情况和主要问题，并从挖掘红色文化内涵、增强现代性阐释、坚持实用导向、创新呈现方式以及强化传播推广等方面提出了策略建议。

关键词： 红色文化元素　现代服饰　设计

"红色"之于中华民族早已成为一种民族基因。目前对于红色文化内涵的解释大多分为两类：一类聚焦于红色文化的狭义定义，即特指革命文化，包含在新民主主义革命时期与社会主义建设时期产生的井冈山精神、长征精神等，是"作为物质文化、精神文化以及制度文化的统一体"。① 广义层面的红色文化是中国共产党领导中国人民所创造的物质文化与精神文化的汇总，既包含革命年代所形成的革命精神，也包含改革发展时期的探

---

* 熊海峰，中国传媒大学文化产业管理学院硕士研究生导师，主要研究方向为策划理论、文旅融合；仝凡，中国传媒大学文化产业管理学院硕士研究生，主要研究方向为文化传承利用、文化旅游。

① 辛锐：《浅析红色文化的内涵及开发》，《人民论坛》2013 年第 11 期，第 206~207 页。

月精神、航天精神等。① 整体而言，红色文化的存在不受时空局限，表现形式多种多样，天生具有"民族性、人民性、革命性、实践性、开放性、时代性等特征"②。在当前的时代背景下，红色文化还承担着抵抗历史虚无主义、增强民族自信与文化自信、提升认同感的重要作用，是中华民族鲜明而独特的精神标志。

一 红色文化的当代价值

红色文化在历史发展进程中逐渐形成与演进，具有深厚的历史积淀和强大的生命活力，既蕴含着老一辈的为民情怀与坚定信仰，也纳入了时代发展所需要的拼搏与奋进精神，在新时期彰显出更加多元与广泛的价值。

（一）红色文化的精神价值

回顾党史、新中国史、改革开放史、社会主义发展史，正是无数的英雄烈士胸怀信仰、敢为人先、忘我牺牲，才换来了我们民族的独立、人民的解放、国家的富强，他们用伟大的精神挺起了中华民族的脊梁。当前，世界正经历着百年未有之大变局，各种观点交流交锋更为激烈，红色文化所具有的艰苦奋斗、为理想和信念不懈努力的精神，能够陶冶人们的情操，帮助人们建立起积极健康的人生观。例如沈尧伊取材长征所创作的《革命理想高于天》，就展现了共产党人不畏艰难险阻、勇敢向前的革命精神，鼓舞着青年人奋力向前。

（二）红色文化的艺术价值

红色文化大多由中国革命及建设历程中浓墨重彩的人、物以及事件所组成，并通过人、物、事的相互建构形成了人们对于特殊年代的集体记忆。这种故事的丰富性、人物的典型性和精神的感染力，让红色文化蕴含着不可估

---

① 杨栋：《红色文化的内涵解读与时代价值》，《红色文化学刊》2020年第1期，第84～92、112页。

② 沈成飞、连文妹：《论红色文化的内涵、特征及其当代价值》，《教学与研究》2018年第1期，第97～104页。

量的艺术价值，成为艺术创作的源头活水，为产生先进的文化艺术成果提供了广阔而生动的题材。例如广为人知的《东方红》《红色娘子军》《长征组歌》《红灯记》等经典作品，就取材于革命实践。红色文化为艺术创作增加了历史厚重感，赋予了文化灵魂，提升了艺术的内在价值。

（三）红色文化的经济价值

近年来，"随着我国经济快速发展和国家对于红色文化的科学开发和保护，红色文化开始与旅游、影视等产业广泛结合，孕育了红色旅游热、红色影视热等社会现象，还出现了以文化促经济发展，以经济促文化传播的新的发展模式"。[①] 其中表现最为明显的便是红色旅游业。2020 年我国红色旅游出游人数超过 1 亿人次，在国内旅游市场中维持 11% 以上的市场份额。携程联合新华财经发布的《2021 "五一" 旅行大数据报告》显示，"红色旅游" 关键词在五一期间环比增长约 7 倍，与 2019 年同期数据相比，红色旅游景区订单量实现约 375% 的增长。在游客群体画像中，"Z"世代占比近 50%，其中 "00 后" 的红色旅游预订量同比涨幅超过 630%。

二 现代服饰是传承红色文化的重要载体与方式

目前红色文化传承方式主要为红色教育、红色旅游、红色演出、红色视听节目等，但要促进红色文化传承的日常化、生活化，形成更为热烈和广泛的氛围，还需要创新方法、路径与载体，不断地推动红色文化 "破圈" 发展。其中，现代服饰设计无疑是一个重要的领域。

（一）服饰的日常性和大众性推动红色文化融入生活

人们的生活离不开衣食住行，服饰是人类最基本的生活需求，我们所有的日常活动几乎都离不开服饰的参与。因此，服饰可谓反映一个时代文化总体风貌的集中窗口，具有重要的文化传承与创新传播功能。例如中国

---

① 王小康：《红色文化的社会价值探析》，《中共郑州市委党校学报》2011 年第 5 期，第 80～82 页。

李宁升级改版后的款式造型，便掀起了将国家名字穿于身上的"国潮"。在实现中华民族伟大复兴中国梦的新时期，传承红色文化的价值与必要性更加凸显。借助日常服饰等载体，让红色文化更深入地走进人们的日常生活，无疑具有重大意义。

（二）服饰设计语言的创意性增强红色文化的创新表达

服饰是最常见的"艺术品"，显示着人们的审美趣味与追求。在"日常生活审美化"已成为时尚潮流的背景下，消费者对于日常服饰的审美要求越来越高，服装设计语言也越来越丰富，更加具有创意性和表达力。在红色文化元素融入服装设计的过程中，设计师通过对其进行创意性的解码与编码，让红色文化更具表现张力。例如陈娟红在其独立品牌首秀《红's》中，以红色文化作为创作灵感，在选取雷锋元素与五角星元素后，通过一系列重组、缠绕、编织等手法对服装进行解构设计，以此表达红色文化精神。[①]

（三）服饰潮流的变迁不断丰富红色文化的内涵与符号

伴随着人们消费的升级，当下服装设计进入了更加多元、更快速迭代的发展新阶段。现代服装设计对传统文化不只是简单的复古传承，更是在基于时代需求和文化潮流的基础上，结合设计语言，对传统文化内涵的重新解读与符号创新，让传统文化跨越了时间、空间的限制，展现出新的时代魅力。就红色文化传承而言，在服饰潮流的快速变迁中，红色文化的内涵与符号无疑会变得更加丰富，更具有时代的朝气与精神。

三　红色文化元素融入现代服饰设计的状况与主要问题

（一）当前主要融入形式

红色文化元素内涵丰富，表现形式多样，在现代服饰设计中的运用大

---

① 刘师羽、刘沛：《服饰设计中"红色文化"之运用》，《流行色》2020 年第 5 期，第 19~20 页。

致可分为如下几种情况。

第一，直接运用红色文化要素。这种方式在红色文化主题的服装设计中最为普遍。常见的元素有红色徽章、红色人物肖像、红色文化宣传语等。设计者通过"粗加工"的形式，对红色文化元素直接加以利用。该类服装具有直接传递信息的功能，且具有一定的视觉冲击。例如 2021 年初，MAGICBUS 和力嘶 RIOREX 联名合作为崔健推出的"红星帽"，便是直接利用红色五角星符号，以此来寓意中国摇滚迈上新征程。

第二，概括提取红色文化元素。德国著名设计师迪特·拉姆斯提出："现代设计的责任是'更少，但更好'。"① 为了更好地表达红色文化的丰富内涵，一些设计师在把握红色文化核心内涵的基础上，也会通过符号化、抽象化、简约化的方式，对红色文化要素进行提炼，从而达到"少即是多"的艺术效果。例如一些设计品质优秀的红色文化衫。这种方式要求设计师不仅具备较高的艺术素养以及审美能力，还具备较高的文化解读与理解能力。

第三，原有红色文化服饰的再升级。传统的红色文化服装大多拥有固定的穿戴人群，其中最为典型的便是军装。设计师们运用现代的艺术设计语言对原有服饰进行创造性改造，形成新的服饰类型。例如汪丽群的服装作品《万水千山只等闲》，便是对革命军装进行改造与升级，使其不同于过往直筒式设计，而是通过剪裁让服装更为修身，以适应当下的审美需求。

（二）现存的问题分析

整体而言，当前大部分红色主题的服饰设计只是生搬硬套红色形象或要素，没有深入研究造型美学并创新设计语言，更没有以功能性美学与人们的情感为核心进行创作，主动承担起传承红色文化的责任。具体来说，主要存在如下几个方面的问题。一是内容上缺少红色文化内涵。服饰设计中对红色文化元素的使用常会以"红色"的色彩取代其丰富的文化内涵，或使用简单的设计手法，直接将红色文化元素复制于服饰上。二是没有深

---

① 　王小雷、王洋：《服装设计中的可持续设计策略研究》，《纺织导报》2018 年第 8 期，第 80~83 页。

入挖掘红色文化价值，没有对红色文化进行现代性的阐释，故而难以将红色文化与时代需求有机融合，让消费者难以感受到红色文化的当代魅力。三是形式上创新创意不足，服装造型跟不上大众审美的变化，做工比较粗糙，档次相对较低，难以给消费者留下良好的第一印象。四是在传播推广上力度不足。当前各类服饰琳琅满目，红色文化主题服饰属于偏小众类，由于宣传推广不足，市场规模不大，设计师关注不多。

四　红色文化元素融入现代服饰设计的几点建议

伴随消费升级，人们对于服饰的追求也逐渐提升至内涵格调的层面。所以对于服装设计而言，"设计的成功与否起关键作用的是文化内涵的设计，文化内涵是产品设计的灵魂所在"。① 而红色文化作为社会主义先进文化的核心组成部分，将其融入服饰设计中不仅具有极强的社会意义，同时还富含着丰富的艺术价值。但从服饰行业内的实际情况来看，对红色文化的开发利用较少、层次较低。要更好地促进红色文化元素融入现代服饰设计，还需从以下方面着力。

（一）深入挖掘红色文化内涵，提炼红色文化要素

红色文化是中国共产党在特定历史时期所创造的物质财富与精神财富的总和。弘扬红色文化，重在弘扬红色精神。红色精神不仅包含井冈山精神、长征精神、延安精神、红岩精神等传统的红色精神，还包含和平年代的"两弹一星"精神、抗击非典精神、载人航天精神等多种类型。在红色主题的服装设计中，要加强对红色史料和故事的搜集、整理与研究，挖掘出红色"人、物、事"背后的内涵价值与精神实质，并提炼、创造出典型性的文化要素符号，进而将其创新性地应用到服饰设计中。好的红色文化主题服饰设计，不是直白的说教和刺眼的符号，流于表面与庸俗，而是有其内在的文化底蕴和价值逻辑，让人穿于身而感于心，涵育出强大的精神力量。

---

① 程晓莉：《东莞红色文化背景下"红色"服饰的传承与创新》，《辽宁丝绸》2020年第4期，第17~19页。

(二) 增强红色文化现代阐释，推进系统性设计创新

红色文化是开放的文化，在新的历史时期被赋予新的时代内涵。服装设计师需要结合市场需求和时代文化观念，对红色文化进行现代解读，形成自己独特的设计理念，并在此基础上进行系统性创新。首先，对面料进行更新。传统的红色文化服饰多采用柔软度较低、偏厚的材料，面对当下人们轻便、简约的穿戴需求，应及时调整，如采用丝质面料，或配以其他面料进行修饰，增强服饰的整体舒适度。其次，对色彩搭配进行改变。大部分红色文化服饰都以红色为主色调，但往往容易形成刻板印象，失去服装应有的艺术性。因而在色彩搭配上，设计师可以选用色调较为明亮的颜色进行组合创作。最后，进行纹样适配。服装图案设计应避免简单的照搬，而是要将设计理念与红色文化中的特定对象联系起来，以帮助消费者在看到图案时联想到其所表达的文化意涵。

(三) 以实用需求为导向，强化创意与功能的有机统一

马克·雅可布曾说过："除非有人穿用，服装本身毫无意义。"红色元素服装设计，不仅要考虑产品的红色文化元素呈现的创意和服装整体的审美价值，还应该注重服装的实用功能。服装作为一般消费品，具有高频次、高消耗的特点，所以融合红色文化元素的当代服装不仅要考虑其作为服装所应具有的设计美感，更应该进一步考虑其作为服装本身所应具有的实用价值，需要"考虑产品百搭性、可拆卸性或可装配性设计，同时还需要考虑材料或零部件的可用性，通过发散性思维创新结构或材料，优化产品，使资源得到最有效的利用"。在市场上，尤其是在高端市场中，部分红色文化元素的服装设计过于注重产品的外在审美性，产品本身实用功能却被淡化。只有把文化创意和功能性完美结合的产品，才能真正称得上优秀的红色文化服装，只有"强化产品的商品价值，重视功能性的开发，才能提高消费者对产品的注意力，扩大市场占有率。"① 例如女装品牌茵曼也以"红色"为主色调，以"长征"为设计元素，推出了"新长征"系列

---

① 刘兴：《红色文化在文创产品设计应用中的问题及对策探究》，《传媒论坛》2020 年第 3 期。

产品。这不仅是对长征的致敬，对长征精神的时尚解读和诠释，同时也具有较强的实用价值。

（四）加强宣传与展示，推动红色文化成为时尚设计潮流

目前红色服饰在市场中主要以红色活动文化衫以及红色文化文创服饰的形式存在，大众关注度较低，尚未形成社会潮流。因此，在建党一百周年，社会各界掀起学习党史、弘扬红色文化之际，红色主题服饰应巧借东风，将经创新创意后所设计的红色服饰加以宣传展示，增强红色服饰的影响力。在这一过程中，服装设计师应当承担起推陈出新的重要责任，深入学习了解红色文化，洞察红色精神，提炼红色文化的艺术符号，设计出优秀的红色服饰，然后借助现代媒体力量积极表达，增进消费者对于红色文化服饰的价值认同，推动红色文化成为时尚设计的潮流，从而让红色主题服饰成为红色文化传承与创新的重要载体，推进红色文化走入日常、走进生活，为中华民族伟大复兴涵育强大的精神力量。

区域文产

促进北京市文化企业坚持正确导向履行社会责任的对策研究

仇　博*

摘　要：进入新发展阶段，贯彻新发展理念、构建新发展格局对推动文化企业改革发展提出新的要求，需要不断完善制度和政策体系，形成政府、企业、社会三者协作、共同推动文化企业社会责任履行的良好格局，促进文化企业高质量发展。近年来，北京市健全把社会效益放在首位、实现社会效益和经济效益相统一的体制机制，下一步要发挥文化经济政策的激励约束作用和扶持保障作用，确保社会监督取得实效，营造良好的市场环境。文化企业要建立健全社会责任管理体系，坚定文化自信，担当文化使命，更好地满足人民群众精神文化生活新期待。

关键词：文化企业　社会责任　激励约束

2021年2月，中宣部等部门印发《关于文化企业坚持正确导向履行社会责任的指导意见》，明确了文化企业履行社会责任的总体要求、基本原则和重点任务，要求各地区结合实际研究制定具体措施，抓好贯彻落实。近年来，北京市健全把社会效益放在首位、实现社会效益和经济效益相统一的体制机制，制定出台《关于加强分类监管推动市属国有文化企业健康

---

* 仇博，中共北京市委宣传部改革办四级调研员，主要研究方向为传媒经济。

发展的实施意见》《关于深化市属国有文化企业改革的意见》等政策文件；完善激励约束机制，加大社会效益考核权重，建立有文化特色的文化企业考核评价体系；加强资金支持，"投贷奖"等扶持资金重点支持符合全国文化中心定位、积极弘扬符合社会主义核心价值观、彰显首都文化特色的文化产品，推动北京市文化企业在服务保障国家重点任务、坚持高质量文化供给、应对疫情复工复产、对口帮扶脱贫攻坚等方面积极履行社会责任。但进入新发展阶段，贯彻新发展理念、构建新发展格局对推动文化企业改革发展提出新的要求，需要不断完善制度和政策体系，建立健全激励和约束相结合的体制机制，努力形成政府、企业、社会三者协作、共同推动文化企业社会责任履行的良好格局，促进文化企业高质量发展。

一　坚持分类支持指导，发挥政府引导规范作用

（一）引导国有文化企业发挥示范引领作用

国有企业是中国特色社会主义的重要物质基础和政治基础，国有企业不能简单追求利润最大化，而是要为社会公共利益服务。2016年北京市已印发了《关于市属国企履行社会责任的指导意见》，确定北京市属国企履行社会责任的基本原则和工作目标。2021年经市委深改委会议审议通过的国企改革三年行动实施方案，强调要推动国有企业成为履行社会责任的表率。在文化领域，国有企业应该充分发挥在引领风尚、教育人民、服务社会、推动发展等方面的作用。2016年，为落实中央《关于推动国有文化企业把社会效益放在首位、实现社会效益和经济效益相统一的指导意见》，北京市印发了《关于加强分类监管推动市属国有文化企业健康发展的实施意见》，对市属国有文化企业实施分类监管，明确各类企业属性，更好地实现国有文化企业的社会功能和竞争效能。接下来要把对国有文化企业实施分类监管与深化国有文化企业改革紧密结合，分类指导国有文化企业结合自身特点坚持正确价值导向，履行好社会责任。对公益类文化企业，要突出公益职责，引导其以提供公共文化产品和服务、保障文化民生、更好地服务社会为目标，提高传播力和影响力；对竞争类文化企业，引导其以

增强企业活力、做强文化主业、实现国有资产保值增值为目标，进一步增强实力和竞争力，实现社会效益和经济效益相统一。特别是对战略竞争类企业，其中，对传播类企业应突出其先进性，引导其服务文化创新、传播先进文化，扩大优秀文化产品和服务的覆盖面和影响力；对投资运营类企业应突出其前瞻性，引导其优化资源配置，培育文化新业态新模式新动能；对综合经营类企业应突出其引领性，引导其着眼产业发展趋势，增强文化创新驱动发展能力。

（二）引导文化企业结合行业特点明确发展目标

各类文化企业都应自觉弘扬和践行社会主义核心价值观，树立正确的历史观、民族观、国家观、文化观，坚守中华文化立场，反映中国人审美追求，维护国家文化安全和社会公共利益，维护社会公序良俗，承担社会责任和道德责任。对不同行业的文化企业，应突出行业特点，结合社会发展阶段和行业发展需求，引导其有差别地确定社会责任和发展目标，提高各类企业履行社会责任的主动性和积极性。如新闻信息服务类企业要突出价值导向，奏响新时代发展强音；内容创作生产类企业要突出思想性、艺术性、观赏性，创作生产具有中国气派、首都水准、北京特色的精品力作；创意设计服务类企业要突出时代性，注重文化传承，提升北京设计的国际影响力。

（三）发挥文化经济政策的激励约束和扶持保障作用

对坚持正确导向、履行社会责任表现突出的文化企业和产业项目，应加大宣传和政策扶持力度。完善财政、金融、土地、产业等政策措施，给予坚持正确导向、履行社会责任表现突出的文化企业更多政策支持。支持文化企业和文化产业发展的财政资金，向坚持正确导向、履行社会责任成绩突出的文化企业倾斜。对社会效益突出的国有文化企业，在绩效考核、绩效薪酬等方面加大激励力度。鼓励国有文化企业在项目投资、股份制改革、招投标等选择合作对象时，优先考虑在坚持正确导向、履行社会责任方面表现突出的企业。

（四）健全市场监管机制营造良好市场环境

公平有序的市场竞争环境，是企业健康发展的重要保障。要加强文化市场监管，维护市场秩序，强化文化市场综合执法，对唯票房、唯收视率、唯发行量、唯点击率等问题，加大监管引导力度。严格规范内容评价，建立电视剧、综艺节目等评价系统，把专家评价、媒体评价和受众评价结合起来。加强节目数据统计、发布、应用的统筹与规范管理，杜绝刷排名、买热搜、伪造流量等炒作行为。

二　完善内部制度体系，增强企业主体履责能力

（一）完善生产经营机制

文化企业应健全有文化特色的现代企业制度，将坚持正确导向、履行社会责任同健全法人治理结构有机统一起来。企业主要负责人应作为坚持正确导向、履行社会责任的第一责任人，各类文化企业应建立与生产经营特点相适应的内容审核机制。从事新闻信息服务和内容创作生产传播的文化企业，应发挥编辑委员会、艺术委员会等专门机构作用，总编辑、艺术总监等要履行好内容审核职责，创作生产传播提供品质优良、种类丰富、业态多样的文化产品和服务，更好地满足人民精神文化生活新期待。

（二）健全内部管理制度

文化企业应完善内部运行机制，建立健全社会责任管理体系，特别是国有文化企业要把坚持正确导向、履行社会责任融入企业发展战略规划和生产经营活动全过程，在制定企业章程、出台改革方案、优化产业布局等工作中突出社会责任理念。要健全坚持正确导向、履行社会责任的决策机制，涉及重大项目投资决策的，应开展社会效益评估，将评估结果作为决策的重要依据。要在劳动人事、收入分配等各项管理制度中，体现坚持正确导向、履行社会责任，对涉及内容创作的部门和岗位加大社会效益在绩效考核中的权重。

（三）增强企业使命担当

文化兴则国运兴，文化强则民族强。文化企业要坚持以人民为中心，坚定文化自信，担当文化使命，把社会价值投资作为履行社会责任的重要内容，将履行社会责任与企业品牌塑造、无形资产积累等相结合，建立履行社会责任的长效机制；要积极投入公益慈善事业，弘扬企业家精神；要定期发布履行社会责任报告，梳理坚持正确导向、履行社会责任的制度安排和主要成效，交流把社会效益放在首位、努力实现社会效益和经济效益相统一的做法经验，对监管部门和社会公众关注问题及时回应处置的情况等。国有文化企业和文化上市公司应率先向社会公布坚持正确导向、履行社会责任年度报告，非公有制文化企业应自觉建立社会责任年度报告公开发布制度。

三　健全评价反馈机制，确保社会监督取得实效

（一）加强良性互动

文化企业应面向社会公开本企业坚持正确导向、履行社会责任的承诺，并自觉接受社会监督。对已经投放或即将投放市场的产品或服务，可通过多种方式，广泛收集听取社会各方面意见，并进行调整完善，形成企业与社会良性互动的机制。

（二）强化行业自律

充分发挥行业协会作用，通过提供政策咨询、加强培训交流、服务企业发展等方式，将履行社会责任要求融入行业管理规范。研究确定本行业履行社会责任标准，组织指导文化企业加强从业人员思想政治教育，常态化、长效化开展职业操守、职业道德培训，引导文化工作者践行社会主义核心价值观、坚守道德底线、增强责任意识。

（三）构建评价体系

畅通企业自评、公众参评、机构测评的多种机制，加强对文化企业坚

持正确导向、履行社会责任状况的评价监督。合理确定文化企业履行社会责任评价标准，突出文化特色，既要有针对所有文化企业的共同标准和规范要求，又要体现不同行业和不同规模文化企业的特点。完善文化市场监督举报机制，畅通公众举报和反馈渠道，实现有报必查、违法必究。

提升北京文化产业国际竞争力
引领中国文化"走出去"

李嘉美[*]

摘　要： 北京作为引领全国文化产业发展的高地，提升其文化产业国际竞争力，对坚定文化自信、凸显城市定位、繁荣文化产业、促进中国品牌崛起具有重要意义。但北京文化产业在走向国际市场进程中还存在不足，要抓住北京"两区"建设、举办冬奥会等重大机遇，加大文化开放、品牌培育、人才培养和产业支持力度，提升企业走向国际市场的志气和能力，努力引领中国文化走向世界。

关键词： 北京文化产业　国际竞争力　中国文化

"文化是一个国家、一个民族的灵魂。文化兴国运兴，文化强民族强。"[①] 北京市作为全国文化中心，文化产业的规模、综合实力、对外贸易等均处于全国领先水平。《中共北京市委关于制定北京市国民经济和社会发展第十四个五年规划和二〇三五年远景目标的建议》对北京市"文化中心"建设进行全面部署，提出到 2035 年"文化软实力显著增强，成为彰显文化自信与多元包容魅力的世界文化名城"。这就要求北京文化产业进

---

* 李嘉美，哲学博士，管理学博士后，北京市社会科学院研究员，北京市习近平新时代中国特色社会主义思想研究中心特约研究员，主要研究方向为公共管理、文化产业。
① 《习近平谈治国理政》（第三卷），外文出版社，2020，第 32 页。

一步提升国际竞争力，代表国家文化面向世界、走向世界，使北京成为世界文明交流互鉴的首要窗口，彰显大国首都形象和中华文化魅力。

一 提升北京市文化产业国际竞争力的重要意义

（一）提升文化产业国际竞争力，是坚定文化自信的内在要求

文化自信的首要问题是提升我国文化的知名度和影响力，近年来随着我国国际地位不断提升、国际贸易不断发展和对外交往不断扩大，文化产业在国际贸易发展中的作用越发凸显，中国文化越来越受到世界的关注。但也要看到，我国是文化资源大国但还不是文化强国，文化的国际传播力、影响力与我国经济的"走出去"还不相称。北京市作为我国的文化中心，是文化产业发展的引领者，在文化产业发展上有着丰富的文化资源、优质的人才资源和雄厚的产业资源，有优势、有能力、有责任将我们国家优秀传统文化融合在影视、歌曲等各类现代作品中，促进文化产业出海，提升我国文化的国际影响力，成为坚定文化自信、推动我国文化产业"走出去"的排头兵。

（二）提升文化产业国际竞争力，是实现城市定位的重要支撑

新中国成立以来，文化中心一直是北京重要的首都功能，近年来北京更是将文化中心作为"四个中心"建设的重要功能定位之一，作为凸显首都功能的主要方面载体。北京悠久的古都文化、厚重的红色文化、鲜明的京味文化和繁荣的文化产业，不仅成为文化中心建设的底蕴和支撑，也以文化软实力的形式融于其他三个中心建设之中。在"十四五"期间乃至未来相当长一段时期，提升北京文化产业国际竞争力，大力增加文化产品的有效供给，可以有效引领国内文化产业发展、集聚和提升，增强文化中心的产业集聚效应，更能够提升中国文化"走出去"的速度、效率和影响力，更好地展示国家文明形象，不断优化提升北京的首都核心功能，使北京成为具有世界影响力的国际性文化中心。

（三）提升文化产业国际竞争力，是推动文化产业繁荣的重要途径

习近平总书记指出"交流互鉴是文明发展的本质要求。只有同其他文明交流互鉴、取长补短，才能保持旺盛生命活力。"① 文化产业的繁荣发展一方面要依靠文化企业市场化管理运营水平的提升，另一方面得益于文化创新创意能力的提升。推动北京文化产业"走出去"，在国际大市场的交流互动中，学习汲取其他文化的优秀成果，锤炼提升北京文化产业的创意、创新能力；在与优秀跨国文化公司的市场竞争中，借鉴先进的市场营销、运营、管理理念，提升文化产业管理运营水平。通过开放促进文化产业的创新发展，进一步打造文化传播载体精品，创造更多具有中国文化独特内核、融合多文化交流成果的产品，培育更多具有国际竞争力、引领力的优秀本土文化企业。

（四）提升文化产业国际竞争力，是推动中国品牌崛起的客观需要

中国的企业要真正强大，必须推动品牌"走出去"、文化"走出去"。近年来，随着中国制造企业纷纷出海，本土制造品牌受到国际市场追捧和青睐。这些品牌快速崛起、走向世界，是企业创新能力持续提升的体现，也是中国文化不断获得更广泛认同的结果。但也要看到中国品牌的国际竞争力、企业影响力和品牌溢价力，与优秀的国际化公司相比还相对较弱，与中国制造的品质还不相当，其中既受制于企业自身品牌文化的塑造，也与国家整体文明形象的提升有关。提升文化产业国际竞争力，通过文化产业"走出去"，深化世界各国对中国文化的认知和认同，与中国制造互为推动，助推中国品牌获得更高国际认可度，助推中国由经济大国、文化大国走向经济强国、文化强国。

---

① 《习近平在亚洲文明对话大会开幕式上的主旨演讲》，《人民日报》2019 年 5 月 16 日，第 2 版。

二 北京文化产业国际化存在的问题

（一） 文化创作的国际化思维不足

近年来，北京市文化产业蓬勃发展，形成了一批优秀文化产品。比如在电影领域中，《战狼2》《你好，李焕英》《哪吒之魔童降世》《流浪地球》《唐人街探案3》等优秀影片包揽了中国电影票房史前五名，更为国产片在国际市场赢得了很好的口碑。但很多作品在策划和制作过程中仅瞄准国内市场，没有考虑到国际市场需求，甚至在国内市场火爆后才匆忙翻译外文字幕。其他文化产品、文艺作品在创作过程中往往也单纯关注国内市场或国际市场的华人观众，没有考虑到国外观众欣赏、品味相关文化产品在文化背景、语言环境、思维方式乃至价值观方面的差异，在产业创意、策划、制作过程中体现的国际文化交流、碰撞的思维不多，对于向外国人讲好中国故事的思维、视野、技巧和艺术，拿捏得还不到位。

（二） 文化产品的国际化运营不够

文化产品在走出本国输入他国市场过程中，往往面对的是不同于本国的市场、观众和人文背景，要避免出现水土不服的情况，国际通行的经验往往是采用本土化运营的方式进行推广。北京市文化产业在"走出去"过程中，由于企业规模、产品定位等因素，虽然采用了本土化的推广宣传，但与本土化龙头公司运营合作得还不够多，特别是在推广面对欧美市场的文化创意类产品时，对中国文化产品可接受度的信心不足，往往将海外华人作为潜在消费者，选择在海外的华人聚集地区进行推广，无形中限制了运营的市场空间，仅仅在形式上走出国门。加之企业缺少整体运营的国际经验，很少产生如迪士尼、漫威系列等拥有巨大影响力的国际化系列产品。

（三） 文化企业的国际化品牌不强

从近年来北京文化产业发展情况来看，北京文化产业竞争力正在持续增强，形成了一批有影响力的文化产业品牌，2020 年完美世界、光线传媒、保利文化等 3 家企业入选"全国文化企业 30 强"，歌华传媒、北京演艺集团等 4 家企业入选"全国文化企业 30 强提名"，入选企业总数居全国首位，字节跳动等企业走向世界，在国际市场形成了较强的影响力。但我国文化产业整体的发展水平较世界先进地区还有较大差距，将北京与文化产业强国相比，北京的文化企业还存在创意研发投入不足、追求短期利益、对文化品牌的培育提升不够重视等短板。在激烈的国际市场竞争中，北京国际知名的文化产业品牌不多，知名度、影响力还不够。

（四）文化产业的国际化人才不多

文化产品作为满足群众精神需求的产品，相对于物质产品，更强调产品原创性、差异性、多样性。受疫情影响，2020 年北京市文化行业从业人员达 59.3 万人，同比增长-3.0%，内容创作生产人员同比增长 2.7%，创意设计服务人员同比增长-5.8%。这一增一减的对比，反映出北京市文化产业中创意和设计创新人才较少，熟谙中国传统文化兼具国际化视野的文化创意高端人才还不足，致使文化产业创新性不高，影响了产品的国际竞争力；具有跨领域、跨行业整合能力的文化产业管理类、商务类专业人才缺乏，制约了文化产业国际化运营水平提升。

三 对提升北京文化产业国际竞争力的建议

（一）抓住"两区"建设机遇，深化文化领域制度创新

北京市"两区"建设核心是制度创新，重点是突破服务业等深化对外开放的制度瓶颈，这为包括文化产业在内的服务业参与国际竞争创造了有利条件。要紧紧抓住"两区"建设机遇，发挥政策叠加效应和示范引领作用，推动文化产业领域开放发展。一方面围绕北京特色产业文化底蕴和优势产业基础，在现有 98 家市级文化产业园区的基础上，结合产业发展需求，从支持文化产品创新、文化人才培养和文化企业"走出去"等方面出台更有针对性的政策，助推文化产业提升创作能力和国际运营能力。另一

方面着眼推动文化产业发展，聚焦文化产业在资源、人才、融资等方面的"请进来"和"走出去"实际需求，加快深化相关领域改革试点，进一步放开文化产业外资投资限制，推动文化创意设计、投资运营等领域专业人才流动的自由化、便利化，以及产业融资资金的便捷化，打造创新政策集成的试点示范，成为引领文化产业发展的先行示范区。

（二）借势"双奥"之城，推进文化领域对外开放

继 2008 年北京举办夏季奥运会之后，2022 年北京将与张家口共同举办冬奥会和冬残奥会，成为全球首个"双奥"城市，将形成特有的奥运文化，这对北京文化产业品牌提升和对外开放具有重要意义。抓住北京举办冬奥会和冬残奥会的机遇，筛选具有典型性和代表性的民族文化，加强文化信息发布、媒体产品和民族特色物品供应、特色文化服务；提升北京现有文化街区的内涵，规划具有冬奥特色的文化旅游产业，可以联合张家口、延庆，规划建设北京-张家口-延庆文化旅游产业带，展现北京及相关地区丰富的历史人文资源，提升区域文化产业开放度和知名度。文化企业应借助冬奥会和冬残奥会契机，创新制作具有奥运新形象、新看点和新时尚的文化产品，提升文化的亲和力和吸引力，以国际化视野创作优秀文化产品并向国际市场推广，加快推动文化旅游产业高质量发展。

（三）挖掘中华文化基因，培育民族文化国际品牌

习近平指出，"只有扎根脚下这块生于斯、长于斯的土地，文艺才能接住地气、增加底气、灌注生气，在世界文化激荡中站位稳脚跟。"[①] 北京是一个深厚的传统文化与发达的现代文明交融的城市，独特的古都文化、红色文化和民俗文化成为文化产业发展重要的传统根基，繁荣的现代科技和人文为当代文化产业发展注入时代的活力。发展北京的文化产业，首先要做的是传承保护好北京的历史文化遗产，处理好城市改造开发和历史文化遗产保护利用的关系。在保护基础上发掘历史文化基因，把传统文化与时代需求对接，实现跨时空、跨地域的融合，引领文化创意。将文化创意

---

① 《习近平谈治国理政》（第二卷），外文出版社，2017，第 352 页。

和数字产业融合、与旅游产业融合，用现代科技展示传统文化，让传统文化融入当代艺术、融入时尚旅游，提升产品品质，丰富产品形态，延伸产业链条，形成体现民族精神内核、展现民族精神风貌、具有国际竞争力和影响力的文化产品和品牌。

（四）发挥教育资源优势，培养国际化文化人才

人才的国际化关键在教育，北京有极为丰富的教育资源，有利于国际化文化人才的培养。国际化人才培养重在推进国际化的教育，为学生提供多视角的文化氛围、多元化课程设置和更广阔的视野，强化人才培养与国际市场的对接，更多地关注北京市文化产业国际化进程中的人才需求。更加重视学生综合素质和学习质量的提升，加大复合型人才培养力度，文化艺术类专业学生不仅要具备扎实的专业技能，还要有开拓创新的思维和更好的综合素质；面向文化产业培养的投资、运营、管理人才，要更好地理解中国文化、现代艺术。可探索推进校企结合的方式培养复合型专业人才，让学生既能在学校内学习理论知识，又能在企业中进行实践锤炼。加强对北京文化产业急需的复合型人才的引育力度，对相关人才在落户、住房、个税等相关领域给予政策倾斜和补贴支持。引导企业加强管理运营和人才培养，推动企业在国际市场中的定位提升和品牌升值。

（五）加强综合配套支持，壮大国际化文化企业

出台相关支持政策，引导企业加强内部创意、技术研发、品牌营销，加快中国文化产品与目标市场国家文化的融合。引导优势文化产业加快整合融合步伐，通过横向融合和纵向整合，扩大企业规模，提升企业实力，优化文化产业链条，形成具有核心竞争力的龙头企业。搭建有利于文化企业出海的产业平台，通过多种渠道整合本地文化产业公司、金融投资公司以及国际优秀文化创意、运营公司，组建多种形式的产业联盟，努力实现优势互补、抱团出海，增强在国际市场上的产业话语权。探索建设外向型文化企业园区，集聚外向型文化企业集群，大力支持中介、法律、金融等配套产业发展，形成文化市场资源要素加速集聚的发展局面。营造更加宽松、便捷的文化产业创业环境，培育中小文化企业，激发文化产业创新创

业活力，完善文化产业创新发展产业链条。

北京市通过近年来文化产业的集聚发展，已经具备参与国际化竞争的产业基础。在支持文化产业走向国际市场的过程中，要积极抓住改革发展的重大机遇和重要节点，把握北京厚重的中华传统文化根基，不忘本来、吸收外来、面向未来，在继承中转化、在学习中成长、在创新中超越，培育具有深厚中华文化底蕴的国际化文化企业，创作出更多传播当代中国价值观的文化产品，成为引领中国文化走向世界的先行者。

参考文献

［1］《习近平谈治国理政》（第二卷），外文出版社，2017。

［2］《习近平谈治国理政》（第三卷），外文出版社，2020。

［3］王鑫坤：《文化产业国际化的日本经验及启示》，《中国经贸导刊》2016年第4期。

成都城市国际化发展的文化路径及其启示[*]

张　力^{**}

摘　要： 推动成都城市文化国际化发展，不但能够带动城市形象对外宣传，增强城市文化软实力，而且可以促进城市文化建设实现"硬环境""软服务"并举攻坚，最终全面提升城市国际化品质。要善于学习世界一线国际城市的经验做法，立足成都自身资源特色和现实问题，深耕城市人文内涵，大力发展国际化城市文化，将成都建设成为具有国际影响力的世界文化名城。

关键词： 成都　文化发展　国际化城市

近年来，成都城市国际化发展成就有目共睹，城市的"硬环境"和"软服务"均得到高质量提升，快速跃升成为第二梯队世界城市。从全球来看，国际化城市都具有自身代表性的文化产业和特色文化，制定实施文化发展战略是建设国际化城市的一项核心内容。成都城市国际化发展拥有明确的发展方向和标准体系，《成都市城市总体规划（2016～2035年）》对成都城市做出四大战略定位，其中，将建设国际门户枢纽城市、世界文化名城作为重要目标，画定从内陆走向全国，继而走向世界的国际化

---

* 本文为北京市社会科学院基金项目"城市传播视角下全国文化中心文化传播的路径与机制研究"（项目编号19XCB005）的阶段性成果。

** 张力，北京市社会科学院外国问题研究所副研究员，主要研究方向为城市文化与对外传播。

大都市发展路线，明确提出要不断强化国际化城市核心功能，深入发展外向型经济，显著提升城市综合实力和经济社会发展质量，增强城市要素集聚能力和辐射能力，促进提升国际往来频繁的国际化城市的宜人品质。在当前成都建设国际化城市进程中，成都城市文化国际形象与城市文化软实力的提升对成都社会经济发展的作用与贡献需要不断强调和重视。

一　成都城市国际化发展的文化路径与概况

从社会经济发展角度来讲，成都市是西部地区最大、最发达的经济区，拥有将近 2000 万人口，创造了近 20000 亿元的 GDP。2016 年入选国家中心城市后，在国家整体战略扶持下，成都将不可复制的地理位置和厚重独特的历史文化资源作为城市发展的最大优势，着力构建城市文化软实力，在城市文化生态打造、城市文旅产业整体推进、文化创意产业创新发展等方面都特别强调地方特色，从在地文化资源中发掘可以国际化推广的文化价值，塑造城市文化的包容性，阐释与世界文化的独特联系。近年来，成都城市文化国际化发展正经历从资源推广向形象品牌塑造转变的阶段，更加着眼于成都城市的人、环境、文化和生态的价值，确定了以生活方式和文化体验为主导的国际推广目标，并提出"快城市，慢生活"的成都城市生活的文化理念，向全球推广充满文化底蕴与活力的城市生活，以及现代化的城市精神。

1. 成都城市文化创造活力持续活跃

成都的城市文化内容资源丰富多样，是一座文化氛围极其浓厚的城市，以"创新创造、优雅时尚、乐观包容、友善公益"为核心内涵的天府文化源远流长，是成都市民的精神家园，也是成都参与国际城市竞争的软实力资源。天府文化正成为成都走向世界的最佳名片。成都发布《建设西部文创中心行动计划（2017~2022 年）》，着力推动天府文化创造性转化、创新性发展，塑造个性化的城市文化品牌，将文化作为创新驱动发展、经济转型升级的重要动力。成都城市自由包容的文化环境，培育了众多优秀的文化内容创作者,在传统文学、网络原创文学、动漫、游戏、饮食文化、时尚前沿、休闲文化、非物质文化遗产、戏剧表演等领域表现都十分出色,在全国城市文化版图中独具一格,为内容经济的发展提供了深厚的文化土壤。特别是在以科技化、社交化、泛娱乐化为产业特点的新文创领域中,成都城市文化的发展呈现出蓬勃活力和强劲势头,在全国新文创领域城市排行榜单"中国城市新文创活力排行"中,成都因为在产业活力、人才活力、政策活力、传播活力等指标上表现优异,超过底子深厚的北京、上海、深圳等城市,脱颖而出位居榜首,体现了成都在新文创领域巨大的发展潜力。2018年世界文化名城论坛组委会发布研究报告,对成都全球化指标和城市软实力等进行分析,认为成都城市文化的开放度与包容性指数均处于高位,是"具有开创性的新兴世界城市",并评价成都"具备成为世界级城市的必备要素,有迅速发展成为世界城市的能力,许多指标显示其全球影响力和国际地位表现良好"。

2. 成都特色文化创意产业稳步发展

成都丰富的文化遗产资源享誉世界,为成都文化创意产业不断进行内容创新、加快文创产业发展速度、形成文创产业集聚效应,提供了基本文化条件。政府的大力扶持和推动催生出蓬勃发展的文创产业,尤其是成都发布《建设西部文创中心行动计划(2017~2022年)》,提出建设"全国文创产业发展标杆城市、具有强劲竞争力的国际创意城市"的发展目标之后,成都文化创意产业发展成效更加显著,初步确立支柱产业地位,文创市场活力增强,产业结构日益优化,奠定了作为全国重要文创中心的基础。成都市形成具有明显优势的八大文创产业,即信息服务业、创意设计业、传媒影视业、现代时尚业、文体旅游业、教育咨询业、音乐艺术业、会展广告业,对整个文化创意产业增加值贡献率达九成以上。与此同时,成都文创产业空间格局形成了以成都中心城区和天府新区作为"双核"支撑,龙泉山和龙门山"两带"联动,以及以新都区、双流区、郫都区为代表的北南西"三片"共兴局面。2020年,成都有近千万平方米的文创园区落成,文创产业占GDP比重达到10%左右,全市规模以上、标准以上的小微文创产业快速增长,完成了一批与民生相关的有内涵、有影响力的文化

创意项目,面向建成世界文创名城又迈进了一大步。目前,成都已有国家
文化产业示范基地 8 家、四川省文化产业示范基地 22 家、成都市文化产业
示范园区 15 家、成都市文创产业园区 31 家、国家级文创众创空间 2 家,
产业方向包括国家动漫游戏产业基地、国家数字媒体技术产业化基地、国
家首批文化科技融合示范基地、国家广告产业园区、国家音乐产业基地
等,文创产业的集聚效应、叠加效应、协作效应逐步增强。① 据不完全统
计,成都现有各类数字文创相关企业 1000 多家,年产值上亿元的企业达百
余家。② 2020 年以"天府文创,锦绣云上"为主题的成都市新引进重大文
创项目集中签约总额达 166.51 亿元。③

3. 成都文旅业发力开展全方位国际文旅合作

近几年成都在全球各地进行文化旅游国际营销,促进了成都城市现代
化和国际化发展。根据 2020 年文旅产业指数实验室对 Facebook、Twitter、
Instagram、Youtube 等国际网络媒体传播情况的综合评价,四川省在全国省
级文旅新媒体国际传播力指数排名中仅次于北京市,位居第二。其中,成
都根据文旅资源特点和优势,推出了诸如"让世界享受成都——城市文化
旅游的国际化推广"等一系列符合海外需求的文旅宣传项目,引起国际受
众对巴蜀文化、中华传统文化的广泛关注,向海外展现了"安逸、博大、
蓬勃、美好"的四川文旅特色。通过打造 60 个"新旅游·潮成都"旅游
目的地,举办"成都国际旅游展""全球旅行买家聚成都"等系列活动,
持续提升成都旅游影响力。2019 年全年成都接待游客 2.8 亿人次,实现旅
游总收入4663.5 亿元,收入增长 25.6%。④ 诸多国际赛事也为成都建设文
旅名城助力,2019 年成都举办第十八届世界警察和消防员运动会,同时成
功申办 2021 年世界大学生夏季运动会、2022 年世界乒乓球团体锦标赛、
2025 年世界运动会,成为 2023 年亚洲杯足球赛承办城市,成都马拉松成
为中国首个世界马拉松大满贯候选赛事。此外,2019 年成都成功举办第十

---

① 《浅析成都市文化创意产业发展现状》,《企业家日报》2019 年 11 月 14 日。
② 《2020 年数字文创产业(成都)峰会举行,成都已成全国重要文创中心》,搜狐网,2020 年
　　1 月 15 日。
③ 《成都重大文创项目集中签约,总额达到 166.51 亿元》,搜狐网,2020 年 4 月 14 日。
④ 《建设世界文化名城,今年成都咋发力》,央广网,2020 年 5 月 14 日。

二届中国音乐金钟奖、第二十五届蓉城之秋成都国际音乐季,开展各类音乐演出 1700 余场、街头艺术表演 3000 余场,音乐、影视产业产值、投资增长均超过 20%。[1] 同时,成都开展全方位的国际文化旅游合作,以建立广泛覆盖旅游服务产业链的合作渠道为导向,与十多个国际性旅游组织建立了战略合作关系。

4. 成都城市文化消费意愿和文化消费水平逐年提升

成都是我国首批文化消费试点城市,2020 年入选文化和旅游部公布的首批国家文化和旅游消费示范城市,文化消费正在成为成都市民的重要消费内容。成都是中国电影票房第五大票仓,实体书店数量在全国排名第二,成都的博物馆总数在全国城市中位居第一,这些为繁荣文化消费市场奠定了基础,同时对文旅业和文创产业发展具有促进作用。[2] 近年来随着成都成为具有国际知名度的全球旅游目的地,成都围绕建设世界文化名城和国际消费中心城市,形成了以"三城三都"为引导,以满足游客和市民日益增长的需求为导向,以夜间经济、周末经济和新经济为引擎,以多极多点文化消费活动为支撑,以"文化旅游+"和"文化旅游融合+"为核心的成都文旅消费模式,不断增加城市文化消费路径,促进城市文化消费持续增长。[3]

二 成都城市文化国际化发展现存的问题与不足

从近年发展情况来看,成都城市文化国际化发展取得了一些成绩,但是从全球文化交往格局以及对外文化交往的长远发展来分析,其规模和影响力还比较有限,与世界一流国际城市的发展水平相比还有一定差距。

1. 城市文化软环境国际化程度有待提高

作为国际城市,需要具备高品质的城市文化软环境、有利于国际交流

---

[1] 《加快建设"三城三都"2019 年成都文创产业增加 1459.8 亿元》,搜狐网,2020 年 5 月 14 日。

[2] 王媛:《浅析成都市文化创意产业发展现状》,《企业家日报》2019 年 11 月 14 日。

[3] 参见《成都市荣获首批国家文化和旅游消费示范城市殊荣》,搜狐网,2020 年 12 月 29 日。

往来的城市文化氛围，以及与国际水平接轨的公共文化设施和公共文化服务。与世界一线城市相比，成都在这些方面还有一定差距。虽然成都城市文化特色鲜明，但是城市文化国际竞争力偏弱，主要表现为在城市文化建设和市民文化素养整体提升方面还有进一步提升的空间。除此之外，要加快提高与城市文化建设相配套的软硬件服务国际化水平，为国际交流往来提供更为便利的条件，使交通、信息、游览、生活、工作等外部环境和公共服务更加便捷，为对外文化交往营造有利条件。

2. 在地文化资源挖掘、整合与创新亟须加强

成都历史文化资源没有得到充分挖掘与利用，文化集约化程度不够，文化记忆内涵挖掘不够、文化品牌打造力度不够、文化与产业融合不够，导致文化产品的文化附加值与创新性比较有限，不利于在国际化城市竞争中形成很强的竞争力。文化管理部门需要调整理顺各层级关系，以加强文化资源普查、整理保护、弘扬传承，为文化资源的挖掘、利用、创新创造更加优良宽松的发展环境。

3. 尚未培育出具有国际影响力的文创企业和文旅产业群

近两年成都文创产业势头向好，但是与北京、上海、深圳等国内文创产业发达城市相比，成都文创产业占比仍然较小，对城市经济产值贡献偏低，尚无百亿级、千亿级文化创意企业，在创意设计、信息服务、影视时尚等产业方面缺乏具有代表性的独角兽企业。在传媒影视业、创意设计业、现代时尚业等八大文创产业上，竞争优势尚不明显，缺乏明确的产业特色和核心优势。文旅产业投资和营收增长水平尚需提升、特色竞争力尚且偏弱、品牌效应不明显等是当前成都文创产业存在的具体问题，这些都在不同程度上制约了成都文化国际化发展进程。

4. 文旅业复合型人才仍处于匮乏状态

虽然成都在高校文创专业学科体系建设方面比较有优势，初步形成了文创人才培养机制，但目前文旅业仍存在文化人才结构性矛盾，主要表现为缺乏熟悉国内外文旅市场及国际服务贸易规则的人才，缺乏复合型文化经营人才，缺乏跨学科融合型人才、技能实用型人才和高端专业人才等，新文创产业发展需求和文创人才供给不匹配。从政府层面来讲，要特别重视人

才资本，营造良好的用人环境，建立适宜国际化人才生存和发展的优质平台，让人才发展需求得到全面满足，以吸引国际高端人才汇聚。

三　成都城市文化国际化发展的建议与启示

针对目前成都城市文化国际化发展的主要问题，成都要立足自身资源特色和现实基础，深耕城市人文内涵，致力于城市文化国际化发展的整体设计与具体实施，使成都城市文化软实力跃居世界一流国际城市行列，更具包容性、更有创造力。综合成都城市文化走向国际的优劣势表现，接下来成都需要着重从以下几个方面开展工作。

一是提升成都城市的文化内涵，形成完善的城市文化体系。以成都城市自身文化建设与发展为基础，并将这种文化脉络体现在城市的全面建设中，体现在市民的言行修养中，自然彰显成都城市文化内涵与历史底蕴的魅力。在城市规划发展中，将城市文化精髓与城市文化建设做恰如其分的对应与观照，让城市在整体环境方面具有鲜明的文化识别性，提升城市文化品位和城市的文化附加值。打造成都城市文化形象的识别系统，要围绕形象定位进行公共文化设施建设、城市景观形象设计、文化软环境营造等，形成有关成都城市独有的文化符号联想，体现天府文化的价值特征与文化特色，在人们印象和记忆中形成结构化的、具有识别性的、差异化的成都城市文化图谱。

二是优化文创产业生态，培育独角兽国际文化企业。文创产业是一个关联性极强的产业，要强化相关支撑产业建设，包括知识产权、金融服务、文创研发、会展博览、经济代理等领域的服务体系建设，与文创产业融合共生，促进文创产业生态圈建设。同时，把握现代科技与文创产业融合发展的趋势，探索文创产业与数字经济、IP经济、流量经济、消费经济等的产业关联，推进文创产业转型升级，实现高质量发展，发挥互联网高科技先进生产力的作用，培育具有国际知名度的独角兽文化企业。强化文创龙头企业和龙头平台的引进和建设，引领行业纵深发展，强化招商力度，完善政策保障制度，有梯度性地吸引世界500强企业、独角兽企业、品牌性企业和技术先驱性企业进驻，推进文创产业国际要素聚集，形成文创产业圈的国际化效应。

三是推动文化旅游业高质量发展，打造成都节庆文化国际品牌。坚持文化先行理念，进一步将旅游与文化有机结合起来，对成都城市旅游重点地区进行统筹规划、统一策划，突出天府文化的地方特色，面向海外国际市场开发特色旅游产品，促进本地旅游文化与国际对口区域旅游文化的合作与共同发展，推动双方文化旅游业交流，促进成都本地文化旅游业的国际化发展。积极对接国家战略建设成渝地区双城经济圈，以传承文化历史为魂，大力推动成都文化旅游经济提质升级，立足本地文化基础，学习与借鉴世界著名节庆展演盛事的成功之道，策划打造能够在世界具有知名度的、具有天府文化及巴蜀文化特色的大型文化艺术节庆活动品牌。

四是加快复合型文化人才培养，助推成都国际化城市文化发展。紧密结合文旅产业发展方向，立足产业链打造人才链，以获得城市文化软实力国际竞争中的稀缺人力资源。特别需要大力培养与引进的几类人才有：具有创新精神与开拓能力、能够管理大型跨国文化企业集团的领导人才，大量的文化创意、策划和艺术创作人才，具有战略思维、懂得国际市场营销与资本运作的经营人才，熟悉国际规则并擅长媒介市场运作的文化经纪人才，以及财务、资产评估、资质认证、保险、检验、中介等方面的专业化人才。同时，进一步强化文创人才培养体系建设，制定政策鼓励高校整合资源，健全服务现代设计、时尚艺术、动漫产业等学科专业建设的机制，为建设世界文创名城储备人才资源。

我国文化产业政策发展趋势
及其对地方政府的影响

——以青岛为例

吕绍勋[*]

摘　要：我国文化产业政策的发展，经过了"萌芽-起步发展-扩展完善-提质增效"几个阶段，日益完善和体系化，近期出现了许多新的亮点：文化法治建设填补了空白，多部委联合出台政策成为常态，资金扶持方式发生创新性转变，数字文化产业受到前所未有的重视，先进城市纷纷出台专项政策等。这些重要趋向和亮点，对于地方政府（如青岛）制定文化产业政策具有重要的参考意义。地方政府的文化产业政策在政策的体系性、资金扶持方式、对前沿的把握和细致性等方面还存在差距，应该做出具有针对性的完善和调整。

关键词：文化产业　地方政策　文化政策

近年来我国文化产业的发展迈上了新的台阶，在保持高速度增长的同时，持续追求高质量发展。当前文化体制改革进入深水区，文旅融合成绩显著，多业态发展迎来了新的时机，对于文化产业领域规范监管的力度也在不断加大。国家越来越重视文化产业政策的重要性，并随着经济社会的

＊　吕绍勋，哲学博士，青岛市社会科学院文化研究所副研究员，主要研究方向为大众文化与区域文化。

发展不断进行完善。文化产业政策推动产业发展、优化产业结构的功能更加凸显。准确把握文化产业政策改革更新的前沿、热点和亮点，有助于包括青岛在内的地方政府查找自身不足，在政策的制定和落实过程中，更加具备前瞻性和针对性，以政策促生产，实现弯道超车。

一　我国文化产业政策的发展阶段

关于我国文化产业政策发展的阶段，学界划分的标准多有不同，但基本线索和逻辑还是比较清楚的，尤其是几个关键性的节点比较明确。本文赞同的观点是，我国文化产业政策基本经过了"萌芽-起步发展-扩展完善-提质增效"几个阶段。[①]

第一阶段，萌芽期（1978 年 12 月~1992 年 9 月），即从 1978 年党的十一届三中全会到 1992 年党的十四大之前。这个时期，党和国家开始转变思维，从经济和产业的属性看待文化活动，允许文化经济活动的开展。政策上依然是以计划和管理为主，政策取向可以概括为"计划管制，允许发展"，带有明显的双轨制特征。这一时期的关键性事件是"文化市场"概念的提出，标志着政府开始肯定文化的市场化发展路径。

第二阶段，起步发展期（1992 年 10 月~2002 年 10 月），即从 1992 年党的十四大到 2002 年党的十六大之前。国家越来越认识到文化产业的重要性，开始有意识地用政策来推动产业发展。文化产业政策开始成为我国政策体系的重要组成部分，政策内容日益丰富。这一时期的关键性事件是"文化产业"概念的兴起，中央文件开始使用"文化产业"和"文化产业政策"概念。

第三阶段，扩展完善期（2002 年 11 月~2012 年 10 月），即从 2002 年党的十六大到 2012 年党的十八大之前。"国家在文化产业政策上更加开拓创新，以深化文化体制改革为重心，形成了内外统筹、上下联动的宏观调控格局。"[②] 政策基本取向为鼓励、扶持，我国文化产业政策进入了快速发

---

① 赵学琳：《改革开放 40 年我国文化产业政策的发展阶段探析·经济与社会发展》2018 年第 6 期，第 71~75 页。

② 赵学琳：《改革开放 40 年我国文化产业政策的发展阶段探析·经济与社会发展》2018 年第 6 期，第 71~75 页。

展与完善的阶段。这一阶段的标志性事件是"文化体制改革",自此文化发展正式分成文化产业和文化事业两个方向。

第四阶段,提质增效期(2012年11月至今),即从党的十八大至今。本阶段的价值取向是"提质增效",在本阶段中,文化产业政策的机构更加完善,体系更加完备,涉及的范围更加全面。"在导向和目标上都呈现出新的重点,即更加侧重解决文化产业的发展方式、行业结构、质量效益、融合跨度、发展动力等各方面的重点问题,体现了对文化产业深层次问题、永续发展问题的准确把握。"① 一方面,政策在优化文化产业的质量;另一方面,政策本身也在优化,文化产业政策的重要性进一步提升,成为治国理政的重要环节,其以人民需求为中心,以推动社会发展和文明进步为旨归。

这一阶段的关键性事件,是新兴文化业态的出现,"文化+""互联网+""数字+"等成为关键词。文化产业政策前所未有地重视培育新兴文化业态,以应对信息化和数字化的发展趋势。尤其是"2017年'数字文化产业'政策的出台,为互联网时代的文化发展提供了一条全新路径"②,激发了文化产业发展潜能,唤醒了发展新动力。

二 近年来我国文化产业政策的亮点

随着我国文化产业政策不断地完善和体系化,近期在我国文化产业政策上出现了许多新的亮点,这些亮点一方面是为了适应文化产业新的发展状况,在政策上出现的应对;另一方面也是政策自身逻辑发展的必然结果。政策对于引导和扶持产业发展具有重要作用,甚至影响着文化产业未来发展的方向。

(一)文化法治建设不断推进,填补了空白

2019年6月,文化和旅游部对《文化产业促进法(草案征求意见

---

① 赵学琳:《改革开放40年我国文化产业政策的发展阶段探析·经济与社会发展》2018年第6期,第71~75页。
② 王炎龙、麻丽娜:《改革开放40年文化产业政策发展及演变逻辑》,《南华大学学报》2018年第5期,第40~46页。

稿）》公开征求意见。"意见稿指出，国家将促进文化产业发展纳入国民经济和社会发展规划，并制定促进文化产业发展的专项规划，发布文化产业发展指导目录，促进文化产业结构调整和布局优化。意见稿的发布，意味着我国首部关于整体文化产业领域的法律立法工作取得重大进展。"[①] 2019 年 12 月，司法部发布关于《中华人民共和国文化产业促进法（草案送审稿）》公开征求意见的通知。送审稿"紧紧抓住促进文化产业发展的关键环节和核心要素，聚焦'促进什么''怎么促进'两个核心问题，确定在创作生产、文化企业、文化市场等 3 个关键环节发力，在人才、科技、金融财税等方面予以扶持保障。"[②] 作为我国首部文化法，"文化产业促进法"将弥补现有法律体系中文化法的空白，具有重大意义。

（二）政策的综合性越来越强，多部门联合出台成为常态

近几年来国家层面出台的文化产业政策，经常是由多部门联合出台印发的，越来越具有综合性，更加重视政策之间的融合与关联，同时也更加重视对现行政策资源进行有效整合，将与文化产业发展相关的科技创新、知识产权保护、土地规划等政策纳入同一范畴。如 2019 年 8 月出台的《关于促进文化和科技深度融合的指导意见》，就是由科技部、中央宣传部、中央网信办、财政部、文化和旅游部、国家广播电视总局六部门联合印发的；2020 年 9 月出台的《关于扩大战略性新兴产业投资培育壮大新增长点增长极的指导意见》，由国家发展改革委、科技部、工业和信息化部、财政部四部门联合出台；2020 年 10 月出台的《关于开展文化和旅游消费试点示范工作的通知》，由文化和旅游部、国家发展改革委、财政部三部门联合印发。

（三）资金扶持方式不断探索，正在发生创新性转变

近年来国内先进城市不断创新资金扶持方式，不再局限于税收减免、财政投入、专项资金、人才奖励等几大块，而是在综合运用财政资助、贷

---

① 邢拓：《盘点 2019 年文化产业相关政策》，《团结报》2019 年 12 月 14 日。
② 沈啸：《文化产业促进法草案送审稿征求意见》，《中国旅游报》2019 年 12 月 16 日。

款贴息、政府购买服务等方面，探索地方财政投入支持方式，通过政府资金引导，带动社会资本、金融资本参与文化科技相关领域的研发和生产。民间创业投资机构、科技担保机构也应运而生，纷纷搭建文化科技投融资服务平台，开辟为文化企业提供创业投资、贷款担保的新兴服务领域。

（四）数字文化产业是大势所趋，受到了前所未有的重视

数字文化产业是当前文化产业发展的趋势，鼓励其发展也是近年文化产业政策的一大亮点。2017 年 4 月出台的《文化部关于推动数字文化产业创新发展的指导意见》是数字文化产业领域首个具有宏观性、指导性的政策文件。2019 年被称为 5G 元年，随着 5G 技术的普及，文化产业的应用场景、融合能力、产业形态等，都在发生重大改变。2019 年 4 月文化和旅游部印发《公共数字文化工程融合创新发展实施方案》，提出要推动公共数字文化工程融合创新发展。2019 年 8 月六部门联合印发《关于促进文化和科技深度融合的指导意见》，提出要促进文化和科技深度融合，全面提升文化科技创新能力，转变文化发展方式，推动文化事业和文化产业更好更快发展。2020 年 9 月四部门联合出台了《关于扩大战略性新兴产业投资培育壮大新增长点增长极的指导意见》，其中第八条提出要加快数字创意产业融合发展，鼓励数字创意产业与其他产业领域融合发展，激发市场消费活力。

（五）先进城市勇于创新，纷纷出台具有针对性的专项政策

在积极配合国家出台的文化产业政策的同时，先进城市联系实际情况，积极发挥自身优势，勇于创新，出台了具有针对性的专项发展政策，涉及的范围越来越广，领域越来越细。在这方面走在前列的是上海，为加快文化产业创新发展，培育文化产业发展新动能，上海出台了一系列具有针对性的文化产业专项政策，如 2018 年连续出台《关于促进上海动漫游戏产业发展的若干实施办法》《关于促进上海网络视听产业发展的实施办法》《关于促进上海演艺产业发展的实施办法》《关于促进上海艺术品产业发展的实施办法》《关于促进上海影视产业发展的实施办法》《关于推进工业旅游标准化建设的若干意见》《关于推进体育旅游标准化

建设的若干意见》等，几乎涉及文化产业的各个方面，起到了非常重要的政策促进作用。北京也针对实际情况，出台了一系列专项政策，如2017年出台《关于保护利用老旧厂房拓展文化空间的指导意见》，鼓励对老旧厂房在保护基础上进行合理开发利用；2019年7月印发《北京市关于进一步繁荣夜间经济促进消费增长的措施》，提出13条重要举措，打造"夜京城"；2019年12月出台《关于促进乡村民宿发展的指导意见》，促进乡村民宿健康发展，推动乡村旅游产业提质增效，加快形成农业农村发展新动能等。

三 青岛文化产业政策存在的问题和差距

青岛一直十分重视政策对产业的促进和激励作用，制定了一系列具有时效性和针对性的文化产业政策，如2013年的《青岛市促进文化创意产业发展若干政策》、2018年的《关于在新旧动能转换中推动青岛文化创意产业跨越式发展的若干意见》、2020年的《关于应对新冠肺炎疫情影响支持文化和旅游业发展若干政策措施的通知》等，都发挥了重要的作用。但综合来看，青岛的文化产业政策依然存在许多有待完善的空间。

（一）文化产业政策的体系建设有待完善

近年来，随着新型工业化、信息化、城镇化和农业现代化进程的加快，文化产业已贯穿在经济社会各领域各行业，呈现出多向交互、融合发展态势。文化创新型经济发展迅速，经济结构调整和发展方式已经转变，新兴业态不断催生，人们的消费需求更加多样化。面对迅速发展的文化产业态势，国家层面迅速做出反应，明确了文化产业发展的目标和方向。但是，具体到青岛市，与国家政策相适应、立足地方实际的财政、税收、金融、土地、人才等配套措施还不够完善；在政策制定时，前期调研不够充分，对于本市的基本情况，如发展瓶颈、应该重点发展的方向等，把握得还不够准确；统筹考虑各部门和现有各类政策的能力还有待提升，需要进一步细化的空间还很大。

（二）资金扶持路径有待进一步更新

长期以来，青岛市主要采取税收减免、财政投入、专项资金、人才奖励等方式，近几年来开始尝试贷款贴息、政府购买服务等方式来扶持文化产业发展。但是这些激励措施本身不具备青岛特色，国内很多地区已经执行多年，缺乏新意，存在资金使用方式单一、效果难以评估、受惠面过窄等问题。地方政府可以动用的激励资金毕竟有限，对迅猛发展的文化企业很难形成真正的吸引力。在政策执行过程中，受益者大多数为大中型文化企业，真正需要扶持的小微文化企业受益较少。另外，对于为广大文化企业提供公共技术、人才培养、展示交易、信息咨询等服务的平台的建设，也很少涉及，扶持办法有待进一步完善。

（三）缺少促进文化产业发展的专项政策

面对近年来我国文化产业出现的新亮点和新业态，和先进城市如上海等相比，青岛出台的具有针对性、创新性的专项政策显得十分欠缺。在2009年《青岛市人民政府办公厅关于鼓励和扶持动漫创意产业发展的实施意见》和2014年《青岛市人民政府办公厅关于促进影视产业发展的若干意见》之外，青岛很少就文化产业的某个门类或者某个领域出台专项政策。青岛的文化产业政策的涵盖范围还不够广，涉及的领域还不够细，创新发展意识还不够足，需要做的工作还很多。例如，数字文化产业作为新兴文化业态，是当前文化产业发展的大势所趋，国家层面几部委联合，出台了一系列鼓励和支持数字文化产业发展的政策，青岛却没有出台一部鼓励支持数字文化产业发展的专项政策，缺乏数字文化产业发展的顶层设计。又如，近年来农村出现人均纯收入增长而文教消费支出下降的特殊现象，为了促进我国乡村文化振兴，国家和先进城市也出台了一系列鼓励和扶持政策，青岛却缺少扶持乡村文化振兴的专项政策。再如，在扶持夜经济发展方面，夜经济是拉动内需、繁荣社会文化生活的重要途径，北京出台了《北京市关于进一步繁荣夜间经济促进消费增长的措施》，上海出台了《关于上海推动夜间经济发展的指导意见》，济南出台了《关于推进夜间经济发展的实施意见》等，而青岛目前尚未出台扶持夜经济发展的专项政策。

四　调整和完善青岛文化产业政策的建议

文化产业政策对于推动产业高速发展，起着非常巨大的作用。青岛市应该根据实际情况，查找不足，发挥优势，勇于创新，加强文化产业政策制定的科学性、针对性和有效性，更加积极有效地促进青岛市文化产业的发展。

（一）文化产业政策的制定要协调好三方面的关系，完善体系化建设

文化产业的综合性越来越明显，文化产业政策在制定的过程中，需要考虑到各方面的因素。第一，协调好上级政府颁布的文化产业政策与下级政府执行政策的关系。青岛市既要严格执行上级政府的政策，积极出台配套措施；又要根据实际情况，在权限范围内先行先试，勇于创新。第二，协调好文化领域与其他职能部门政策系统的关系。文化产业涉及规划、土地、产业、财政、税收、人事等众多领域；文化产业政策是横跨多部门、多层次的政策体系，在创新与完善过程中，必须注意与其他部门政策规章保持平衡与协调。第三，协调好政策的适度超前与连续性的关系。政策适度超前是文化创新发展的重要动力，能够推动文化产业不断推出新的产品，但同时要重视政策的连续性，注意发挥原有政策的优势，以取得最大的成效。

（二）文化产业政策的制定，要加强前期调研和社会协商

文化产业的发展水平取决于三大因素：文化产品的消费方（广大市民）、文化产品的生产方（文化企业）和文化产品的管理方（政府部门）。好的文化产业政策应该是三方主体不断协商和博弈的结果。应该逐渐改变政府部门单向度规划制定文化产业政策的做法，积极创新工作方式，启动专项资金，进行充分的前期摸底和调研，查找不足，确定重点发展方向；与文化产业发展的主体和受众进行必要的沟通和协商，广泛征求意见，使得政策既有方向引领的高度，又有能够准确落地的效果，最大限度地提升政策的效度。

（三）开拓思路，进一步优化资金扶持方式

资金扶持方式主要包括税费优惠、补贴和专项资金等，近年来又增加了贷款贴息、政府购买服务等方式，其优点是实效性强，但缺点也十分明显，如时效短、涉及范围有限等。并且，单纯的输血式扶持，有可能造成某些地区、行业或企业"等、靠、要"的懒散作风。应该开阔视野，立足长远，依托市场，积极探索多元扶持方式，引导社会资本、金融资本等参与文化产业相关领域的研发和生产。要关注能够为文化企业提供服务的公共技术、人才培养、展示交易、信息咨询等平台，为其建设和发展提供支持。要支持文化教育的普及工作，建立长期发展策略，为文化产业发展提供充足的人力支撑，提高全民文化参与度，增强文化产业发展动力。

（四）顺应趋势，促进数字文化产业发展

数字文化产业是大势所趋，也是创新发展的重要生长点。数字文化产业包括传统文化产业的数字化，如演艺娱乐、艺术品、文化旅游、文化会展的数字化等；也包括网络文化产业，如网络音乐、网络文学、网络表演、网络剧（节）目等新兴数字文化产业。尤其要加快推动传统文化产业的数字化转型升级，包括优化供给、资源数字化、跨界融合、促进消费等，其中资源数字化尤其值得注意，包括对艺术品、文物、非物质文化遗产等文化资源进行数字化转化和开发。

建议尽快制定出台《关于推动青岛数字文化产业创新发展的指导意见》，联系实际，着眼大局，长期谋划，为青岛的数字文化产业发展提供政策支持。一方面要盘活存量，依托文化文物单位的馆藏文化资源，开发数字文化产品，尤其是要借助 5G 技术，实现人与文化资源的全方位互联互动；另一方面要扩大增量，依托具有青岛地方特色的文化资源，开发具有鲜明区域特征的数字文化产品。

（五）发挥优势，出台文化产业专项政策

青岛在做好国家和省级文化产业政策配套措施的同时，要发挥自身优势，积极创新，出台一系列针对青岛市文化产业发展的专项政策。在调整

和完善已有的《青岛市人民政府办公厅关于鼓励和扶持动漫创意产业发展的实施意见》和《青岛市人民政府办公厅关于促进影视产业发展的若干意见》的基础上，积极出台"关于促进青岛网络视听产业发展的实施办法""关于促进青岛演艺产业发展的实施办法""关于促进青岛艺术品产业发展的实施办法"等政策，大力提升青岛市网络视听产业、演艺产业发展能级，塑造青岛市艺术品产业优势。青岛作为旅游大市，拥有丰富的旅游资源，旅游业发展态势良好。随着文化旅游和高端旅游市场日渐成熟，青岛应该抓住机遇，及时出台"关于推进康养旅游积极发展的实施意见""关于推进商务旅游积极发展的实施意见""关于推进工业旅游积极发展的实施意见""关于推进影视旅游积极发展的实施意见"等发展政策。

城市艺术空间创新活力可持续发展研究

——基于 798 艺术区案例的探讨

陆筱璐　杨传张*

摘　要： 随着文化动力成为城市发展的主要动力之一，城市的艺术文化空间逐渐成为城市地域品牌打造、经济转型升级、区域活力提升的重要媒介。798 艺术区就是一个典型的以城市文化空间带动城市发展的案例。但是，798 艺术区在发展过程中，仍然面临着商业化、艺术群体流失、艺术管理困难等诸多问题。本文基于对 798 艺术区历史发展、重要意义及发展问题的梳理，分析了城市艺术文化空间对城市发展的重要性、发展问题根源及未来的发展路径。厘清 798 艺术区的发展脉络，找到其发展的关键问题，对于我国未来其他城市文化艺术空间发展能够提供许多启示，也有助于城市重视文化艺术空间对城市活力创兴的重要作用，重新梳理政府、市场和艺术社群的关系，促进城市艺术空间创新、创意的可持续增长。

关键词： 艺术空间　文化创新　798 艺术区

随着改革开放的深化，我国文化艺术领域不断开放发展，北京 798 艺术区、宋庄艺术区，上海 M50 艺术区、田子坊，深圳大芬油画村，成都蓝顶艺

---

* 陆筱璐，宁夏大学政法学院副教授，主要研究方向为政府管理、文化政策；杨传张，北京市社会科学院传媒与舆情研究所助理研究员，主要研究方向为民族文化产业、文化政策。

术区等艺术型文化空间也逐渐形成规模，通过文化创意和文化活力，深入地影响城市的发展。但是，在这个过程中，由于商业化不断蔓延，许多艺术区还没有来得及充分发挥自身的文化影响力，就开始出现艺术区"地产化""商业化"等各种问题，失去了自身的造血创新功能。

798艺术区[①]是中国最负有盛名的文化艺术园区之一。作为中国艺术空间发展的一个典型，798艺术区的发展经历了艺术家自然集聚-产生巨大艺术活力-精英企业干涉-政府介入协调-商业化发展的过程，成为北京重要的城市文化空间。由于798艺术区在文化、商业、旅游上获得了巨大成果，它的模式也被全国其他地区不断复制、学习。但是，798艺术区目前的发展结果仍具有很大的争议，它是否能最终成为城市活力的源泉之一，转化为具有文化价值观的都市设施，仍然需要探讨。本文选取789艺术区的发展作为案例，希望在深入探讨798艺术区发展的历程中，为如何保证中国艺术区持续创新，促进城市增长提供一点思考。

一　798艺术区的发展历程与重要意义

2000年以前，许多艺术家发现，798厂区场地开阔，租金便宜，又十分具有艺术特点，于是纷纷在798厂区成立了自己的工作室。在798厂区，多数艺术家进行现代艺术创作，由于现代艺术固有的批评属性，798厂区出现了许多带有针砭时政、讽刺社会色彩的艺术作品和雕塑。随着越来越多的艺术家聚集和现代作品产生，798厂区在艺术圈具备了一定的知名度和影响力，成了一个非常"大胆"和"有趣"的地方。

（一）成为北京都市发展的重要形象符号与文化消费区

2003年，798艺术区被美国《时代》周刊评为全球最有文化标志性的22个城市艺术中心之一。同年，美国《新闻周刊》评选出年度12大世界城市，北京首次列入其中，原因是，798艺术区的存在发展证明了北京作

---

① 798艺术区位于北京市朝阳区酒仙桥街道大山子地区，原为原国营798厂等电子工业的老厂区。

为世界之都的未来潜力。2004 年，北京被美国《财富》杂志列入一年一度评选的世界最有发展性的 20 个城市的名单中，入选理由同样是 798 艺术区的存在。在海外，许多媒体将 798 艺术区与美国纽约苏荷区、英国伦敦东区、德国柏林西莫大街相提并论；将逛北京 798 艺术区，与到莫斯科看芭蕾舞、到纽约看百老汇、到加州看好莱坞相媲美，足见 798 艺术区作为现代艺术区的重要影响力。

但是，798 艺术区发展的过程并不是一帆风顺的，各方对 798 艺术区的发展方向也有所争议。其中，国有企业"北京七星华电科技集团有限责任公司"（以下简称"七星集团"）① 出于经济发展考虑，计划将 798 厂房拆除，建立"中关村科技园电子城园区"。为了反对这个计划，798 艺术区聚集的艺术家积极联合，利用自身的社会影响力和艺术知名度，向主管部门提交了《关于 718 联合厂地区保护与开发的议案》，并积极举办各种各样文化活动，如连续举办了三届"大山子艺术节"②，从建筑、文化发展、经济、历史等方面强调 798 艺术区保存的价值和重要性。

2004 年前后，七星集团和艺术家社群的分歧和矛盾非常严重。在多次摩擦之后，七星集团甚至提出一个政策："厂内园区承租，艺术家不租、文化人不租、外国人不租。"但是，这些行动反而引起人们对该区更大的关注，强化了其奋争中的先锋派形象，国内外媒体纷纷报道，使得政府和七星集团开始正视 798 艺术区的发展问题。

与北京诸多文物古迹不同，798 艺术区将工业遗产和当代艺术结合，构成了独特的观光旅游价值，成为北京标志性的文化旅游目的地，极大地拉动了文化旅游消费需求。北京市政府发现，这里对提高城市形象，拉动文化消费有重大的作用，最终决定保留 798 艺术区。于是，2006 年，798 艺术区被正式命名为"文化艺术创意产业园区"，政府开始关注 798 艺术区的管理规划，认为这里能够成为一个旅游旺地（尤其是 2008 年奥运会马上来临），成立了北京 798 艺术区建设管理办公室。

---

① 798 厂区的实际拥有者是几个国有企业，七星集团是最大的股东。
② 第一届又名"再造 798"，但是七星集团干涉，认为"再造 798"的口号等于定义了这里的未来使命，而艺术家只是房客，无权"再造 798"。

在 2018 年"十一"期间，798 艺术区的日平均接待量就达到 2 万~3 万人。它面向的群体不仅仅是小众的艺术家，更有每年超过 400 万人的游客。可以说，在这段博弈过程中，798 艺术区不自觉地成为城市公共艺术的实践者，通过文化活动和文化价值，成为北京重要的文化符号和文化消费重地。

（二）成为北京国际交流的重要承载地

与其他文化园区的发展不同，798 艺术区从发展伊始就具备国际化的重要特点。由于其地理位置靠近使馆区域，发展之初就吸引了大量外国人参与。同时，在外国媒体的宣传下，798 艺术区也成了中国在国际社会上的一个重要文化符号。

798 艺术区正好处于北京的东北角，附近有很多外国公司和使馆，国外对现代艺术的推崇和对 798 艺术区氛围的喜爱，也一定程度上促进了园区的发展。每年大约有 400 万人到访 798 艺术区，其中 1/3 以上是外国人[①]（包括东南亚、欧洲、日韩，等等），使 798 艺术区在北京市朝阳区还没有成名的时候，就已经名扬海外了。许多外国人认为，能够把一个几近废弃的旧厂区改造成一个魅力强大的艺术集中地的地方，一定是善于创造奇迹的地方，一定有创造奇迹的最强大的动力存在。不仅如此，798 艺术区还成为外国游客在北京旅行的主要目的地之一。

在 798 艺术区，中国的艺术家们已逐步探索建立了有中国特色的、能被西方公众所接受的新文化载体，有效推动了中国当代艺术"走出去"。它通过一系列颇具影响力的艺术展、艺术节活动，为中国当代艺术赢得了一定的国际声誉。798 艺术区吸引了各国艺术家在此建立艺术画廊，展出他们的作品，这些作品本身体现出当代艺术的多元性，也进一步推进了 798 艺术区的国际化。在国际艺术市场上，来自 798 艺术区的艺术作品也备受关注。可以说，798 艺术区加深了西方对中国艺术成就的理解和认可，使中国当代艺术在国际当代艺术史上拥有了一席之地。

---

① 数据来自 798 管委会访谈。

（三） 成为中国当代艺术改革开放 40 年的缩影

在 798 艺术区横空出世之前，中国在国际上的文化形象是严肃、刻板而单一的，尽管改革开放几十年，中国文化在开放度和包容度上已经有了极大的进步，但在许多西方人眼中，中国依旧是封建主义和集权主义的文化传统。西方人以此为基础来阐释中国，将中国的国际文化形象塑造成一个封闭的、僵化的符号，影响了外国人对中国的正确理解，妨碍了中国文化的对外传播，甚至也给国际贸易、外交领域带来了负面影响。

伴随着改革开放，中国当代艺术创作进入了一个新的时期。"伤痕美术""乡土美术"等创作流派纷纷登场。以"无名画会""星星美展"为代表的艺术创作群体，在"批判"与"实验"两个方向上不断努力，但是他们大多选择了对西方现代艺术创作观念的引入。但是，在 798 艺术区，艺术家真正面向中国本土社会，将中国本土文化真实地表达出来，并推介给中国大众、国际舞台。2004 年，李象群代表艺术区 200 多位艺术家向北京市人大递交了《关于 718 联合厂地区保护与开发的议案》，议案认为，798 艺术区很有可能成为像美国纽约 SOHO 那样的艺术核心区，能影响中国未来的新艺术、新文化，让中国艺术走向世界。法国《问题》周刊刊登的文章《新北京已经来临》认为，798 艺术区的出现是中国正在苏醒的标志之一。现在，798 艺术区的艺术创作也受到资本的青睐，不断构建着中国本土艺术产业的链条，极大地推动了中国当代艺术的发展。

可以说，798 艺术区通过其艺术的先锋性，反映了我国改革开放的极大成就，也在国际和国内集中展示了我们的创造性和开放包容的发展理念，是让世界认知中国和中国现代艺术的一个窗口，是中国改革开放的一个重要象征。

（四） 商业消解与发展转向

由于 798 艺术区的名声大噪，其地租水平也大幅度上涨："2008 年，798 园区内的租金价格是 2~4 元/天·米^2，2010 年上涨到 7 元/天·米^2，租金价格是 1995 年的 20 多倍，已接近于城市中心区写字楼的租金价格"①。地租的上涨满足了七星集团的盈利需求，加上政府的干涉，七星集团开始逐渐和艺术家和解，坚定了 798 艺术园区的方向和发展目标。

但是，由于快速的商业化，曾经为了保护 798 的艺术群体开始逐渐消解。一些大的连锁画廊留了下来，而那些草根的艺术群体却由于无法承担高额的租金，开始逐渐退出 798 艺术区，转向更偏远的宋庄进行创作。同时，由于 798 艺术区的影响力日益加大，政府对 798 艺术区文化方面的管理开始严格起来，尽量减少一些作品对社会的负面影响。在政府管理和艺术群体发展的博弈中，艺术群体的创作方向和内容已经与先锋艺术的创作出现了一些差异。

二　798 艺术区的空间发展情况

从 2004 年前后发展至今，798 艺术区内环境发生了较大的改变。在管理委员会的管理下，艺术区内不容许车辆通行，因此具备良好的步行参观和生活环境。同时，在北京道路建设的大环境下，附近的交通较为便利，周围的公交、地铁线路都很便于市民接近。许多较大的文化势力进驻，也为园区营造了良好的文化氛围。但是，商业化的入侵也使 798 艺术区的"艺术味道"逐渐淡了下来。

（一）北京新地标——798 艺术区生活便利设施日趋完善

2008 年奥运会之后，资本对 798 艺术区的发展影响不断加大。在很大程度上，这有赖于北京文化战略的制定和实施。北京作为国家政治和文化中心，是中国文化成就的窗口，在世界上代表中国，北京市也一直以文化战略作为城市崛起的力量。因此，798 厂区正式转变为艺术区，为北京提供了以前缺乏的当代文化空间，从而为北京经济增添了一份资产，提供了可向世界传播的城市形象。2008 年前后，798 艺术区还接受了 900 万元的

---

① 王璜生：《无墙的美术馆》，广西师范大学出版社，2004，第 72 页。

奥运会赛前修缮项目的款项①。作为战略的一部分，市政府在官方文献和赞助广告上都将798艺术区突出为旅游目的地。在北京，798艺术区成为一个能够集中展示首都多元、开放、包容文化的重要窗口，是北京作为全国乃至国际文化中心必不可少的标志性文化资源。

官方对798艺术区物理空间的建设是有目共睹的，物质环境的品质被很好地提升了起来。798艺术区的餐饮、附近的住宿、交通以及其他生活便利设施得到了极大的改善。798艺术区以前是一个受人冷落的区域，现在却成为北京第三大受欢迎的旅游目的地——名列故宫和长城之后。它是许多城市旅游者的落脚地，很多酒店的标签都注明"坐落在798园区附近"。同时，它也是北京前20名购物场所之一，随着城市的发展，在798艺术区附近，游客和居民可以轻松地享受到所有大城市应当有的便利，这很大程度上归功于798艺术区作为旅游景点和城市地标对区域的带动作用。

（二）艺术的衰落——文化便利设施的逐渐减少

商业化对798艺术区的空间影响是非常明显的。和对英国城市"绅士化"的讨论相同，商业化的发展也带来了798艺术发展的迅速减缓，许多知名的工作室由于地租、商业化氛围等原因纷纷撤离了798艺术区。2009年，由于经济的衰退，许多画廊关闭。有研究估计，艺术品价值减少了50%~60%。虽然798艺术区的画廊倒闭，但是越来越多的咖啡店和旅游商店代替了画廊。整体上，798艺术区不再处于前卫时尚的巅峰了。一位外国建筑师这样描述道："这里的咖啡比原先好喝得多，但是如果我想与时尚艺术家谈话的话，这里不是我想去的地方了。"②

第一，文化设施在商业化过程中不断减少。在笔者的问卷中，当地的艺术群体也认为，这里的文化便利设施远远不足：54.84%的艺术人群认为，画廊、美术馆、博物馆等艺术相关的文化便利设施需要被重新建设起来（见图1）。

---

① Krich. J *Team Sprite*, Wall Street Journal Online, (2008) 1 August.

② Mar. (2006) local architect and urban theorist in 798. Interview with the Author-conducted in English (15 June).

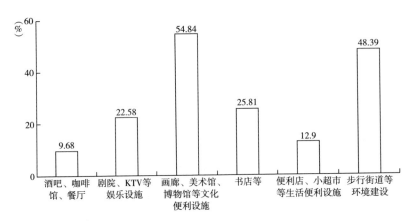

图 1　园区内的人群认为 798 艺术区目前需要什么

由于物业经营方在经营过程中过于追求可用空间的出租率，缺乏对园区的空间布局规划和进入筛选，随着旅游人次的不断增长，各类与艺术无关的餐饮、工艺品商店充斥艺术区。艺术区内画廊等艺术机构区、创作区与餐饮区、衍生品商店区、旅游购物区相互交织，许多商业化设施安排无序，侵占了大量艺术空间，使艺术区的艺术氛围下降。

2019 年，尤伦斯当代艺术中心①也从 798 艺术区撤离，798 艺术区的商业性营运设施数量已经远远超过了其本来的艺术设施。虽然 798 艺术区逐渐丧失了当代艺术的优势，成了一个旅游景点，但是其文化活动，包括各种会展、演出等仍然保持着一定的活力。现在，798 艺术区仍然是一个"热闹"的、有吸引力的区域，也仍然为北京的旅游发展增添着新的活力。或许未来，798 艺术区的发展方向会改变，但是作为城市发展的动力源泉，798 艺术区仍然有很大的开发潜力。

第二，原有厂房的二次开发基本停滞。由于用地性质仍然属于工业用地，对于艺术区经营管理主体来说，在从工业空间向文化艺术空间改造的过程中，由于受到工业用地容积率、建筑高度等建设指标的限制，都无法

---

① 尤伦斯当代艺术中心（UCCA）位于北京 798 艺术区核心地带，由比利时收藏家尤伦斯夫妇创建，于 2007 年 11 月正式开馆——是一座著名的服务于公众、独立的公益性艺术机构。

对 798 艺术区内的厂房进行拆建、改造以及重塑，以适应艺术发展的需求，这在很大程度上限制了艺术区的发展。同时，由于物业经营方与进驻艺术家和艺术机构签订的租赁合同里没有约定到期后是否续约，也没有约定租金上涨的空间和幅度，导致很多画廊等艺术机构表示"很没有安全感"，不愿承担着租金成本上升和被驱逐的风险对空间进行艺术化的创新与改造。

三　798 艺术区的利益相关者分析

在 798 艺术区发展的博弈过程中，社会空间不同利益相关者的强弱关系发生了巨大的改变。参与建设 798 艺术区的，既包括草根艺术群体，也有企业利益的运作，更有政府的干预和帮助。事实上，在这个过程中，草根艺术群体始终没有参与 798 艺术区发展的最终决定，而是更多地受到政策和商业化的影响。这种发展模式，更像是一种"政府+精英企业"的开发模式，它具有很强的代表性，是全国较为普遍的一种发展模式。

（一）政府的管理与争论

许多先锋艺术群体对政府的参与管理不置可否。多数观点认为，官方对 798 艺术区的保护成了一把双刃剑。一方面，政府带来了对基础设施的投资和管理，使 798 艺术区及其附近井然有序，环境有了很大的改善。在政府的主导下，798 艺术区确实成为了北京经济和人口聚集的重要区域，这里是北京的地标，也是未来至少 10 年内不会衰落的重要旅游区。

但是另一方面，官方对艺术的严格管理，使其丧失了原有的自然发展状态，改变了这个艺术区的原有模样。不仅如此，政府对旅游的重视，也加快了 798 艺术区商业化的进程，大大降低了其本身的艺术氛围。在政府层面的管理上，主要出现了三个方面的问题。

第一，发展规划及定位不清晰。2018 年，政府对 798 艺术区管委会的任务要求是："遵循'政府引导，企业主体，艺术机构共同参与'的发展模式，进一步加大管理和服务力度，积极提升 798 艺术区功能，把 798 艺术区建设成为中国当代艺术展示交易中心、国际文化交流中心，成为首都建设有中国特色世界城市的文化名片和文化新地标。"①

可以看出，对于"当代艺术的先锋""探索""反叛精神"这样的价值定位，政府是有意改变的。政府的目的是维持这里的商业繁荣，使其成为旅游旺地，至于艺术的发展，并没有明确的定位和规划。

事实上，艺术区艺术产业发展如何实现和落实北京市整体文化产业发展规划，如何与北京市全国文化中心建设和城市发展相衔接，如何与周边文化空间和产业业态相互协调联动，都是未来艺术区产业发展亟待考虑的问题。从政府的考量来看，艺术区未来如何统筹平衡艺术创作、展览展示、艺术交易，以及文化活动、旅游、商业等各类业态的关系，似乎被忽略了。但是，这是未来保持艺术区品牌影响力和竞争力，进一步实现艺术区社会效益的重要前提。

第二，管理制度并不健全。在调研中，许多艺术群体表达了对政府管理的不理解态度。但事实上，政府面临切实的文化安全问题，也不能放任自流，却缺少了具体的监管办法，产生了较大的矛盾。

从艺术区的文化安全监管来看，首先，缺乏明确的文化内容管理标准。在已经出台的相关政策文件中，关于艺术品内容的相关规定，只有2016年文化部发布的《艺术品经营管理办法》中提出的"十一条"禁止经营的艺术品内容。但由于内容标准过于宽泛，且艺术品文化内涵表达方式多样，很难在文化安全监管中作为判定艺术品内容是否符合规定的标准。这也同时导致在艺术创作和艺术活动策划阶段缺乏应有的明确的参照标准，不利于对具有文化安全风险的艺术作品和行为进行事前预防。

其次，缺乏相应的法律责任执行依据。在具体的监管过程中，面对危害文化安全的作品和展览展示活动，应该如何处罚和整治，目前很难找出具体的执行标准和依据。因此，监管主体不得不按照管理经验，寻找其他间接的管理方式进行处置。这种"一事一治"的文化安全管理办法，也很难得到艺术家群体的长期认同，导致出现了各种不理解。

---

① 798艺术区官方网站，网址：http://www.798space.cn/，最后访问日期：2019年1月2日。

第三，政策支持仍然不完善。首先，本土艺术家和艺术机构的进驻和创作，是798艺术区保持创作活力和当代艺术话语权的关键要素。目前，由于国际大型艺术画廊、商业机构的进入，本土艺术家创作群体和本土艺术机构的生存空间被大大压缩了，不利于艺术区艺术活力和话语权的保持。事实上，在对798艺术群体的访谈中，受访的艺术家表示，自己和工作室没有得到任何来自政府的扶持，在北京大大小小几十项的文化产业扶持资金中，没有一项是能够支持798艺术区的先锋当代艺术发展的。而政府组织的形形色色的艺术节，并不能促进画廊先锋艺术的创作，多数和艺术的关联不大，"只是为了热闹"。

其次，已有支持政策存在落实困难、门槛较高的问题。无论是国家层面，还是北京市和朝阳区层面，都出台了一些支持文化园区和文化企业发展的优惠政策，但往往获取政策支持的都是发展较为成熟的企业，初创的艺术机构很难达到申报标准，798艺术区的草根艺术群体很难受惠。

（二）利益驱使目标：摇摆的企业

在798的整体发展中，对798艺术区艺术群体影响最大的，是国有企业七星集团。从2006年"再造798"的冲突，到现在每年协助、组织、管理和冠名资助798艺术节及其他年度活动，七星集团的行为发生了巨大的转变。这种转变，主要取决于其利益的发展。因此，这也不由得让人怀疑，当出现重大利益转变时，七星集团是否仍然会鼓励区域文化的发展和延续。作为土地的拥有者，七星集团与艺术家群体的冲突一直不断，而这些冲突，始终被利益左右着。

2012年，798艺术区著名的艺术空间创始人徐勇在微博中宣称："物业将工作室大门锁死并派人值守，原因是年初租金大幅上涨房租没谈妥。①"不久，徐勇的艺术工作室被798艺术区收回，建立了另一个艺术空间，成为798文化公司的专项活动区域。这样的摩擦在798艺术区已经发生了多起，由于利益的不平衡，在租金上涨的背后，是精英财团和艺术群体对

---

① 和讯新闻，《798崩溃》，网址：http：//news.hexun.com/2012-12-08/148813104.htmlvvhttp：//news.hexun.com/2012-12-08/148813104.html。

园区管理权的博弈。根据推算，七星集团 2010 年的房地产租金收入有
1.5 亿~2 亿元①。

高额的租金并没有带来高效的服务，这是艺术群体和七星集团的另一
个冲突点。798 艺术区的物业服务质量多年来并没有任何提升，独立艺术
家郝光在一次采访中说："冬天要想得到暖气供应需向管理方缴纳每平方
米 50 元的'暖气增容费'，另外漏雨、管道不通等问题都需要自己解决。"
但是，七星集团认为，"一切只是按市场规则办事，按合同执行"。在访谈
中，许多人认为，本应由七星集团做好的物业、艺术品转运、艺术品拍卖
等工作，由于盈利空间小，七星集团都远远没有做好。虽然企业增长利润
无可厚非，但是七星集团通过操控地租确实加速了 798 艺术区商业化进程。
如何平衡利益和艺术、企业需求和艺术需求，是 798 艺术区未来良性发展
的重要问题。

（三）艺术社群的发展——自然消失还是繁荣成长？

从 2005 年至今，在长达 13 年的各种利益合作与斗争中，798 艺术区
的艺术家仍然不可抵挡地被商业化浪潮和政府管理逐步消解了。根据统
计，目前 798 艺术区的艺术工作室不足 15 家，这与 2007 年的 59 家②形成
了鲜明的对比。

最初进驻 798 艺术区的艺术家中，有一部分当代艺术的先锋艺术家，
也有拥有体制身份的艺术家，还有一部分是"北漂"的学生和艺术创作
者。在他们的努力下，798 艺术区这个国有老厂逐步被塑造成了一个具有
强烈艺术特点的艺术空间。但是，他们在时间的变迁中，仍然没有成就更
好的、真正促进中国艺术发展的 798。

在对 798 艺术区的调研中，有 75%③的艺术家认为，园区目前最大的
问题是艺术氛围的减弱，这让他们对未来的艺术发展感到忧心。同时，地
租的不断上涨也让他们感到压力巨大，根据统计，租金已经成为艺术画廊

---

① 根据访谈及七星集团上市市值估算数据。
② 迟海鹏：《艺术区现状研究》，博士学位论文，中央美术学院，2014。
③ 来自 2018 年 10 月对 798 艺术区的问卷调研结果。

经营中占比最大的花费（见图2）。

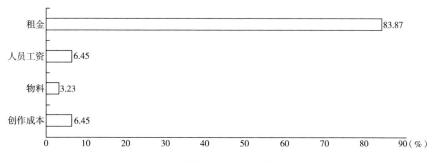

图2　798艺术区经营成本支出占比

未来，798艺术区是否还能够吸引和培育新的艺术力量，继续发展798的文化氛围，成为一个较大的疑问。当然，要解决这个疑问，较为重要的问题是，艺术群体能不能被纳入决策机制，真正拥有话语权，对自己的艺术发展和发展业态作出关键决定？

四　"政府+企业"开发城市艺术型空间的重要问题

798艺术区是一个典型的城市文化空间带动城市增长的案例。作为一个成长中的文化景观，798艺术区的独特价值在于创造了北京城市先锋艺术文化并带动其成长。这种文化价值应当永久保存并发展，因为它会持续地给城市创意、经济、社会等各个层面带来一种活力。但是，随着其艺术性边际效应的不断降低，798艺术区能够成为城市长期的发展动力吗？这种"政府+企业"的发展模式，还有哪些改进的空间？在对这些问题的讨论中，有几个关键问题值得反复讨论。

（一）城市艺术型空间的定位与发展目标

798艺术区是什么，城市的艺术空间是什么，这也许是每一个城市艺术空间都需要回答的问题。在798艺术区的发展中，政府的目标定位已经十分明确：通过798艺术区的国际声誉进一步提高该区域的旅游、娱乐和附近的地产价值；通过更多的游客和商业运作，提高北京的国际声誉和文化软实力；通过798艺术区保护北京原有的城市风味，推动城市的可持续发展。对于企业而言，对798艺术区的发展目标则更为简单：通过不断推动艺术发展，提高地价，进而实现自身的最大化收益。对于艺术群体而言，园区建设是为了形成良好的艺术环境，最终有利于各种艺术创作和艺术实验，不断提高艺术群体的画作价值。

事实上，798艺术区曾经是现代中国的工业象征，现在是国家艺术和文化成就的代表区域。它已经不再简单地是一个"旅游区""艺术创作区"或者"产业园区"，而应该被纳入北京市整体的文化发展战略和全国文化中心建设的大框架中。

第一，798艺术区是一个以艺术为核心，进行艺术创作、展示、交易和艺术交流的集聚区。大量带有先锋性和实验性的艺术创作和艺术活动在这里呈现，多种文化理念在这里交锋交融。据统计，艺术区每年举办各类文化艺术活动2000多场，已经成为北京乃至全国最大、最重要的公共艺术传播交流平台之一。它的历史，成为中国改革开放40年艺术发展的历史缩影，具有重要的艺术普及意义。

第二，798艺术区是国际交流的重要承载地。在798艺术区，中国的艺术家们已逐步探索建立了有中国特色的、能被西方公众所接受的新文化载体，有效推动了中国当代艺术"走出去"。作为西方了解中国当代艺术的窗口、扩大中国国际影响的重要平台，艺术区正有效地扩大着中国的国际影响。

第三，它是城市迈向现代化都市的重要支撑。作为都市文化形象的重要标志，798艺术区塑造了独特的都市文化生活，正在不自觉地以其艺术氛围承担了大众艺术教育的功能。同时，作为城市转型的重要参考，798艺术区是老旧厂房改造的成功典型，是带动城市经济文化活力的重要案例。它为北京市老旧厂房的开发起到了重要的示范性作用。可以说，艺术区的建设是一种城市转型的重要工具，它对重新激活城市、解决城市后工业时代发展问题、重新开发老城衰退区都有重要的作用。

也许只有政府、企业、艺术群体都能够明确艺术区的发展定位与目标，确定艺术区未来应当承担的历史使命，共同统筹艺术区未来发展路径，确保艺术区的健康持续发展，才能够防止艺术区在诸多力量交错中迷失发展方向。

（二）城市艺术型空间的决策机制探析

在决定 798 艺术区发展方向与发展方式的过程中，土地如何使用，由谁来主导开发，往往被反复提及，也成为控制区域发展方向的重要筹码。

第一，地租控制的问题。很长时间内，798 艺术区实行出价高者入驻、同时优惠政策向大机构倾斜的机制，这一机制的目的是迅速提升艺术区的机构级别，提升展览活动的影响力。但近年来的实践证明，这一政策没有很好地达到预期效果。其直接后果是，把真正最有艺术活力的中小机构和实验空间挤出了艺术区，而大机构的展览水准并未得到很好提升，不利于艺术区艺术活力和中国艺术独特性的保持。

同时，租金压力的挤压导致艺术家群体不断减少。艺术家在 798 艺术区从工厂转变成艺术区的过程中起到了核心作用。但与以前以低廉的租金和区位优势吸引大量艺术家聚集的现象相比，目前 798 艺术区对艺术人群的集聚、孵化能力明显下降。早期 798 艺术区由于地处偏远，所以业主欢迎艺术家长期入驻。但是后来，特别是 2004 年以后，798 艺术区所在地租金飞涨，很多艺术家不堪重负，而选择迁出。艺术群体在 798 艺术区创造的艺术价值造就了 798 艺术区，却无法直接折算成经济价值，他们的去留仍然掌握在商业操作的手中。艺术家的边缘化，带来的不仅是 798 艺术区生态上的变化，更重要的是艺术区特性的消失。一个失去了艺术家的艺术区，或者说一个画廊聚集区，其魅力会大打折扣。

第二，土地开发权归属的使用问题。798 艺术区原为国有企业老厂房，属于工业用地，但是目前国家将工业用地转为商业用途有严苛的规定，工业用地的使用人和土地拥有者都无法直接改变土地功能。艺术群体尽管支付了大笔租金，但是也很难按照自己的思路对厂房进行创意改造，这也给整个园区空间的开发带来了一定的困难。

798 艺术区作为中国第一批再循环利用的工业厂房，如果能够通过空间治理的思路解决其土地的所有权和使用权问题，也许能够给未来城市工业遗存的改造提供良好的案例和范本。

总体而言，在 798 艺术区发展过程中，解决土地开发权、使用权的问题，通过合理的体系估量艺术群体的艺术价值，让艺术群体真正参与到土地的建设和使用决策中，艺术群体也更能够长期坚守，也许 798 艺术区会迎来另一种发展未来。

（三）城市艺术型空间的开发路径分析

艺术群体如何更好地了解艺术区发展的定位、参与艺术区决策，并且为艺术的长期发展做出贡献，也是目前城市艺术型空间保持创新活力、实现可持续发展亟待解决的问题。在"政府+企业"的现有管理模式下，如何针对产业发展需求，以完善的服务体系进一步建立新的优势，吸引艺术家和艺术机构集聚，是艺术区亟待解决的问题，也是艺术区可持续发展的重要路径。从艺术群体的发展角度看，主要有三点。

第一，服务体系有待完善。房租的上涨使得一些承担不了高房租的艺术家开始迁移，原有的工作室面临更迭，知名画廊等艺术机构开始进入 798 艺术区，艺术区内艺术业态面临转型升级的需求。因此，一味依托房租来获取收益的"瓦片经济"模式，亟待向以艺术品交易为核心、以多元业态为支撑的"创意经济"模式转型。通过为入园企业或艺术家提供完善的艺术品金融服务、展会展览服务、拍卖交易服务、宣传推广服务和公益性文化服务等增值服务获得收入，来摆脱简单依靠房租获取收益的初级模式，能够有效地转变企业盈利增长点，创造一个企业与艺术群体共同成长的环境。

第二，艺术创作、交易管理仍需完善。当前艺术区乃至整个艺术行业存在经营行为不规范、私下交易盛行、定价标准不明确，以及艺术拍卖、艺术鉴定、艺术经纪等服务机构发展不健全等问题。市场交易行为不规范，中介机构发展不健全，阻碍了艺术品市场体系完善和艺术行业健康持续发展。然而，我国尚未曾出台有效的法律法规来对艺术品市场进行约束和规范，因此，如何规范艺术品市场的创作和运营，是现阶段我国艺术品市场亟待解决的问题，也是 798 艺术区在艺术经营实践过程中亟待探索突破的问题。

第三，需要不断增强艺术空间的辐射带动作用。与美国的苏荷等同类型艺术区相比较，798 艺术区目前仅仅带动了城市的旅游经济，而对周边区域的辐射带动作用，对提升城市集聚高端业态、创意人群的能力仍然有限。尤其是798艺术区对周边的751、显像管厂、草场地、黑桥、环铁等艺术家聚集区的整合作用，对整片区域的塑造能力、辐射带动作用仍需进一步提升。同时，对于城市而言，相关的交通路线规划、地铁建设、整体街道风格设计以及城市周边的房产开发都应属于798艺术区带动的范围，"泛798"整体区域仍需整合提升。

五 小结

在以往的工业化发展中，城市人口、经济发展主要依靠劳动力、土地、自然资源、地理交通位置等因素。随着现代服务业的进一步发展，城市的休闲娱乐产业、信息技术产业迅速增长，因此，城市的文化价值和文化创新开始转变为城市发展的重要动力。这主要体现在四个方面。第一，城市文化创新通过现代服务业可以直接转变为财富，为城市提供了新的经济动能；第二，文化创新为城市增加了吸引力，进一步提高了城市集聚人口的能力；第三，文化创新促进了相关衍生品的开发，扩大了城市的知名度和商业网络；第四，文化创新推动了城市的空间、组织、意识等各类建设，重新塑造了城市形态，改变和提高了城市生活方式和水平。

在这种转型过程中，城市的艺术性文化空间更加体现了这种通过文化创新推动城市发展的特性，通过城市的艺术发展带动城市服务业、文化价值和相关产品开发，推动了整体城市的转型与发展。例如，纽约苏荷艺术区、巴黎左岸艺术区、伦敦南岸艺术区等，都是城市艺术与时尚的潮流重地，为城市带来了巨大的创新活力，成为这些大都会的艺术名片和文化地标。

在我国城市艺术文化空间的开发过程中，有许多与798艺术区的发展历程相似，在城市的发展过程中承担了多样化的发展作用，但是也面临着艺术群体没有话语权、艺术创作受限、商业化过度侵袭等种种问题的艺术园区。因此，探究798艺术区的发展问题，有助于解决城市艺术文化空间可持续发展的问题，平衡多方利益诉求，保持艺术区健康持续发展。目前，我国的艺术区仍有待于加强长远战略规划，以增强其持续发展的能力。

韩国现代化进程中的文化发展
经验及对我国的启示

赵玉宏*

摘　要： 在韩国"文化立国"战略的统领下，经过韩国政府多年的扶植和民间企业的努力，近年来韩国文化产业发展迅速，产业体系已经趋于成熟，在创意人才集聚、知识产权保护机制以及动画、影视、游戏产业集聚等方面都形成了独特的优势，"韩流"取得了巨大的成功。本文剖析总结了韩国文化发展的理念、经验，以期对我国的文化产业发展提供借鉴意义。

关键词： 文化立国　"韩流"　文化产业

在当今世界体系结构中，发展文化产业、提高文化软实力，是各个国家都无法回避的发展范式和发展路径。在东北亚地区，韩国的文化产业崛起较早、发展较快、制度体系相对成熟。"韩流"作为好莱坞之外屈指可数的国家性文化潮流和文化经验，对其根源和发展路径的探索和剖析具有重要的现实意义。作为"文化特征相对接近"的亚洲国家，韩国可以成为我国建设社会主义文化强国道路上较为实际的一个借鉴对象。

---

*　赵玉宏，博士，北京市社会科学院传媒与舆情研究所副研究员，主要研究方向为跨文化传播、影视传媒产业。

一 韩国现代化进程中文化发展的主要措施

（一）韩国"文化立国"战略推动和引领文化产业快速发展

早在 1986 年，韩国在第六个经济发展五年计划中就提出"文化的发展与国家的发展同步化"，为"文化立国"战略奠定了基础。1993 年，韩国政府出台了"文化繁荣五年计划"，将文化产业开发作为重要目标之一。1994 年政府在文化观光部设立了文化产业政策局，开始筹划文化产业法律体系的构建，同时颁布各种文化政策综合计划。金大中出任韩国总统以后，大力调整韩国产业发展布局。在该时期，政府正式提出"文化立国"战略，最终目标是把韩国建设成为 21 世纪文化大国、知识经济强国。2003～2008 年卢武铉政府时期，韩国政府坚持系统化的"援助但不干涉"原则，对文化产业的发展更为重视。韩国政府认为，文化产业的核心是"创意韩国""新艺术产业""文化强国"等，并提出了保障文化艺术工作者的专门性、增加国民文化享受的机会、认识文化产业的重要性等文化产业政策。2009 年，韩国政府加强了对文化产业的支援，政府和企业增强了对文化产业的投资，特别是对开拓海外市场更加关注，并指定文化产业为绿色增长产业、经济增长的主要动力。2010 年初，韩国文化部公布《韩国文化产业内容振兴政策》，规定文化部计划管理各个部门制定的文化产业政策；为强调文化产业振兴院的重要性，政府决定设立共同促进文化产业的综合性组织委员会。

（二）"韩流"现象背后完善的法律体系和文化产业扶持政策

从 1998 年开始，韩国政府在各个层面有计划、有步骤、有措施地精心构造支撑"韩流"在全球范围内流行的"举国体制"。这种"举国体制"并不是粗线条地勾勒大致的发展思路，而是翔实、细致地描绘"韩流"的现实图景。一方面，韩国政府陆续推出了一系列相关的法律法规。1999 年韩国政府第一次制定了有关文化产业的综合性法律《文化产业振兴基本法》，对文化产业进行了较为清晰的界定，并提出了振兴文化产业的基本方针政策，首次规范了文化产业的具体行业门类，奠定了文化产业发展的法制基础。随后，韩国政府又陆续对《影像振兴基本法》《著作权法》《电影振兴法》《演出法》《广播法》《唱片录像带及游戏制品法》等进行了修订，为文化产业发展提供了较为全面的政策依据和更为明确的宏观发展方向。另一方面，韩国政府也推出了《国民政府的新文化政策》《文化产业发展五年计划》《文化产业发展推进计划》《21世纪文化产业的设想》等一系列纲领性文件。

（三）对外文化贸易海外市场细分的正确策略

2001年8月24日，韩国政府在原有的文化产业局的基础之上又增设文化产业振兴院，联合海外相关部门在与文化出口相关的市场、法律、人力资源和海外创业等方面，为企业提供对口服务；并且加大韩国文化产品出口的配额，逐渐扩大其涵盖领域，从最初的影视、音像制品逐渐延伸到动漫、游戏、服饰、电子产品、广告等多个领域。文化体育观光部和未来创造科学部，则一直在对世界不同国家和地区的市场情况进行分析、规划，制定适合不同目标区域市场的发展战略。2013年韩国文化体育观光部和未来创造科学部，还联合发表了《韩国文化产业对外输出促进方案》，旨在大力推动韩国文化产业在全球范围内的出口和传播，力争到2020年，将文化产业出口额提高到224亿美元，将韩国文化产业出口从2010年的全球第九位提升到2020年的全球第五位，韩国成为世界第五大文化强国。

韩国政府更是通过搭建各类多样化的平台，为韩国文化企业"走出去"梳理出丰富、多维的分销、传播渠道。为了实现"韩流"在2020年达到224亿美元的发展目标，韩国政府成立协调各部门的"海外出口协议会"，对海外市场信息进行调查和分享。对于亚洲地区等临近区域，韩国政府重点推动在电影、网游、动漫等领域的联合制作；对于美国和欧洲等成熟市场，则强化商业模式的拓展和细分领域的分工合作；而南美洲、中东、非洲等新兴市场，则作为下一步重点开拓的区域。

（四）重视文化产业技术创新以及对新媒体发展契机的把握和布局

对于"韩流"而言，第一个机遇，就是在 20 世纪八九十年代卫星通信技术的民用化、商用化导致卫星电视的民用化、商用化。当时，包括中国在内的亚太地区，开始迅速普及卫星电视，中国在 21 世纪之前，实现了所有省级卫视的全部"上星"。最初的"韩流"就是凭借广播电视的"上星"，这种当时的新媒体实现了广泛推广。"韩流"的第二个新媒体机遇，是互联网的普及以 2005 年《大长今》为高峰。当时处于互联网发展的初级阶段，"韩流"就是在第二波新媒体机遇期中实现了基本的成型。"韩流"的第三个新媒体机遇期，就是今天的移动互联网时代，流媒体视频网站的广泛涌现是第三个历史节点。"韩流"的跨越式发展，赶上了这三波新媒体发展的战略机遇期，使得"举国体制"的理念和政策能够落地、落实。尤其是在以移动互联网为代表的"韩流"第三个新媒体机遇期中，韩国政府很有远见地在 2011 年通过在华的韩国文化振兴院和我国流媒体视频网站 PPTV 达成了战略合作协议。韩国在新媒体问题上，始终是非常自觉的，在每一个发展周期都给它们带来丰厚回报的新媒体领域，它们都是提前布局好的。这也能解释为什么《继承者们》和《来自星星的你》能于 2013 年在我国迅速热播。

二　韩国现代化进程中文化发展的主要成效

在韩国"文化立国"战略的统领下，经过韩国政府多年的扶植和民间企业的努力，韩国文化产业取得了巨大的成功。目前，韩国文化产业最为重要的产业有广播电视、报纸、杂志、互联网、广告、音像、演艺、卡通形象、漫画、动画、游戏、电影、出版、工艺、旅游等。

韩国影视剧作为韩国文化先行军走入世界市场，刮起了"韩流"风潮。专业的制作团队、成功的商业运作、相通的文化内涵等因素是韩剧、韩国综艺节目在亚洲热播的重要原因，更为重要的是，由广播电视产业引起的"韩流"效应，带动了韩国文化衍生产品、韩国文化产业链的销售和发展。目前韩国的旅游热、化妆品热、手机热、服饰热、饮食热等已成为文化产业链中一笔不可估量的销售收入；游戏产业在政府贷款、税收优惠和免除兵役等措施的推动下，获得快速发展，成为韩国走出金融危机的重要手段。韩国游戏出口市场的快速增长与韩国政府的大力扶持是分不开的。韩国政府为支持游戏企业走出国门，建立了网络游戏全球测试平台，帮助游戏商业化运作。该平台按照标准选出优秀产品，为其提供免费的服务器和运营平台。通过平台预测游戏的发展前景，中小企业可以规避某些进军海外市场的风险。韩国比较注重对文化产品的综合开发，尤其是在动画、卡通形象、出版漫画、音乐、游戏、电影、电视剧等领域中，一旦某种文化产品在市场取得成功，只需要追加少量的费用即可生成多种收入模式，创造出高效益的附加值产业。如韩国的"利尼基""飞天舞""杜莉""阿玛盖通"等有代表性的国产漫画名作纷纷被改编为动画、游戏、电影，展现出"一种资源，多种使用"的模式。

正是韩国政府长期构建的、完善的法律法规体系，作为"韩流"的"举国体制"的基本架构，为"韩流"的生产和传播提供了有力的司法和制度保障。国家政策扶持层面的连续和稳定，加上新媒体为"韩流"疏通了极具纵深性的传播渠道，使得韩国文化产业进入快速发展期。这也为我们考察和参照"韩流"现象的"举国体制"提供了一个非常有价值的维度，特别是在我国已经明确提出推动传统媒体和新兴媒体融合发展的语境下，更是有着重要的、特殊的比较研究意义。

三 韩国现代化进程中文化发展经验对我国文化发展的启示

（一）应顺应文化发展不同阶段的实际和趋势，及时调整国家文化发展战略

新时代大众文化消费需求呈现个性化和品质化发展趋势，文化消费方式呈现数字化发展趋势，文化市场化改革逐步步入深层次发展阶段，如何顺应文化发展新形势、新需求，及时调整文化发展策略，促进文化供给侧改革，保障文化发展的提质增效，是当前文化发展面临的重要命题。

（二） 应建立完备的文化发展法律法规体系

完备的法律法规体系是保障文化产业持续发展的重要条件。当前我们国家文化产业发展已经积累了丰富的经验和拥有了有效的路径，文化产业发展也呈现出逆势上扬的趋势，对国民经济的促进作用日趋显著。亟须将文化产业发展的经验和路径以法律的形式确定下来，在全国范围内形成支持文化产业发展的常态保障。

（三） 应制定有针对性的对外文化贸易策略

目前我国政府多以公益或者免费的方式促进文化"走出去"，促进了中华文化的海外传播，但提升国家软实力文化，"走出去"要多考虑市场选择。"送出去"一般是行政化运作，在送什么、送多少、怎么送等方面难以做到精准对接。文化传播应该兼顾文化的特殊属性和传播的基本规律，支持民间（企业、社会力量）把文化产品"卖出去"，因为只有接地气、符合所在地民众需求的文化产品才能成功"卖出去"。

（四） 应把握和利用新媒体发展的有利契机

新媒体是极具纵深性的文化传播渠道，必须保持思想敏锐、行动自觉。特别是在我国已经明确提出推动传统媒体和新兴媒体融合发展背景下，积极抓住新媒体机遇发展文化产业更是有着特殊重要意义。

图书在版编目（CIP）数据

文化和旅游产业前沿. 第八辑／郭万超主编. -- 北京：社会科学文献出版社，2021.12
ISBN 978-7-5201-9536-2

Ⅰ.①文… Ⅱ.①郭… Ⅲ.①文化产业-产业发展-研究-中国②旅游业发展-研究-中国 Ⅳ.①G124②F592.3

中国版本图书馆 CIP 数据核字（2021）第 268940 号

文化和旅游产业前沿　第八辑

主　　编／郭万超

出 版 人／王利民
组稿编辑／邓泳红
责任编辑／王　展
责任印制／王京美

出　　版／社会科学文献出版社
　　　　　地址：北京市北三环中路甲 29 号院华龙大厦　邮编：100029
　　　　　网址：www.ssap.com.cn
发　　行／市场营销中心（010）59367081　59367083
印　　装／三河市龙林印务有限公司

规　　格／开　本：787mm×1092mm　1/16
　　　　　印　张：22.75　字　数：348 千字
版　　次／2021 年 12 月第 1 版　2021 年 12 月第 1 次印刷
书　　号／ISBN 978-7-5201-9536-2
定　　价／98.00 元

本书如有印装质量问题，请与读者服务中心（010-59367028）联系